Chresto

Thomas Pfister

Wortschatz Französisch Oberstufe

Bibliographische Information der deutschen Bibliothek

Die deutsche Bibliothek verzeichnet diese Publikation in der Deutschen Nationalbibliographie; detaillierte bibliographische Daten sind im Internet über http://dnb.ddb.de abrufbar.

1. Auflage 2009

Sonnenstraße 8
91220 Schnaittach
ISBN 978-3-941364-02-8

Printed in Germany

Wortschatz Französisch Oberstufe

Remerciements
Vorwort
Abkürzungsverzeichnis

1. Politique 1
1. La forme de gouvernement
2. Le rôle du Président
3. Les partis politiques
4. Les élections
5. Centralisme *vs.* régionalisme/fédéralisme

2. Géographie 18
1. Les régions et la diversité régionale
2. Ville *vs.* campagne
3. Infrastructure

3. Histoire 34
1. De la monarchie à la veille de la Révolution de 1789
2. Liberté – égalité – fraternité – les droits de l'Homme
3. De Napoléon à la République de Weimar
4. Résistance et collaboration – la Seconde Guerre mondiale

4. Environnement 52
1. Environnement et pollution
2. Environnement et circulation
3. Protection de l'environnement et conscience écologique

5. Économie/monde du travail 68
1. Les conditions de travail
2. Le chômage et la candidature
3. Les syndicats et la grève
4. La mondialisation et ses conséquences

6. La France dans le monde 89
1. La France et l'Allemagne – le couple franco-allemand
2. La France et l'Europe
3. La francophonie

7. Société 103
1. Le système scolaire
2. Les médias (presse/télé/radio)
3. La drogue, l'alcool et le tabac
4. Criminalité et tribunal
5. La pauvreté
6. Les religions
7. Les sports
8. Voyages, vacances et tourisme
9. Le troisième âge
10. Minorités et immigration – société multiculturelle
11. La santé

8. Culture 174
1. Cinéma
2. Littérature
3. Chansons/musique
4. Théâtre

9. Technologies modernes 196
1. Ordinateur
2. Internet
3. Télécommunication

10. Structurer son discours 208
1. Ordonner et ajouter des idées
2. Restreindre son point de vue
3. Expliquer
4. Faire une transition
5. Résumer, récapituler, conclure

Index 218

Je tiens tout d'abord à remercier mon frère Andreas pour m'avoir, autant que faire se peut, encouragé, épaulé et secondé avec un engagement sans faille et une passion débordante. Sans lui, cet ouvrage n'aurait jamais vu le jour.

Je remercie tous ceux sans qui cet ouvrage ne serait pas ce qu'il est : aussi bien par leur aide précieuse, leurs suggestions ou corrections. Je pense ici en particulier à Ines Huberth, qui de plus a enrichi le projet dès le début avec une pléthore d'idées sensées, et Martina Roßner, enseignante de français au lycée, qui m'a prodigué de nombreux conseils judicieux du point de vue pratique, qui ont marqué décisivement l'ouvrage dans son ensemble. Je pense par ailleurs à mes amis de l'École normale supérieure Lettres et sciences humaines : Annette Falk, avec qui, en outre, j'ai eu le plaisir d'avoir de nombreuses discussions captivantes et fructueuses, Doris Brossard, qui a apporté une multitude de corrections fort utiles et avisées, et Olivier-Sylvain Le Tarn à qui je dois également des remerciements particuliers.

Mes remerciements vont également à Katharina Eckstein et Miriam Heitz pour la conception graphique et leur engagement sans relâche.

Lyon, ENS LSH, en août 2009
Thomas Pfister

Mit den Wortschatzkenntnissen steht und fällt – und das nicht immer zur Freude der Lerner – jegliche Sprachkompetenz (lesen, schreiben, hören, verstehen). Der nach Themen angeordnete **Wortschatz Französisch Oberstufe** ermöglicht ein konsequentes, ökonomisches Lernen und ist in seiner Konzeption einzigartig. Er zeichnet sich insbesondere durch folgende Punkte aus:

1. Thematische Wortschatzanordnung
Die aufgeführten Vokabeln sind nach **Themen** geordnet. So ist es möglich, die Wörter der im Unterricht oder an der Universität behandelten Thematik gezielt vorzubereiten und zu erarbeiten oder sich mit einem Themengebiet aus Interesse näher vertraut zu machen.

2. Durchsichtigkeit des Wortschatzes (Phänomen der Transparenz)
Wer *élire qn = jn. wählen* kennt, kann leicht einen Zusammenhang zu *élection = Wahl, électeur = Wähler, électoral = Wahl-* sowie *électorat = Wählerschaft* und *élu = Volksvertreter* herstellen. Diese Verbindung unter zusammengehörigen Wörtern derselben Sprache fällt unter das Phänomen der Durchsichtigkeit (**Transparenz**) des Wortschatzes. Der **Wortschatz Französisch Oberstufe** fasst konsequent inhaltlich miteinander verbundene Wörter in **Wortfamilien** zusammen, um diese Zusammenhänge zu verdeutlichen. Denn zum einen ermöglicht die Transparenz die Verständlichkeit eines unbekannten Wortes dank seiner teilweisen Gleichheit mit einem bereits bekannten Wort. Zum anderen ist sie ein Zeichen der Sprachökonomie und erleichtert dank des mnemotechnischen Elementes, das alle Vokabeln einer Wortfamilie gemeinsam haben, das Lernen und langfristige Behalten. Vertreter einer Wortfamilie wie *élire – élection – électeur – électoral – électorat – élu* sollten daher immer gemeinsam gelernt werden, denn hierdurch entsteht ein **geringerer Lernaufwand**. Des Weiteren gewährt die Transparenz vertiefte Einblicke in Struktur und Aufbau des Wortschatzes. Dass *rapetisser = verkleinern* heißt, wird unmittelbar einleuchtend, wenn man erkennt, dass es *petit* enthält. Manche Wörter sind zwar inhaltlich miteinander verbunden, jedoch ist dieser Zusammenhang anhand des Schriftbildes nicht erkennbar: *impôt = Steuer, fiscal = steuerlich*. Auch solche Vokabeln sind in einer Wortfamilie zusammengefasst, denn hier ist besondere Vorsicht geboten.
Die Transparenz findet sich nicht nur in derselben Sprache, sondern auch unter verschiedenen Sprachen (Stichwort **Mehrsprachigkeitsdidaktik**). Wer *engl. election, span. elección* oder *ital. elezione* kennt, wird leicht erschließen können, dass *élection* im Französischen *Wahl* heißt und das entsprechende Wort mit einem geringeren Aufwand behalten können. Der **Wortschatz Französisch Oberstufe** verzeichnet stets, wenn solche « **Transferbasen** » zu anderen Sprachen bestehen. Leicht verständliche Internationalismen oder französische Wörter, die sich auch im Deutschen wiederfinden, sind ohne deutsche Übersetzung aufgeführt (*communisme, communiste*). Die Übersetzung kann selbst eingetragen werden.

3. Idiomatische Wendungen und Wortverbindungen (Kollokationen)

Ein besonderer Schwerpunkt liegt auf von Muttersprachlern bevorzugten Wendungen und Wortverbindungen wie bspw. *ein blinder Passagier, die Wirtschaft ist auf Talfahrt, ein Tor schießen*. Solche Wortverbindungen, die man **Kollokationen** (lat. collocatio = Anordnung, zu collocare = (an)ordnen) nennt, bestimmen zu einem Großteil den Sprachgebrauch und stellen den fehlerträchtigsten Bereich beim Fremdsprachenlernen dar. Kollokationen bestehen i.d.R. aus zwei Teilen, wovon einer wörtlich in die Fremdsprache übersetzt werden kann (*ein Passagier = un passager; die Wirtschaft = l'économie; ein Tor = un but*), der andere meist jedoch nicht! Ist der *blinde Passagier* wirklich *blind*? Der *blinde Passagier* ist im Französischen *ein heimlicher Passagier* (*un passager clandestin*), *die Wirtschaft im freien Fall* statt *auf Talfahrt* (*l'économie est en chute libre*) und die französische Fußballmannschaft *markiert ein Tor* (*marquer un but*), aber die Deutsche Elf *schießt* es. Würde uns ein Franzose von einem *heimlichen Passagier* erzählen, fänden wir die Formulierung unglücklich gewählt oder gar falsch und würden ihn korrigieren, denn als Muttersprachler des Deutschen würden wir *blinder Passagier* sagen. Er hat jedoch nur aus dem Französischen wörtlich übersetzt und spätestens jetzt dürfte klar sein, warum man sagt, dass Kollokationen von Muttersprachlern bevorzugte Wortkombinationen sind und besonders zu Fehlern einladen (was übrigens auch eine Kollokation ist, denn man *lädt zu einer Feier ein*, aber *zu Fehlern*? Kollokationen sind so unauffällig, dass sie dem Muttersprachler kaum auffallen). Der **Wortschatz Französisch Oberstufe** listet konsequent die häufigsten Kollokationen zu jedem Wort auf, um **Französisch so zu sprechen, wie der Franzose es spricht**.

4. Beispielsätze

Vokabeln, die in einem **Beispiel** näher veranschaulicht werden, erscheinen in der linken Spalte in Fettdruck. Die Beispielsätze zeigen die Verwendung des Wortes im Kontext oder illustrieren wichtige, unregelmäßige Formen. In den Beispielkästen der rechten Spalte, der *Chresto*-Spalte, finden sich auch Hinweise zu **falschen Freunden/faux amis** sowie zu Strukturen des Deutschen zur Lernerleichterung (*le vent* = der Wind ↔ der Ventilator) und weiteren Infos.

Hinweise, Anregungen und/oder Vorschläge und Kritik, sowohl von Schülern, Studenten als auch Lehrern und Dozenten, sind jeder Zeit unter info@chresto-verlag.de willkommen und erwünscht.

Viel Erfolg beim Französischlernen wünscht Dir Chresto. *Lernen, was nützlich ist.*

Beispiele sowie weitere Infos: falsche Freunde, Hinweise auf Strukturen des Deutschen.

Ebene I: Hauptvertreter der Wortfamilie

Ebene II: Mitglieder der Wortfamilie – Transparenz in derselben Sprache

Fettdruck = Beispiel in der rechten Spalte

Ebene III: zusammengesetzte Wörter, Verbkonstruktionen, Kollokationen

élire qn	1. jn. wählen
~ qn président/...	2. jn. zum Präsidenten/... wählen
élection *f* (de)	Wahl (von)
l'~ était jouée d'avance	die Wahl war von vornherein entschieden
~s municipales, régionales, législatives, présidentielles, sénatoriales	Kommunal-/Regional-/ Parlaments-/ Präsidentschafts-/Senatswahlen
se présenter aux ~s	kandidieren
décider de nouvelles ~s	Neuwahlen ansetzen
annoncer des ~s anticipées	vorgezogene Wahlen ausrufen
tenir des ~s (libres)	(freie) Wahlen abhalten
électeur, trice *m f*	Wähler
électoral, e *adj*	Wahl-
subir un revers *m* **~**	eine Wahlniederlage erleiden
être en **campagne** *f* **~e**	im Wahlkampf sein
mener une campagne *f* ~e	Wahlkampf führen
liste *f* ~e	Wählerliste
fraude *f* ~e	Wahlbetrug
circonscription *f* ~	Wahlkreis
électorat *m* conservateur/...	konservative/... Wählerschaft
élu, e *m f*	Volksvertreter

- Le candidat de la droite a été **élu maire** au premier tour.
- Dès 20 heures, nous pourrons vous donner le résultat des **(élections) législatives**.
- Le parti du Président de la République a **subi un fort revers électoral** lors du scrutin des régionales, en passant de 42 à 28 % des suffrages exprimés.
- A quelques mois des élections, les candidats à la mairie ont ouvert la **campagne électorale municipale** dans le but de recueillir les suffrages des jeunes.

engl. *elect, election, electorate, electoral*
span. *elegir, elección, elector, electoral, electorado*
ital. *eleggere, elezione, elettore, elettorale, elettorato*

Verweise zu Englisch, Spanisch, Italienisch – Transparenz zu anderen Sprachen

1. Französisch

adj	*adjectif*	*Adjektiv*
adv	*adverbe*	*Adverb*
conj	*conjonction*	*Konjunktion*
f	*féminin*	*feminin*
fam.	*familier*	*umgangssprachlich*
fig.	*figuré*	*bildlich*
ind	*indicatif*	*Indikativ*
m	*masculin*	*maskulin*
pl	*pluriel*	*Plural*
qc	*quelque chose*	*etwas*
qn	*quelqu'un*	*jemanden*
péj	*péjoratif*	*abwertend*
prép	*préposition*	*Präposition*
rech.	*recherché*	*gehoben*
subj	*subjonctif*	*Subjonctif*

2. Deutsch

etw.	etwas
jm.	jemandem
jn.	jemanden
js.	jemands

3. Konventionelle Zeichen

*	*h aspiré,* sprich weder Elision (der Hugenotte = *le huguenot* [ləygno]) noch Liaison (die Hugenotten = *les huguenots* [leygno])
~	nimmt vorhergehenden Eintrag auf
°	Großschreibung des nachfolgenden Substantivs
1./2.	zeigt die verschiedenen Bedeutungen des Wortes an, wie bei *un billet* = 1. eine Fahrkarte; 2. eine Eintrittskarte
I./II.	Wortartenwechsel, wie bei *communiste m f et adj* = I. Kommunist; II. kommunistisch
→	Verweis auf Kapitel (...). Dort sind unter demselben Stichwort weitere Wortverbindungen zu finden
↔	kommt nur in der Chresto-Spalte vor. Zeigt jegliche nützliche Informationen an, wie *faux amis*, Hinweise zu Strukturen im Deutschen (*le vent* = der Wind ↔ Ventilator) und Französischen (*enrichissement* = Bereicherung ↔ riche, la richesse) sowie weitere Infos

ministre *m*		Sièges de quelques ministères : • Intérieur : Place Beauvau http://www.interieur.gouv.fr • Affaires étrangères : Quai d'Orsay http://www.diplomatie.gouv.fr/fr • Éducation : Rue de Grenelle http://www.education.gouv.fr
~ de l'Intérieur	Innen~	
~ des Affaires étrangères	Außen~	
~ de l'Éducation nationale	Bildungs~	
~ de l'Économie	Wirtschafts~	
~ de la Défense	Verteidigungs~	
conseil *m* des ~s	~rat	
ministériel, le *adj*		
ministère *m*		***engl.*** *minister, ministerial, ministry* ***span.*** *ministro, ministerial, ministerio* ***ital.*** *ministro, ministeriale, ministero*
ambassade *f*	Botschaft	***engl.*** *embassy, ambassador* ***span.*** *embajada, embajador* ***ital.*** *ambasciata, ambasciatore*
ambassadeur *m*	Botschafter	
État *m*	Staat	***engl.*** *state, public* ***span.*** *estado, estatal* ***ital.*** *stato, statale*
secrétaire *m f* d'~	Staatssekretär	
public, que *adj*	staatlich, öffentlich	
république *f*		• La France vit actuellement **sous la Ve République qui fut proclamée** en 1958.
proclamer la °~	die ~ ausrufen	
°~ fédérale d'Allemagne	Bundes~ Deutschland	
républicain, e *m f et adj*	I. II.	***engl.*** *republic, republican* ***span.*** *república, republicano* ***ital.*** *repubblica, repubblicano*
fascisme *m*		***engl.*** *fascism, fascist* ***span.*** *fascismo, fascista* ***ital.*** *fascismo, fascista*
fasciste *m f et adj*	I. II.	
socialisme *m*		***engl.*** *socialism, socialist* ***span.*** *socialismo, socialista* ***ital.*** *socialismo, socialista*
socialiste *m f et adj*	I. II.	
communisme *m*		***engl.*** *communism, communist* ***span.*** *comunismo, comunista* ***ital.*** *comunismo, comunista*
communiste *m f et adj*	I. II.	
commission *f*	Ausschuss, Kommission	• **La commission parlementaire chargée d**'étudier le projet de loi ne s'est pas encore prononcée.
charger une ~ de faire qc	einen Ausschuss damit beauftragen etw. zu tun	
présider une ~	einem Ausschuss vorstehen	
~ d'enquête sur qc	Untersuchungsausschuss bzgl. etw.	***engl.*** *commission* ***span.*** *comisión* ***ital.*** *commissione*
parlement *m*		***engl.*** *parliament, parliamentary, parliamentarian* ***span.*** *parlamento, parlamentario* ***ital.*** *parlamento, parlamentare*
parlementaire *adj et m f*	I. II.	

1 Politique – 1. Forme de gouvernement

discours *m*	Rede	• Le Premier ministre **a prononcé devant** l'Assemblée nationale **un brillant discours** qui a fait taire l'opposition.
prononcer un ~ sur qc	über etw. eine Rede halten	
		engl. *discourse* ***span.*** *discurso* ***ital.*** *discorso*
demande *f*	Antrag	***engl.*** *demand* ***span.****demanda* ***ital.*** *domanda*
faire/déposer une ~ de qc à/auprès de qn	einen Antrag auf etw. bei jm. stellen/einreichen	
rejeter la ~ de qc de qn	js. Antrag auf etw. ablehnen	
motion *f*	Antrag (im Parlament)	• Le Parti socialiste **a déposé une motion de censure** pour protester contre la politique du Président de la République.
~ de censure	Misstrauensantrag	
déposer une ~ de qc	einen Antrag auf etw. stellen	
		engl. *motion* ***span.*** *moción* ***ital.*** *mozione*
veto *m*		• Le chef de l'Etat **a mis/opposé son veto à** la loi sur la réforme de l'enseignement supérieur.
mettre/opposer un ~ à qc	ein ~ gegen etw. einlegen	
		engl. *veto* ***span.*** *veto* ***ital.*** *veto*
citoyen, ne *m f*	(Staats-) Bürger	***engl.*** *citizen, citizenship* ***span.*** *ciudadano, ciudadanía* ***ital.*** *cittadino, cittadinanza*
citoyenneté *f*	Staatsbürgerschaft	
obtenir la ~	die Staatsbürgerschaft erhalten	
débat *m*	Debatte	• Le discours du Premier ministre **a suscité un vif débat** au sein du gouvernement/entre les partis. • Le Sénat organise une **journée de débat portant** sur la laïcité. • La réforme du budget de l'État **a relancé l'éternel débat sur** l'âge de la retraite.
susciter/provoquer un vif ~	eine scharfe Debatte hervorrufen	
lancer un ~ sur qc	eine Debatte über etw. einleiten	
être au cœur du ~	im Mittelpunkt der Debatte stehen	
alimenter le ~	der Debatte Stoff liefern	
le ~ porte sur qc	die Debatte dreht sich um etw.	
~ agité/houleux	stürmische Debatte	
débattre qc	über etw. debattieren, etw. erörtern	***engl.*** *debate, debator* ***span.*** *debate, debatir* ***ital.*** *dibattito, dibattere*
être à ~	zur Debatte stehen	
débatteur *m*	Debattierer	
dictature *f*		• Le marxisme lutte pour **l'instauration de la dictature du prolétariat** et se donne pour mission de renverser l'ordre capitaliste.
instaurer la ~	die ~ errichten	
dictatorial, e *adj*		
dictateur *m*		
		engl. *dictatorship, dictatorial, dictator* ***span.*** *dictadura, dictatorial, dictador* ***ital.*** *dittatura, dittatoriale, dittatore*

constitution *f*	Verfassung	• Le conseil des sages a jugé que la loi Hadopi **violait la constitution**. ↔ la loi Hadopi = la loi sur le téléchargement illégal
établir une ~	eine Verfassung einrichten	
violer la ~	gegen die Verfassung verstoßen	
constitutionnel, le *adj*	Verfassungs-	
		engl. *constitution, constitutional* ***span.*** *constitución, constitucional* ***ital.*** *costituzione, costituzionale*
démocratie *f* [demɔkrasi]		***engl.*** *democracy, democratic, democrat* ***span.*** *democracia, democrático, demócrata* ***ital.*** *democrazia, democratico*
démocratique *adj (chose)*	I.	
démocrate *adj et m f (pers.)*	II.	
liberté *f*	Freiheit	• **La liberté consiste à** ne dépendre que des lois. (Voltaire)
~ d'expression	Ausdrucksfreiheit	
~ d'opinion	Meinungsfreiheit	
~ de la presse	Pressefreiheit	
la ~ consiste à faire qc	die Freiheit besteht darin etw. zu tun	***engl.*** *liberty, liberate* ***span.*** *libertad, libre, liberar* ***ital.*** *libertà, libero, liberare*
libre *adj*	frei	
libérer qn	jn. befreien	
loi *f*	Gesetz	• Le Conseil des Ministres **a adopté le projet de loi sur** le téléchargement illégal. • Une loi, après sa **promulgation, entre en vigueur** dès sa publication au Journal officiel de la République française.
proposition *f* de ~	Gesetzesvorlage	
déposer un projet *m* de ~	einen Gesetzentwurf einreichen	
adopter une ~	ein Gesetz beschließen	
voter une ~	ein Gesetz verabschieden	
promulguer une ~	ein Gesetz verkünden	
contourner la ~	das Gesetz umgehen	
d'après la ~	nach dem Gesetz	
une ~ entre en vigueur	ein Gesetz tritt in Kraft	***engl.*** *law, legal, legislation, legality* ***span.*** *ley, legal, legislación, legalidad* ***ital.*** *legge, legale, legislazione, legalità*
abolir une ~	ein Gesetz aufheben, abschaffen	
légal, e *adj*	gesetzlich	
législation *f*	Gesetzgebung	
légalité *f*	Gesetzmäßigkeit	
réforme *f*		• Le gouvernement **a mené des réformes économiques** pour faire face à la crise financière. • **La réforme engagée** pour modifier les programmes scolaires a déclenché une grève générale.
~ de la santé/de l'enseignement	Gesundheits-/Bildungs~	
~ en profondeur	tiefgreifende ~	
engager des ~	~en einleiten	
mener une ~	eine ~ durchführen	
réformer qc		
~ qc en profondeur	etw. tiefgreifend ~	
réformé, e *adj*		***engl.*** *reform, reformist* ***span.*** *reforma, reformar, reformista* ***ital.*** *riforma, riformare, riformista*
réformiste *m et adj*	I.	
	II. ~freudig	
session *f*	Sitzungsperiode	***engl.*** *session* ***ital.*** *sessione*

Assemblée *f* nationale	Nationalversammlung	• **L´Assemblée nationale** siège au palais Bourbon.
~ générale	Haupt-, Generalversammlung	***engl.*** *national assembly* ***span.*** *asamblea nacional* ***ital.*** *assemblea nazionale*
séance *f*	Sitzung	• Les députés ont voté la proposition de loi **en séance plénière**.
~ plénière	Plenarsitzung	
tenir une ~	eine Sitzung abhalten	
assister à une ~	einer Sitzung beiwohnen	
lever une ~	eine Sitzung beenden	
~ du conseil des ministres	Kabinettssitzung	
budget *m*	Haushalt, Etat	• La plupart des enseignants s'opposent à la **réduction du budget de l'éducation**.
~ de l'État	Staatshaushalt	
voter le ~ de l'État	den Staatshaushalt verabschieden	
assainir le ~ de l'État	den Staatshaushalt sanieren,	***engl.*** *budget, budgetary*
réduire le ~	den Haushalt kürzen	
budgétaire *adj*	haushalts-, etatmäßig	
pouvoir *m*	Macht, Gewalt	• Selon l'article 16 de la Constitution française, le Président peut **s'accorder les pleins pouvoirs** en période de crise.
être au ~	an der Macht sein	
~ exécutif	Exekutive	
~ judiciaire	Judikative	
~ législatif	Legislative	
accorder les pleins ~s à qn	jn. uneingeschränkte Vollmachten erteilen	***engl.*** *power* ***span.*** *poder* ***ital.*** *potere*
séparation *f* des ~s	Gewaltenteilung	
~ de décision	Entscheidungsgewalt	
Sénat *m*		• **Le Sénat** siège au palais du Luxembourg.
Sénateur, trice *m f*		***engl.*** *senate, senator* ***span.*** *senado, senador* ***ital.*** *senato, senatore*
droit *m*	Recht	***span.*** *derecho* ***ital.*** *diritto*
~ fondamental	Grundrecht	
avoir le ~ de faire qc	das Recht haben, etw. zu tun; etw. tun dürfen	
avoir ~ à qc	(An)Recht/Anspruch auf etw. haben	
régime *m*		• L'opération « Walkyrie » visait à **renverser le régime du IIIe Reich**.
renverser le ~	das ~ stürzen	***engl.*** *regime* ***span.*** *régimen* ***ital.*** *regime*
hémicycle *m*	frz. Nationalversammlung	↔ *wörtlich:* Halbkreis • La question du téléchargement illégal a été débattue **en hémicycle**.

portefeuille *m*	Geschäftsbereich, Ressort eines Ministers	***engl.*** *portfolio*
~ des Affaires étrangères	Ressort für auswärtige Angelegenheiten	
ministre à ~/sans~	Minister mit/ohne Geschäftsbereich	
conserver un ~	ein Ressort verwalten	
décret *m*	Erlass, Verordnung	***engl.*** *decree, decree*
rendre un ~	eine Verordnung erlassen	***span.*** *decreto, decretar*
décréter qc	etw. verordnen, -hängen, -fügen	***ital.*** *decreto, decretare*
prérogative *f*	Vorrecht	***engl.*** *prerogative* ***span.*** *prerrogativa* ***ital.*** *prerogativa*
Garde *m f* **des Sceaux**	(Bezeichnung für den frz.) Justizminister	↔ *wörtlich:* Siegelbewahrer ***ital.*** *guardasigilli*

1 Politique – 2. Rôle du président

référendum *m*	Referendum, Volksentscheid	***engl.*** *referendum* ***span.*** *referéndum* ***ital.*** *referendum*
chef *m* **d'État** chef des armées	Staatsoberhaupt Oberbefehlshaber	***engl.*** *chief of State* ***span.*** *jefe de Estado* ***ital.*** *capo di Stato*
Premier ministre *m*	Premierminister	• Siège : Hôtel Matignon • http://www.gouvernement.fr • **le Premier ministre**, désigné par le Président de la République, est le chef du gouvernement.
défendre qc/qn (contre) se ~ contre qc/qn ~ qc/qn farouchement **~ son bifteck** *(fam.)* défense *f* **prendre la ~ de qn** défensive *f (aussi : sport)* être sur la ~ défensif, ve *adj*	etw./jn. (gegen) verteidigen sich gegen etw./jn. verteidigen etw./jn. entschieden/heftig verteidigen sich nicht die Butter vom Brot nehmen lassen Verteidigung jn. verteidigen, für jn. eintreten in der ~ sein Abwehr-, verteidigend	• « Je comprends les ouvriers qui **défendent leur bifteck** » annonce Bernard Thibault, Secrétaire général du syndicat CGT (confédération générale du travail). • Face aux attaques de l'opposition, l'UMP **a pris la défense** de Nicolas Sarkozy. ***engl.*** *defend, defense, defensive* ***span.*** *defender, defensa, defensiva, defensivo* ***ital.*** *difendere, difesa, difensiva, difensivo*
dissoudre qc *(il dissout)* dissolution *f*	etw. auflösen Auflösung	• Le Président fédéral **a dissous** le Bundestag sur proposition du chancelier fédéral en 2005. • Depuis le début de la Ve République en 1958, l'Assemblée nationale **a été dissoute** cinq fois. ***engl.*** *dissolve, dissolution* ***span.*** *disolver, disolución* ***ital.*** *dissolvere, dissoluzione*
gendarme *m* gendarmerie *f* ~ mobile	Gendarm, Polizist der Armee Polizeirevier Bereitschaftspolizei	
politique *f et adj* **~ intérieure/extérieure** se lancer dans la ~ faire de la ~ parler ~ mener une ~ de rigueur ~ de la main tendue homme *m* ~ politicien, ne *m f*	I. Politik II. politisch Innen-/Außenpolitik in die Politik gehen Politik machen über Politik reden Sparpolitik betreiben Versöhnungspolitik Politiker *(neutral)* Politiker *(oft abwertend)*	• Je suis assez d'accord avec la **politique intérieure** de ce gouvernement, mais je ne comprends rien à sa **politique extérieure**. • Il ne s'entend pas avec ses beaux-parents : ils n'ont pas les mêmes **opinions politiques**. ***engl.*** *politics, political, politicians* ***span.*** *política, político* ***ital.*** *politica, politico*

puissance *f*	Gewalt, Macht, Machtfülle	
puissant, e *adj et m*	I. mächtig II. Gewalthaber	
armée *f*		***engl.*** *army, arm, armed* ***span.*** *arma, armar, armero, armado* ***ital.*** *armata, arma, armare, armiere, armato*
~ de l'air	Luftstreitkräfte, -waffe	
~ de mer	Seestreitkräfte, Marine	
~ de terre	Landstreitkräfte, Heer	
~ de métier	Berufsarmee	
arme *f*	Waffe	
~s conventionnelles	konventionelle Waffen	
~s nucléaires	Kern-, Atomwaffen	
armer qc	etw. bewaffnen, aufrüsten	
armurier *m*	Waffenhändler	
armé, e *adj*	bewaffnet	
forces *f* ~es	Streitkräfte	
président *m*		***engl.*** *president, presidential* ***span.*** *presidente, presidencial* ***ital.*** *presidente, presidenziale*
°~ de la République		
présidentiel, le *adj*		
quinquennat *m*	fünfjährige Regierungszeit des frz. Präsidenten	
nommer qn qc	jn. zu etw. ernennen, berufen	• Dans le cadre de sa politique d'ouverture, Nicolas Sarkozy (UMP) **a nommé l'ancien membre du PS Bernard Kouchner ministre** des Affaires étrangères et européennes. • Les ministres **sont nommés par** le Président de la République sur proposition du Premier ministre.
nomination *f*	Ernennung, Berufung	***engl.*** *nominate, nomination* ***span.*** *nombrar, nombramiento* ***ital.*** *nominare, nomina*

Politique – 3. Partis politiques

aile *f* ~ du parti ~ gauche/droite	Flügel Parteiflügel linker/rechter (Partei-) Flügel	***span.*** *ala* ***ital.*** *ala*
Europe *f* Européen, ne *m f* européen, ne *adj* anti-~ *m f et adj*	 I. II. I. II.	***engl.*** *Europe, European, european* ***span.*** *Europa, europeo* ***ital.*** *Europa, europeo*
conservateur, -trice *m f et adj* conservatisme *m*	I. Konservativer II. konservativ Konservatismus	***engl.*** *conservative, conservatism* ***span.*** *conservativo, conservador, conservadurismo* ***ital.*** *conservativo, conservatore, conservazione*
gaulliste *m f et adj*	I. Gaullist II. gaullistisch (Général de Gaulle)	↔ Le Général de Gaulle • La **politique gaulliste** est marquée par un pouvoir exécutif très fort et la recherche de l'indépendance française.
centre *m* ~-gauche centriste *m f et adj*	Mitte, Zentrum gemäßigte Linke I. Zentrumsanhänger II. gemäßigt	***engl.*** *centre, centrist* ***span.*** *centro, centrista* ***ital.*** *centro, centrista*
d'extrême gauche/droite *adj* extrême gauche/droite *f* extrémiste *m f* de droite extrémisme *m* de droite	links-/rechtsextrem links-/rechtsextreme Partei Rechtsextremer, -radikaler Rechtsextremismus	• Jörg Haider, chef du **parti d'extrême droite autrichien**, est mort dans un accident de voiture. • **L'extrême gauche** apporte son soutien aux grévistes. ***engl.*** *extreme left-wing/right-wing party* ***span.*** *extremista, extremismo* ***ital.*** *estremista, estremismo*
gauchiste *adj et m f* gauchisme *m*	I. linksextrem II. Linksextremer, -radikaler Linksextremismus	
modéré, e *adj* modérer qc se ~ modération *f*	mäßig, gemäßigt etw. mäßigen, zurückschrauben sich mäßigen Mäßigung, Gemäßigtheit	***engl.*** *moderate, moderation* ***span.*** *moderado, moderar, moderación* ***ital.*** *moderato, moderare, moderazione*
radical, e *adj et m* ~ de gauche/de droite radicalisme *m*	I. II. links-/rechts~	***engl.*** *radical, radicalism* ***span.*** *radical, radicalismo* ***ital.*** *radicale, radicalismo*

poids *m* **donner du ~ à qc/qn** **qc/qn de ~** contrepoids *m* faire ~ à qc	Gewicht etw. bekräftigen, Gewicht verleihen etw./jn. von Gewicht, gewichtig; einflussreich Gegengewicht ein Gegengewicht zu etw. bilden	• Les actes politiques **donnent du poids aux paroles** du gouvernement. • Le changement climatique est-il **un argument de poids pour** l'industrie nucléaire ? ***span.*** *peso, contrapeso* ***ital.*** *peso, contrappeso*
courant *m* **(politique)**	(politische) Strömung	***span.*** *corriente* ***ital.*** *corrente*
groupe *m* groupuscule *m*	Gruppe Splitterpartei	***engl.*** *group* ***span.*** *grupo, grupúsculo* ***ital.*** *gruppo, gruppuscolo*
parti *m* **prendre le ~ de qn** diriger un ~ dirigeants *m pl* du ~	Partei für jn. Partei ergreifen eine Partei führen Parteiführung, -führer	• Le chef de l'État **a pris le parti de** son ministre de l'Intérieur, malgré la réforme impopulaire que celui-ci a tenté d'imposer. • Les **dirigeants les plus importants et les plus anciens du PS** (Parti socialiste) sont souvent appelés « éléphants ». ***engl.*** *party* ***span.*** *partido* ***ital.*** *partito*
affiliation *f* **à qc** être affilé, e à un parti	Mitgliedschaft in etw. einer Partei angehören	***engl.*** *affiliation* ***span.*** *afiliación*
rassemblement *m* rassembler qc	Zusammenschluss etw. zusammenstellen, -tragen	
adhérent, e *m f* **adhérer à un parti** **adhésion** *f* (à qc)	Mitglied in eine Partei eintreten Beitritt (in etw.)	• Pour **adhérer à un parti**, il est nécessaire de faire **une demande d'adhésion**. ***engl.*** *adherent* ***span.*** *adherirse, adhesión* ***ital.*** *aderire, adesione*
militant, e *m f et adj* militer pour/contre qc	I. Militant, Aktivist II. militant, aktivistisch sich für/gegen etw. einsetzen, kämpfen	***engl.*** *militant* ***span.*** *militante* ***ital.*** *militante*

1 Politique – 3. Partis politiques

Français	Deutsch	Exemples / Langues
opposition *f*		• Les Verts refusent toute réforme qui soit **en opposition avec** leurs intérêts écologiques.
être en ~ (avec qc/qn)	(zu etw./jn.) in ~ stehen	
opposant, e *adj et m f*	I. gegnerisch, sich widersetzend	• **Les opposants à la réforme de l'enseignement supérieur** proposée par le gouvernement sont nombreux.
~ (à qc)	II.1. Gegner (von etw.) 2. Oppositionsmitglied	
s'opposer à qc/qn ; **à ce que** + SUBJ.	sich etw./jm. widersetzen, gegen etw./jm. sein; ~ dass	• La gauche **s'oppose à ce que** le droit de vote **soit** modifié.
s'~ farouchement à qc	entschieden gegen etw. sein	
être opposé, e *adj* à qc	gegen etw. sein, ein Gegner von etw. sein	***engl.*** *opposition, opposer, oppose* ***span.*** *oposición, opositor, oponerse* ***ital.*** *opposizione, oppositore, opporsi*
fédération *f*	Föderation, Bund	***engl.*** *federation, federalist, federalism* ***span.*** *federación, federalista, federalismo* ***ital.*** *federazione, federalistico, federalismo*
fédéraliste *m et adj*	I. II.	
fédéralisme *m*		
xénophobe *m*	ausländerfeindlich	***engl.*** *xenophobic, xenophobia* ***span.*** *xenófobo, xenofobia* ***ital.*** *xenofobo, xenofobia*
xénophobie *f*	Ausländerfeindlichkeit	

élire qn	1. jn. wählen
~ qn président/...	2. jn. zum Präsidenten/... wählen
élection *f* (de)	Wahl (von)
l'~ était jouée d'avance	die Wahl war von vornherein entschieden
~s municipales, régionales, législatives, présidentielles, sénatoriales	Kommunal-/Regional-/ Parlaments-/ Präsidentschafts-/Senatswahlen
se présenter aux ~s	kandidieren
décider de nouvelles ~s	Neuwahlen ansetzen
annoncer des ~s anticipées	vorgezogene Wahlen ausrufen
tenir des ~s (libres)	(freie) Wahlen abhalten
électeur, trice *m f*	Wähler
électoral, e *adj*	Wahl-
subir un revers *m* **~**	eine Wahlniederlage erleiden
être en **campagne** *f* **~e**	im Wahlkampf sein
mener une campagne *f* ~e	Wahlkampf führen
liste *f* ~e	Wählerliste
fraude *f* ~e	Wahlbetrug
circonscription *f* ~	Wahlkreis
électorat *m* conservateur/...	konservative/... Wählerschaft
élu, e *m f*	Volksvertreter

- Le candidat de la droite a été **élu maire** au premier tour.
- Dès 20 heures, nous pourrons vous donner le résultat des **(élections) législatives**.
- Le parti du Président de la République a **subi un fort revers électoral** lors du scrutin des régionales, en passant de 42 à 28 % des suffrages exprimés.
- A quelques mois des élections, les candidats à la mairie ont ouvert la **campagne électorale municipale** dans le but de recueillir les suffrages des jeunes.

engl. *elect, election, electorate, electoral*
span. *elegir, elección, elector, electoral, electorado*
ital. *eleggere, elezione, elettore, elettorale, elettorato*

truquer qc	etw. fälschen
truquage *m* des élections	Wahlfälschung, -schwindel
truqueur *m* (d'élections)	Fälscher

- Il y en a qui voient dans les machines à voter un moyen de **truquer** les élections. Du coup, ils parlent de machines à **truquer**.

voter	abstimmen, seine Stimme abgeben
~ pour/contre qn/qc	für/gegen jn./etw. stimmen
~ à gauche/à droite	links/rechts wählen
~ blanc/nul	einen leeren/ungültigen Stimmzettel abgeben
vote *m*	Abstimmung, Stimmabgabe
passer au ~	zur Abstimmung schreiten
~ par correspondance	Briefwahl
~ à bulletin secret	geheime Wahl
~ à main levée	Abstimmung durch Handzeichen
droit *m* de ~	Stimm-, Wahlrecht
avoir le droit *m* de ~	wahlberechtigt sein
exercer le droit *m* de ~	Stimmrecht ausüben
bureau *m* de ~	Wahllokal
bulletin *m* de ~	Wahlzettel
~ à bulletins secrets	geheime Wahl
se disputer le ~ des femmes	um die Stimmen der Frauen kämpfen
votants *m pl*	Stimm-, Wahlberechtigten

- Lors de la dernière élection présidentielle, je ne savais pas qui choisir entre les deux candidats. Cependant, ne voulant pas m'abstenir, j'ai préféré **voter blanc**.
- Les machines à **voter** électroniques posent un grave problème de confiance.
- La date limite de demande de **vote par correspondance** est fixée au 13 mai.

engl. *vote, vote, voting, voter*
span. *votar*
ital. *votare, voto, votazione*

1 Politique - 4. Les élections

Français	Deutsch	Exemples / Autres langues
législature *f*	Legislaturperiode	• Une semaine après les élections a eu lieu l'ouverture de la nouvelle **législature** de l'Assemblée nationale. **engl.** *legislative periode* **span.** *legislatura* **ital.** *legislatura*
sondage *m*	Umfrage, Befragung	• « Monsieur, nous **faisons un sondage d'opinion**, accepteriez-vous de répondre à quelques questions ? » **span.** *sondeo, sondeador* **ital.** *sondaggio, sondatore*
~ d'opinion	Meinungsumfrage	
faire/réaliser un ~	eine Umfrage durchführen	
sonder qn	jn. ausfragen, aushorchen	
sondeur, euse *m f*	Meinungsbefrager, Interviewer	
scrutin *m*	Abstimmung, Wahl (Stimmzettel)	• Le **scrutin** est trop serré pour déclarer un vainqueur. **span.** *escrutinio, escrutador* **ital.** *scrutinio, scrutatore*
~ majoritaire	Mehrheitswahl(recht)	
~ proportionnel	Verhältniswahl(recht)	
donner lieu à un ~	Anlass zu einer Abstimmung geben	
dépouillement *m* du ~	Stimmenauszählung	
dépouiller le ~	die Stimmen auszählen	
scrutateur, trice *m f*	Wahlhelfer, Stimmenauszähler	
premier/deuxième tour *m*	erster/zweiter Wahlgang	
~ de scrutin	Wahlgang	
candidature *f* **(à)**	Kandidatur (auf)	• Je ne connais pas les **candidats aux élections** dans notre région. • Ma voisine **s'est portée candidate pour** les élections municipales. **engl.** *candidateship, candidate* **span.** *candidatura, candidato* **ital.** *candidatura, candidato*
poser sa ~	sich als Kandidat aufstellen lassen, kandidieren	
candidat, e *m f* **(à qc)**	Kandidat (für etw.)	
se porter ~ (à/pour)	sich zur Wahl stellen (für)	
~ de l'opposition	Gegenkandidat	
suffrage *m*	1. Wahl, Stimmabgabe 2. Wahlstimme	• Le chef de l'Etat est élu au **suffrage universel direct**. **engl.** *suffrage, suffragette* **span.** *sufragio, sufragista* **ital.** *suffragio, suffragista*
~ universel direct	allgemeines direktes Wahlrecht	
~s exprimés	abgegebenen Stimmen	
obtenir/recueillir la majorité des ~s	die Mehrheit der Stimmen erhalten	
suffragette *f*	Frauenrechtlerin	
député, e *m f*	Abgeordneter, Parlamentarier	**engl.** *deputy* **span.** *diputado* **ital.** *deuptato*

démissionner (de qc)	zurücktreten, abdanken (von etw.)	• Le ministre de l'Intérieur a adressé sa lettre de **démission** sans préavis (ohne Vorankündigung) au Président. • Le scandale du Watergate a **conduit** pour la première fois **à la démission** d'un Président américain.
démission *f*	Rücktritt	
donner sa ~	seinen Rücktritt erklären, einreichen	
conduire à la ~ de qn	zu js. Rücktritt führen	
annoncer sa ~	seinen Rücktritt bekannt geben	
démissionnaire *adj*	zurückgetreten	***span.*** *dimitir, dimisión* ***ital.*** *dimettersi, dimissione*
gouvernement *m*	Regierung	• Après les élections, Nicolas Sarkozy veut **former un gouvernement** d'ouverture.
entrer au ~	die Regierung antreten	
former le ~	die Regierung bilden	
renverser le ~	die Regierung stürzen	
~ fédéral	Bundesregierung	***engl.*** *government, governmental, govern* ***span.*** *gobierno, gubernamental, gobernar* ***ital.*** *governo, governativo, governare*
~ sortant	scheidende Regierung	
le ~ siège	die Regierung tagt	
remanier le ~	die Regierung umbilden	
gouvernemental, e *adj*	Regierungs-	
gouverner qc	etw. regieren	
maire *m*	Bürgermeister	***engl.*** *mayor*
mairie *f*	Rathaus, Bürgermeisteramt	
majorité *f*	Mehrheit	• Ils sont élus, ils ont **obtenu la majorité** des voix **aux dernières élections.** • Une **forte majorité** a décidé de l'action à mener.
être en ~	in der Mehrheit sein	
avec une large/courte ~	mit großer/knapper Mehrheit	
à la ~ absolue/simple	mit absoluter/einfacher Mehrheit	
~ des deux tiers	Zweidrittelmehrheit	
~ écrasante	überwältigende Mehrheit	
obtenir la ~ à qc	bei etw. die Mehrheit erhalten	***engl.*** *majority, majoritarian* ***span.*** *mayoría, mayoritario* ***ital.*** *maggioranza, maggioritario*
nécessiter la ~	die Mehrheit erfordern	
majoritaire *adj*	Mehrheits-	
minorité *f*	Minderheit	***engl.*** *minority* ***span.*** *minoría, minoritario* ***ital.*** *minoranza, minoritario*
être en ~	in der Minderheit sein	
~ de blocage	Sperrminorität	
minoritaire *adj*	Minderheiten-, minoritär	
cohabitation *f*	Kohabitation, pol. Zusammenarbeit (Staatspräsident und Regierung gehören unterschiedlichen pol. Lagern an)	↔ co-: *zusammen, mit* ↔ habiter, habitation ↔ cohabitation: *wörtlich:* Zusammenwohnen • La première **cohabitation** a eu lieu entre Mitterand et Chirac.
cohabiter avec qn	mit jm. (politisch) zusammenarbeiten	***span.*** *cohabitación*
isoloir *m*	Wahlkabine	↔ isolieren, Isolation
coalition *f*	Koalition	***engl.*** *coalition* ***span.*** *coalición* ***ital.*** *coalizione*
former une ~	eine Koalition bilden	
se coaliser	sich verbünden, koalieren	
s'abstenir	sich enthalten	• 20 % des électeurs **se sont abstenus** sur ce vote, 45 % sont pour et 35 % sont contre.
abstention *f*	Stimmenthaltung	
abstentionnisme *m*	Wahlmüdigkeit	
abstentionniste *m f*	Nichtwähler	***engl.*** *abstain, abstention* ***span.*** *abstenerse, abstención* ***ital.*** *astenersi, astensione*

Politique - 4. Les élections

voix *f* mettre qc aux ~ **obtenir/récolter x % des ~** **apporter sa ~ à qn** avoir ~ au chapitre	Wählerstimme etw. zur Abstimmung stellen x % der Wählerstimmen bekommen jm. seine Stimme geben etw. zu sagen, ein Wort mitzureden haben	• La droite espère **obtenir** plus de **50 % des voix** au prochain scrutin. • Faute de candidat, il a **apporté sa voix** à l'UMP. ***span.*** *voz* ***ital.*** *voz*
urne *f* aller aux ~s être appelé aux ~s bouder les ~s	Urne zur Wahl gehen zur Wahl aufgerufen sein der Wahl fern bleiben	↔ bouder qn = mit jm. schmollen • Le Monde fait sa première page avec le titre suivant : « Les Français **aux urnes** pour des régionales qui s'annoncent serrées ». ***span.*** *urna* ***ital.*** *urna*
ballottage *m*	Stichwahl	***engl.*** *second ballot* ***span.*** *balotaje* ***ital.*** *balotaje*
titulaire *m* **d'une fonction**	Amtsinhaber	
référendum *m*	Referendum, Volksentscheid	***engl.*** *referendum* ***span.*** *referéndum* ***ital.*** *referéndum/referendo*
chancelier, ère *m f* chancellerie *f*	Bundeskanzler Bundeskanzleramt	***engl.*** *chancellor* ***span.*** *canciller* ***ital.*** *canciller*
successeur *m* désigner un ~ succession *f* organiser sa ~ succéder à qn prédécesseur *m*	Nachfolger einen Nachfolger bestimmen Nachfolge seine Nachfolge regeln jm. nachfolgen Vorgänger	***engl.*** *successor, succession, succeed, predecessor* ***span.*** *sucesor, sucesivo, seguir, predecesor* ***ital.*** *successore, successione, succedere, predecessore*
fonction *f* prendre ses ~s/entrer en ~	amtliche Tätigkeit sein Amt antreten	
unanimité *f* unanime *adj*	Einstimmigkeit einstimmig	***engl.*** *unanimity, unanimous* ***span.*** *unanimidad, unánime* ***ital.*** *unanimità, all'unanimità*
score *m* réaliser un bon ~ à qc	Wahlergebnis bei etw. ein gutes Wahlergebnis erzielen	***engl.*** *score*
seuil *m* **franchir le ~ de 5 %**	Schwelle, Untergrenze 5%-Hürde überwinden	• Le SPD et la CDU ont **franchi le seuil de 5 % des suffrages exprimés/voix**.
conseil *m* ~ municipal conseiller *m* municipal conseiller qn ~ qc à qn	Rat Stadt-/Gemeinderat *(Institution)* Stadt-/Gemeinderat *(pers.)* 1. jm. einen Rat geben 2. jm. zu etw. raten, jm. etw. anraten	***engl.*** *council, councillor, counsel* ***span.*** *consejo, concejo, aconsejar* ***ital.*** *consiglio, consigliere, consigliare*

siège *m*	Sitz	
répartition *f* des ~s	Sitzverteilung	
siéger	tagen	
~ à qc	einen Sitz in etw. haben	
mandat	~, Amtszeit	***engl.*** *mandate*
renouveler son ~	sein ~ verlängern	***span.*** *mandato*
		ital. *mandato*
désignation *f*	Bestimmung, Bestellung	***span.*** *designación, designar*
désigner un ministre	einen Minister bestimmen, bestellen	***ital.*** *designazione, designare*

Politique – 5. Centralisme vs. régionalisme

commune *f* communal, e *adj*	Gemeinde Gemeinde-, Kommunal-	***engl.*** *commune, communal* ***span.*** *comuna, comunal* ***ital.*** *comune, comunale*
land *m (pluriel: les länder)*	Bundesland	***engl.*** *Federal Land* ***span.*** *land* ***ital.*** *land*
province *f* provincial, e *adj et m f*	Provinz I. provinziell II. Provinzbewohner, Kleinstädter	↔ la Provence = die Provence *(Landschaft im Südosten Frankreichs)* ***engl.*** *province, provincial* ***span.*** *provincia, provincial* ***ital.*** *provincia, provinciale*
administration *f* administratif, -ve *adj*	Verwaltung, Administration Verwaltungs-, administrativ	***engl.*** *administration, administrative* ***span.*** *administración, administrativo* ***ital.*** *amministrazione, amministrativo*
autonome *adj* autonomie *f* acquérir de l'~	autonom, eigenständig Autonomie, Eigenständigkeit Unabhängigkeit erwerben	***engl.*** *autonomy, autonomous* ***span.*** *autónomo, autonomía* ***ital.*** *autonomo, autonomia*
campagne *f* campagnard, e *m f et adj*	Land I. Landbewohner II. ländlich, bäuerlich	• On a passé un week-end **à la campagne** entre amis. ***span.*** *campo, campesino* ***ital.*** *campagna, campagnolo*
capitale *f*	Hauptstadt	***engl.*** *capital* ***span.*** *capital* ***ital.*** *capitale*
centralisation *f* centralisé, e *adj* centraliser qc décentralisation *f* décentralisé, e *adj* décentraliser qc	Zentralisierung zentralisiert etw. zentralisieren Dezentralisierung dezentralisiert etw. dezentralisieren	***engl.*** *centralisation, (de) centralised, devolution, (de) centralise,* ***span.*** *(des)centralización, (des) centralizado, (des)centralizar* ***ital.*** *centralizzazione, centralizzato, centralizzare, decentramento, decentrato, decentrare*
région *f* régional, e *adj* régionalisation *f* régionalisé, e *adj* régionaliser qc	 Regionalisierung regionalisiert etw. regionalisieren	***engl.*** *region, regional, regionalisation* ***span.*** *región, regional, regionalización, regionalizado, regionalizar* ***ital.*** *regione, regionale, regionalizzazione, regionalizzato, regionalizzare*
agglomération *f* s'agglomérer	Ballungsraum, Großraum sich in Ballungsgebiete verdichten	***engl.*** *urban agglomeration* ***span.*** *zona de aglomeración* ***ital.*** *agglomerazione*
chef-lieu *m*	Hauptort	

équilibre *m* équilibrer qc déséquilibre *m* déséquilibrer qc	Gleichgewicht etw. ins Gleichgewicht bringen Ungleichgewicht etw. aus dem Gleichgewicht bringen	***engl.*** *equilibrium, disequilibrium* ***span.*** *equilibrio, equilibrar, desequilibrio, desequilibrar* ***ital.*** *equilibrio, equilibrare, squilibrio, squilibrare*
dépendance *f* créer une ~ être dépendant, e *adj* de qc dépendre de qc/qn indépendance *f* être indépendant, e *adj* de qc	Abhängigkeit eine Abhängigkeit schaffen von etw. abhängig sein von etw./jn. abhängen Unabhängigkeit von etw. unabhängig sein	***engl.*** *(in)dependence, (in) dependent, depend, dependency* ***span.*** *(in)dependencia, (in) dependiente, depender* ***ital.*** *(in)dipendenza, (in) dipendente, dipendere*
uniformisation *f* uniformiser qc uniforme *adj*	Vereinheitlichung etw. vereinheitlichen einheitlich, gleichförmig	↔ Uniform ***engl.*** *unification, unitise, uniform* ***span.*** *uniformación, uniformar, uniformizar, uniforme* ***ital.*** *unificazione, unificare, uniforme*
métropole *f* ~ d'équilibre métropolitain, e la France ~e	1. Metropole 2. europäisches Frankreich *(vs. außereuropäisches Frankreich)* Provinzmetropole (Gegengewicht zu Paris) metropolisch, weltstädtisch das europäische Frankreich, Kontinentalfrankreich, frz. Mutterland	• J'habite **en métropole**. ***engl.*** *metropolis, metropolitan* ***span.*** *metrópoli, metropolitano* ***ital.*** *metropoli, metropolitano*
répartir qc répartition *f*	etw. teilen, ver- Ver-, Aufteilung	***engl.*** *repartition* ***span.*** *repartir, repartición* ***ital.*** *ripartire, ripartizione*
diviser qc subdiviser qc en qc division *f* subdivision *f*	etw. teilen etw. in etw. unterteilen, -gliedern Teilung Unterteilung	***engl.*** *(sub-)divide, (sub-) division* ***span.*** *(sub)dividir, (sub)división* ***ital.*** *(sud)dividere, (sud)divisione*
arrondissement *m*	(Stadt-) Bezirk	
canton *m* cantonal, e *adj*		***engl.*** *canton* ***span.*** *cantón, cantonal* ***ital.*** *cantone, cantonale*
département *m* départemental, e *adj et f* (route *f*) ~e	Departement I. Departements- II. Landstraße	• La France est divisée en 100 **départements**, dont 96 **départements métropolitains**. ***engl.*** *department* ***span.*** *departamento* ***ital.*** *dipartimento*

Géographie – 1. Les régions et la diversité régionale

région *f* (→ 1.5) régional, e *adj*		***engl.*** *region, regional* ***span.*** *región, regional* ***ital.*** *regione, regionale*
département *m* départemental, e *adj et f* (route *f*) ~e	 Landstraße	***engl.*** *department* ***span.*** *departamento* ***ital.*** *dipartimento*
hexagone *m* °~ hexagonal, e *adj* 	1. Sechseck 2. Frankreich 1. sechseckig 2. Frankreich-	• **Dans l'Hexagone**, il y a des régions climatiques différentes. ***engl.*** *hexagon, hexagonal* ***span.*** *hexágono, hexagonal* ***ital.*** *esagono, esagonale*
superficie *f* superficiel, le *adj*	Fläche, Flächenausdehnung oberflächlich	***engl.*** *superficial* ***span.*** *superficie, superficial* ***ital.*** *superficie, superficiale*
kilomètre *m* **carré**	Quadratkilometer	• La France a une superficie de 675.000 **kilomètres carrés** (km^2) environ.
pays *m* ~ en (voie de) développement ~ industrialisé avoir le mal *m* du ~ paysage *m* paysager, ère *adj* paysagiste *m*	1. Land 2. Heimat, Vaterland Entwicklungsland Industrieland Heimweh haben Landschaft Landschafts- Landschaftsmaler	***span.*** *país, paisaje, paisajista* ***ital.*** *paese, paesaggio, paesaggista*
territoire *m* ~ national occuper un ~ territorial, e *adj*	Territorium, Gebiet Hoheits-, Staatsgebiet ein Gebiet besetzen territorial	***engl.*** *territory, territorial* ***span.*** *territorio, territorial* ***ital.*** *territorio, territoriale*
frontière *f* passer la ~ frontalier, ère *adj*	Grenze über die Grenze gehen/fahren Grenz-	***engl.*** *frontier* ***span.*** *frontera, fronterizo* ***ital.*** *frontiera, frontaliere*
fuseau *m* **horaire**	Zeitzone	***span.*** *huso horario* ***ital.*** *fuso orario*
point *m* **cardinal**	Himmelsrichtung	***span.*** *punto cardinal* ***ital.*** *punto cardinale*
sud *m* pôle *m* °~ **au ~ de qc** **dans le ~ de qc** austral, e *adj* terres *f pl* ~es	Süden Südpol südlich von etw. im Süden von etw. südlich(e Hemisphäre) die französischen Südgebiete *(in Übersee)*	• Orléans est **au sud de** Paris. • La Tour Montparnasse est **dans le sud de** Paris. ***engl.*** *south, austral* ***span.*** *sur, austral* ***ital.*** *sud*
nord *m* pôle *m* °~ au ~ de qc dans le ~ de qc **perdre le ~** *(fam.)* septentrional, e *adj*	Norden Nordpol nördlich von etw. im Norden von etw. den Kopf, das Ziel aus den Augen verlieren nördlich	• Football – Lyon **perd le nord** : Lyon a été sorti par Rennes (2-0) en quart de finale de la Coupe de France. ***engl.*** *north* ***span.*** *norte, septentrional* ***ital.*** *nord, settentrionale*

est *m*	Osten	***engl.*** *east, oriental* ***span.*** *este, oriental* ***ital.*** *est, orientale*
à l'~ de qc	östlich von etw.	
dans l'~ de qc	im Osten von etw.	
oriental, e *adj*	östlich	
ouest *m*	Westen	• Qu'est-ce que je suis fatiguée ce matin, je **suis complètement à l'ouest**.
à l'~ de qc	westlich von etw.	
dans l'~ de qc	im Westen von etw.	
être à l'~ *(fam.)*	neben sich stehen	
occidental, e *adj*	westlich	***engl.*** *west, occidental* ***span.*** *oeste, occidental* ***ital.*** *ovest, occidentale*
pluie *f*	Regen	• Nous avons fait une ballade **sous une petite pluie fine**. • **Par temps de pluie**, la vitesse maximale autorisée sur autoroute est de 110 (au lieu de 130). • **Sarkozy fait la pluie et le beau temps** à l'Élysée. • « Rappelle-toi Barbara, il **pleuvait sans cesse** sur Brest ce jour-là » (début d'un poème de J. Prévert, poète du XXe siècle) • L'arche de Noé : **il a plu** pendant 40 jours et 40 nuits. • En ce moment, on est un peu débordé, les profs nous mettent des **devoirs comme s'il en pleuvait.**
~ diluvienne	sintflutartiger Regen	
sous la ~	im Regen	
par temps de ~	bei Regen	
le temps est à la ~	es sieht nach Regen aus	
faire la ~ et le beau temps	das Sagen haben, tonangebend sein	
ne pas être né, e de la dernière ~ *(fam.)*	nicht von gestern sein	
parapluie *m*	Regenschirm	
pluvieux, euse *adj*	regnerisch, verregnet	
pluvial, e *adj*	Regen-	
pleuvoir	regnen	
il va ~	es wird gleich regnen	
il pleut à verse	es regnet in Strömen	
il pleut comme vache qui pisse *(fam.)*	es schüttet wie aus Eimern	
comme s'il en pleuvait *(fam.)*	in rauen Mengen, in Massen	
il pleuv(i)ote/pleuvine	es nieselt	***engl.*** *pluvial* ***span.*** *lluvia, pluvial, llover, pluvioso* ***ital.*** *piovoso*
écart *m* **de température**	Temperaturunterschied	
précipitations *f pl*	Niederschlag	***engl.*** *precipitation* ***span.*** *precipitación* ***ital.*** *precipitazione*
moyenne *f*	Durchschnitt, Mittelwert	
en ~	im Durchschnitt	
~ annuelle	Jahresdurchschnitt	
degré *m*	Grad	• Il fait **5 degrés au-dessus/au-dessous zéro**. ↔ dessus → sur ↔ dessous → sous
il fait X ~s	es sind X Grad	***engl.*** *degree*
densité *f*	Dichte	***engl.*** *density, dense* ***span.*** *densidad, denso* ***ital.*** *densità, denso*
~ de la population	Bevölkerungsdichte	
dense *adj*	dicht	

diversité *f*	Vielfalt, Verschiedenheit	***engl.*** *diversity, diverse, diversify,* ***span.*** *diversidad, diverso, diversificar* ***ital.*** *diversità, diverso, diversificare*
divers, e *adj*	1. vielfältig, verschiedenartig 2. divers, unterschiedlich	
diversifier qc	etw. vielseitiger machen, abwechslungsreicher gestalten	
diversifié, e *adj*	vielfältig, divers, verschieden, unterschiedlich	
population *f*	Bevölkerung, Population	***engl.*** *population, popular, populace, populous* ***span.*** *población, popular, populoso, populacho* ***ital.*** *popolazione, popolare*
populaire *adj*	Volks-, volkstümlich	
populeux, euse *adj*	bevölkert, dicht bewohnt	
populace *f (péj)*	Pöbel, Mob	
peuple *m*	Volk	***engl.*** *people, populated, populate* ***span.*** *pueblo, poblado, poblamiento, poblar* ***ital.*** *popolo, popolato, popolamento, popolare*
peu/très peuplé, e *adj*	dünn/dicht bevölkert, besiedelt	
peuplement *m*	Besiedlung *(Land, Region)*	
peupler qc	etw. bevölkern, besiedeln	
peuplade *f*	Völkerschaft, Volksstamm	
province *f*	Provinz	***engl.*** *province, provincial* ***span.*** *provincia, provinciano* ***ital.*** *provincia, provinciale*
il fait ~ *(fam.)*	man merkt, dass er aus der Provinz/vom Land kommt	
provincial, e *m f et adj*	I. Kleinstädter, Provinzbewohner II. kleinstädtisch, provinziell	
pourcentage *m*	1. Prozentsatz	• Beaucoup de vendeurs touchent un **pourcentage sur les ventes effectuées**. • **Le pourcentage élevé d'élèves en difficulté** est un sujet de préoccupation. • 15 élèves sur 30 sont absents, ça fait combien **en pourcentage** ? – **50 pour cent** (= **50 pour cent des** élèves sont absents).
~ sur qc	2. prozentualer Anteil an etw.	
~ élevé (de)	hoher Prozentsatz (von)	
en pourcentage	in Prozent	
X pour cent (de)	X Prozent (von)	***engl.*** *percentage, percent* ***span.*** *porcentaje, por ciento* ***ital.*** *percentuale, percento*
naître	geboren werde, zur Welt kommen	• Une femme de 43 ans est morte après **avoir donné naissance à des triplés.** • La forte popularité de l'iPod **a donné naissance à un marché d'accessoires** pour ce lecteur MP3. • Elle **est native de** Lyon ; c'est **une native de** Lyon. • **Le taux de natalité** est **en baisse** en Allemagne et **en hausse** en France.
naissance *f*	Geburt	
explosion *f* des ~s	Geburtenexplosion	
donner ~ à un enfant	1. ein Kind zur Welt bringen	
donner ~ à qc	2. zur Bildung, Entstehung von etw. führen	
natif, ve *adj* **de**	gebürtig aus	
natalité *f* **(taux** *m* **de ~)**	Geburtenrate, -zahl	
baisse *f* de la ~	Geburtenrückgang	
natal, e *adj*	1. Geburts- 2. Heimat-	
nataliste *adj*	Geburten fördernd	
politique *f* ~	Politik der Geburtenförderung	***engl.*** *native, natality, natalist* ***span.*** *nacer, nacimiento, nativo, natalidad, natal, natalista* ***ital.*** *nascere, nascita, nativo, natalità, natale, nataliste*

sec, sèche *adj*	trocken, dürr	***span.*** *seco, sequedad, secar, desecar, desecación* ***ital.*** *secco, secca, seccare*
sécheresse *f*	Trockenheit, Dürre	
sécher	trocknen, trocken werden *(Wäsche, Farbe)*	
~ qc	etw. trocknen *(Haare, Kleidung)*	
assécher qc	etw. austrocknen, trocken legen *(Sumpf, Teich)*	
s'~	austrocknen	
assèchement *m*	Trockenlegung, Austrocknung	
tempéré, e *adj*	gemäßigt	***engl.*** *temperate, temper* ***span.*** *templado, templarse* ***ital.*** *temperato, temperare*
tempérer qc	etw. mäßigen, mildern	
dur, e *adj*	1. rau, streng *(Winter)* 2. hart *(Boden)*	• Dans les montagnes, l'hiver est **très dur** et long.
dureté *f*	1. Strenge 2. Härte	***span.*** *duro, dureza* ***ital.*** *duro, durezza*
fleuve *m*	Fluss, Strom *(mündet im Meer)*	
rivière *f*	Fluss	***engl.*** *river* ***span.*** *río*
traverser une ~	einen Fluss überqueren	
Manche *f*	Ärmelkanal	• L'épreuve de ce matin s'est très bien passée, mais demain c'est les maths et **c'est une autre paire de manches.**
manche *f*	Ärmel	
c'est une autre paire de ~s *(fam.)*	das ist etw. anderes, steht auf einem anderen Blatt	***span.*** *Canal de la Mancha, manga* ***ital.*** *Manica, manica*
se jeter dans qc	in etw. fließen, münden	• À Lyon, la Saône **se jette dans** le Rhône, qui se dirige vers la Méditerranée.
embouchure *f*	Flussmündung	↔ La bouche = der Mund
~ de la Seine	Seinemündung	
lac *m*	See	• Nous sommes allés **au lac d'Annecy**. • L'hôtel est situé **au bord du lac d'Annecy**. ***engl.*** *lake* ***span.*** *lago* ***ital.*** *lago*
massif *m*	Massiv	
plateau *m*	Plateau, Hochebene	***engl.*** *plateau*
montagne *f*	1. Berg	• Nous sommes allés **à la montagne** faire du ski.
~(s)	2. Gebirge, Berge	
montagneux, euse *adj*	1. bergig 2. gebirgig	***engl.*** *mountain, mountains, moutainous, moutaineer* ***span.*** *montaña, montañoso, montañés* ***ital.*** *montagna, montagne, montuoso, montanaro*
montagnard, e *m f et adj*	I. Bergbewohner II. Berg-, Gebirgs-	

sommet *m*	(Berg-)Gipfel	***engl.*** *summit* ***ital.*** *sommità*
colline *f*	Hügel	***span.*** *colina* ***ital.*** *collina*
plaine *f* plain, e *adj*	Ebene, flaches Land eben, plan	***engl.*** *plain* ***ital.*** *pianura, piano*
vallée *f* **dominer la ~** vallon *m* vallonné, e *adj* vallonnement *m*	Tal über das Tal ragen kleines Tal, Talmulde hügelig Hügellandschaft	• Le château de Lacoste **domine la vallée** du Lubéron. ***engl.*** *valley, vale* ***span.*** *valle* ***ital.*** *valle, valletta*
côte[1] *f*	(Berg)Hang	
côte[2] *f* longer la ~ **sur la ~**	Küste an der Küste entlanggehen, -fahren, -laufen *(Fußgänger, Auto, Weg)* an der/die Küste	• Nous allons **sur la Côte d'Azur** pendant les vacances d'été. ***engl.*** *coast* ***span.*** *costa* ***ital.*** *costa*
falaise *f*	Steilküste	
gorges *f pl*	(Fels)Schlucht	• On a fait du canoë **dans les gorges du Tarn**, c'était inoubliable ! ***engl.*** *gorge*
île *f* ~ de la beauté insulaire *m f et adj* presqu'île *f*	Insel Insel der Schönheit (Korsika) I. Inselbewohner II. Insel-, insular Halbinsel	***engl.*** *island/isle, insular, peninsula* ***span.*** *isla, insular, península* ***ital.*** *isola, insulare, penisola*
plage *f* aller à la ~ **sur la ~**	Strand an den Strand gehen am Strand	• Pour l'anniversaire de Mathieu, on va organiser un **barbecue sur la plage.** ***span.*** *playa*
méditerranéen, ne *adj* **Méditerranée** *f*	mediterran Mittelmeer	• Nous avons passé nos vacances **au bord de la Méditerranée**. ***engl.*** *mediterranean, Mediterranean* ***span.*** *mediterráneo, Mediterráneo* ***ital.*** *mediterraneo, Mediterraneo*
Midi *m* Méridional, e *m f* méridional, e *adj*	Südfrankreich 1. Südfranzose 2. Südländer 1. südfranzösisch 2. südlich, südländisch	• Nous avons passé nos vacances **dans le Midi**. ***engl.*** *meridional (nur adj 2)* ***span.*** *meridional (nur adj 2)* ***ital.*** *meridionale (nur adj 2)*

essor *m*	Aufschwung, Aufwärtsentwicklung	• En peu de temps, Internet **a pris un essor considérable** et est devenu un véritable moyen de communication.
~ démographique	demographischer Aufschwung	
prendre un ~	einen Aufschwung nehmen, erfahren	
urbanisé, e *adj*	verstädtert	***engl.*** *urbanise, urban, urbanisation, urbanism*
urbaniser qc	etw. verstädtern	***span.*** *urbanizar, urbano, urbanización, urbanística*
s'~	verstädtern	***ital.*** *urbanizzare, urbano, urbanesimo, urbanistica*
urbain, e *adj*	städtisch, Stadt-	
urbanisation *f*	Verstädterung	
urbanisme *m*	Stadtplanung und Städtebau	
volcan *m*		***engl.*** *volcano, volcanic, volcanologie, volcanologist*
~ en activité	aktiver ~	***span.*** *volcán, volcánico, vulcanología, vulcanólogo*
~ éteint	erloschener ~	***ital.*** *vulcano, vulcanico, vulcanologia, vulcanologo*
volcanique *adj*		
volcanologie *f*		
volcanologue *m f*		

2 Géographie – 2. Ville vs. campagne

ville *f* centre-ville *m* urbain, e *adj* paysage *m* ~	Stadt Stadtzentrum städtisch, Stadt- Stadtbild, -landschaft	• Je ne serai pas là ce soir, je mangerai **en ville**. • J'habite **en ville/dans une grande ville**. ***engl.*** *urban* ***span.*** *urbano*
bidonville *m*	Slum, Elendsviertel	
citadin, e *m f* cité *f* ~-dortoir *f* Île *f* de la Cité	Stadtbewohner Innen-, Altstadt Schlafstadt hist. Stadtkern von Paris auf der Seineinsel	***engl.*** *city* ***span.*** *ciudadano* ***ital.*** *cittadino, città*
village *m* villageois, e *adj et m f*	Dorf I. dörflich, Dorf- II. Dorfbewohner	***engl.*** *village, villager* ***ital.*** *villaggio*
pâté *m* **de maisons**	Häuserblock	
zone *f* **industrielle**	Industriegebiet	***engl.*** *industrial zone/area/estate/park* ***span.*** *zona industrial* ***ital.*** *zona industriale*
ferme *f*	Farm, Bauernhof	• Dimanche dernier, nous sommes allés **à la ferme** regarder les vaches. ***engl.*** *farm*
déménager déménagement *m* déménageur *m* **emménager (dans)** emménagement *m* (dans)	um-, ausziehen Um,- Auszug 1. Möbelpacker 2. Möbelspediteur einziehen (in) Einzug (in)	• On **a emménagé dans** notre nouvel appartement.
fuir devant qc/qn s'enfuir fuite *f* (devant) **prendre la ~** **mettre qn en ~** être en ~ fugitif, ve *m f et adj*	vor etw./jm. fliehen, flüchten 1. fliehen, flüchten 2. davon-, weglaufen Flucht (vor) die Flucht ergreifen jn. in die Flucht schlagen auf der Flucht sein I. Flüchtiger, Flüchtling II. flüchtig	• J'ai eu un accident et le conducteur de l'autre voiture **a pris la fuite.** • Les cris des enfants ont alerté les parents et **ont mis en fuite le cambrioleur.** ***engl.*** *fugitive* ***span.*** *fuga, fugitivo, fugar* ***ital.*** *fuggire, fuga, fuggitivo*
petite/grande couronne *f*	innerer/äußerer Gürtel der Paris umgebenden Departements	• Les prix de l'immobilier ont augmenté de 3 % **dans la/en petite couronne** et de plus de 4,5 % **dans la/en grande couronne.**
banlieue *f* **en ~** grande ~ banlieusard, e *m f*	Vorort, Stadtrandgebiet im Vorort, Stadtrandgebiet Einzugsgebiet, Umland Vorortbewohner	• Le Vélib' arrive **en banlieue**. → Vélib' = vélos en libre-service à Paris (http://www.velib.paris.fr)

campagne *f*	Land (vs. Stadt)	• Une **ballade en pleine campagne**, c'est le bonheur !
à la ~	auf dem Land	
en pleine ~	weitab von jeder Ortschaft	
campagnard, e *adj et m f*	I. ländlich, bäuerlich II. 1. Landbewohner	***span.*** *campo, campesino* ***ital.*** *campagna, campagnolo*
(péj)	2. Bauer, Hinterwäldler	
désert, e *m et adj*	I. 1. Wüste 2. Einöde II. 1. unbewohnt, einsam, öde 2. menschenleer, wie ausgestorben *(Straße)*	↔ le dessert = die Nachspeise, das Dessert
désertification *f*	Verwüstung, Verödung	***engl.*** *desert, desertification, desert* ***span.*** *desierto, desierto/-a, desertificación, desertificar* ***ital.*** *deserto, desertificazione, desertificare*
déserter (qc)	(etw.) für immer verlassen	
surpopulation *f*	Überbevölkerung	↔ population ; peuple
surpeuplé, e *adj*	überbevölkert	
se dépeupler	sich entvölkern	***engl.*** *overpopulated, overpopulation, depopulate, depopulation* ***span.*** *superpobaldo, siperpoblación, despoblación* ***ital.*** *sovrappopolazione, sovrappopolato*
dépeuplement *m*	Entvölkerung	
anonyme *adj*		• Est-il encore possible de **garder l'anonymat** sur Internet ?
anonymat *m*	Anonymität	
garder l'~	die Anonymität wahren	***engl.*** *anonymity, anonymous* ***span.*** *anónimo, anonimato, anonimizar* ***ital.*** *anonimo, anonimità*
assainissement *m*	Sanierung *(Viertel)*	***span.*** *saneamiento*
assainir qc	etw. sanieren	
rural, e *adj*	1. ländlich 2. landwirtschaftlich	***engl.*** *rural* ***span.*** *rural* ***ital.*** *rurale*
vie *f* ~e	Landleben	
ruraux *m pl*	Landbewohner	
exode *m*	Abwanderung, Massenflucht	***span.*** *éxodo* ***ital.*** *esodo*
~ urbain	Stadtflucht	
~ rural	Landflucht	
périphérie *f*	Peripherie, Stadtrand(gebiet)	• Accès au stade de football de Lyon : **sur le périphérique Sud**, prendre la sortie 'Gerland', puis suivre les panneaux 'Stade de Gerland'.
périphérique *adj et m*	I. (Stadt-)Rand-	
périph *m (fam.)*	II. Ringautobahn *(um eine Stadt)*	***engl.*** *periphery, peripheral* ***span.*** *periferia, periférico* ***ital.*** *periferia*
piéton, ne *m f*	Fußgänger	***span.*** *peatón/peatona, peatonal, peatonalizar* ***ital.*** *pedone, pedonale*
rue *f* ~ne	Fußgängerzone	
passage-~s *m*	Fußgängerüberweg	
piétonnier, -ère *adj*	Fußgänger-	

Géographie – 2. Ville vs. campagne

se vider	sich leeren, leer werden *(Straße, Stadt)*	
quartier *m*	Viertel, Stadtteil	***engl.*** *quarter* ***ital.*** *quarto*
agriculteur, -trice *m f* agriculture *f* agricole *adj*	Landwirt Landwirtschaft landwirtschaftlich, Agrar-	***engl.*** *agriculture, agricultural agriculturist* ***span.*** *agricultura, agricultor, agrícolo* ***ital.*** *agricoltore, agricoltura, agricolo*
métropole *f* ~ d'équilibre	Metropole, Großstadt Provinzmetropole (vs. Paris)	***engl.*** *metropolis* ***span.*** *metrópoli* ***ital.*** *metropoli*

moyen *m* **de transport**	Verkehrsmittel	***engl.*** *means of transport*
transport *m* en commun	öffentliches Verkehrsmittel	***span.*** *medio de transporte*
		ital. *mezzo di trasporto*
camion *m*	Lastwagen, LKW	***span.*** *camión, camioneta, camionero*
camionnette *f*	Kleinlastwagen, -transporter	
camionneur *m*	LKW-Fahrer	***ital.*** *camion, camionista*
route *f*	1. (Auto-, Land-) Straße 2. Weg, Strecke, Route	• Matchs de qualification : l'équipe de France **en route pour** la coupe du monde 2010.
se mettre en ~	sich auf den Weg machen, aufbrechen	• Ceux qui croient que les retards ne sont pas sanctionnés **font fausse route**.
être en ~	unterwegs, auf dem Weg sein	• Peu après la station-service, **quitter la route principale** et **suivre la route** qui monte sur 400 m jusqu'à l'hôtel.
faire fausse ~	sich irren, auf dem falschen Weg sein	• Dans la nuit du 18 au 19, une **voiture a quitté la route** pour une raison jusqu'ici inconnue. L'accident a fait trois morts.
la ~ est encombrée	die Straße ist verstopft, überfüllt	
suivre la ~	der Straße folgen	
quitter la ~	1. die Straße verlassen, abbiegen 2. von der Straße abkommen	
bonne ~ !	Gute Fahrt, Reise!	
routier, ère *adj et m*	I. Straßen- II. Fernfahrer	
carte *f* ~ère	Straßen-, Autokarte	
réseau *m* ~	Straßennetz	***engl.*** *route*
autoroute *f*	Autobahn	***span.*** *ruta (Reiseweg, Strecke)*
quitter l'~	von der Autobahn herunterfahren	
autoroutier, ère *adj*	Autobahn-	
voiture *f*	Auto	↔ Im Französischen sind alle Automarken feminin : j'ai **une** Mercedes, **une** Peugeot, **une** Renault, ...
véhicule *m*	Fahrzeug	***engl.*** *vehicle* ***span.*** *vehículo* ***ital.*** *veicolo*
volant *m*	Steuer, Lenkrad	• Les conducteurs prêts à **prendre le volant** après avoir bu de l'alcool sont irresponsables.
prendre le ~	sich ans Steuer, Lenkrad setzen	
être au ~	am Steuer, Lenkrad sitzen	
		span. *volante* ***ital.*** *volante*
feu *m*	1. Ampel	• J'**ai grillé un feu rouge** et me suis fait retirer le permis pendant un mois.
~(x)	2. Scheinwerfer *(Auto)*	
griller un ~ rouge	eine rote Ampel überfahren	
le ~ passe au vert	es wird grün	
donner le ~ vert à qn/qc	jm./etw. grünes Licht geben	
bouchon *m*	Stau	
risque *m* de ~	Staugefahr	
être pris, e dans un ~	im Stau stecken, in einen Stau geraten	
chantier *m*	Baustelle	***ital.*** *cantiere*
embouteillage *m*	Verkehrsstockung, Stau	***span.*** *embotellamiento*
être pris, e dans un ~	im Stau stecken, in einen Stau geraten	

parking *m* ~ couvert ~ souterrain	Parkplatz Parkhaus Tiefgarage	***engl.*** *parking lot, car park* ***ital.*** *parcheggio*
garer qc se ~ je suis mal garé, e stationnement *m* ~ interdit	etw. parken, abstellen *(Auto)* parken, sein Auto abstellen ich steh' schief *(Parklücke)* Parken Parken verboten	
péage *m* autoroute *f* à ~	1. Autobahnmaut 2. Mautstelle gebührenpflichtige Autobahn	***span.*** *peaje* ***ital.*** *pedaggio*
circulation *f* **gêner la ~** il y a beaucoup de ~ **~ en accordéon** circuler	Verkehr den Verkehr beeinträchtigen es herrscht reger, starker Verkehr Stop-and-go-Verkehr fahren, verkehren	• Il faut se garer de manière à ne pas **gêner la circulation.** • Info trafic : 15 km de **circulation en accordéon** sur l'A7 à la hauteur de Montélimar en direction de Lyon. ***span.*** *circulación, circular* ***ital.*** *circolazione, circolare*
trafic *m* le ~ est dense	Verkehr es herrscht dichter Verkehr	***engl.*** *traffic* ***span.*** *tráfico* ***ital.*** *traffico*
rocade *f*	Umgehungsstraße	
déviation *f* prendre une ~ dévier la circulation	Umleitung eine Umleitung fahren den Verkehr umleiten	***span.*** *desviación, desvío, desviar* ***ital.*** *deviazione, deviare*
panneau *m*	(Verkehrs-)Schild	
rond-point *m*	Kreisverkehr	***engl.*** *roundabout* ***span.*** *rotonda* ***ital.*** *rotonda*
carrefour *m*	Kreuzung	• Vous continuez tout droit et **au deuxième carrefour** vous tournez à droite.
pont *m* traverser un ~ couper les ~s avec qn jeter un ~ entre qc/qn et qc/qn	Brücke eine Brücke überqueren den Kontakt zu jm. abbrechen eine Brücke zw. etw./jm. und etw./jm. schlagen	***span.*** *puente* ***ital.*** *ponte*
station-service *f (aussi : station de service)*	Tankstelle	***engl.*** *service station* ***span.*** *estación de servicio* ***ital.*** *stazione di servizio*

panne *f*	
tomber en ~	eine ~ haben
être en ~ de qc *(fam.)*	etw. zur Zeit, im Augenblick nicht haben
dépanner la voiture	1. das Auto abschleppen
~ qc	2. die Panne an etw. beheben, etw. reparieren
~ qn *(fam.)*	3. jm. aus-, weiter-, aus der Patsche helfen
dépannage *m*	Pannenhilfe
service *m* de ~	Abschleppdienst
dépanneuse *f*	Abschleppwagen

- La nouvelle voiture de mes parents **est tombée en panne** après quatre km.
- Je **suis en panne d'Internet** depuis plus d'une semaine et je ne peux pas répondre à mes messages.
- Je dois emmener ma voiture chez le mécanicien pour **qu'il me la dépanne.**
- Je dois faire un gâteau, mais il me manque du sucre. Tu ne pourrais pas **me dépanner** ?

span. *pana*
ital. *panne*

roue *f*	Rad
~ de secours	Reserve-, Ersatzrad
être la cinquième ~ du carrosse	das fünfte Rad am Wagen sein
pousser à la ~	nachhelfen, die Hand im Spiel haben
mettre à qn des bâtons dans les ~s	jm. Steine in den Weg legen, Knüppel zw. die Beine werfen
rouler	1. fahren *(Auto, Person)*
~ qc	2. etw. rollen *(Augen, Gegenstand)*

- Les syndicats **ont poussé à la roue** pour que la grève soit efficace.
- Je veux changer de métier, mais mon patron **m'a mis des bâtons dans les roues**.
- Il a **roulé à cent quarante kilomètres à l'heure**.

span. *rueda, rodar*

pneu *m*	Reifen
~ à plat	platter Reifen
vérifier la pression des ~s	den Reifendruck prüfen
changer les ~s	die Reifen wechseln
crever *(fam.)*	einen Platten haben
ceinture *f*	Gurt
attacher sa ~	sich anschnallen

- Quelle que soit la longueur du trajet, il faut **attacher sa ceinture** à l'arrière.

span. *cinturón*
ital. *cintura*

vitesse *f*	Geschwindigkeit
à toute ~	in aller Eile, im Eiltempo
réduire la ~	die Geschwindigkeit drosseln
prendre qn de ~	jm. zuvorkommen, schneller sein als
être en perte de ~	sich auf dem absteigenden Ast befinden
limitation *f* de ~	Geschwindigkeitsbegrenzung
dépasser la ~ autorisée	die erlaubte Geschwindigkeit überschreiten
vite *adv*	schnell, rasch

- Maxime **m'a prise de vitesse** pour répondre à la question du prof.
- Internet Explorer **est en perte de vitesse** par rapport à son concurrent Mozilla Firefox.
- Le train **roule vite/ rapidement**. Le train **est rapide** (adjectif !).

2 Géographie – 3. Infrastructure

accident	Unfall	• Ivre, la jeune fille de 23 ans a **provoqué un accident de voiture** au volant de sa Golf. • **Un violent accident s'est produit** hier après-midi vers 16 heures sur l'autoroute qui relie Lyon et St. Étienne.
dans un ~	bei einem Unfall	
provoquer un ~	einen Unfall verursachen	
un ~ s'est produit	ein Unfall hat sich ereignet	
accidenté, e *adj et m f*	I. verunglückt *(Person)* II. 1. Verunglückter 2. Unfallverletzter, -opfer	
voiture *f* ~e	Unfallwagen	
		engl. *accident* ***span.*** *accidente* ***ital.*** *incidente*
procès-verbal *m* **(= P.-V.)**	Strafzettel	• J'**ai eu un PV** pour excès de vitesse.
avoir/se prendre un P.-V.	einen Strafzettel bekommen	
prune *f (fam.)*	Knöllchen	• Elle **s'est pris une prune** de 35 € pour stationnement gênant.
se prendre une ~ *(fam.)*	ein Knöllchen bekommen	
station *f*	Haltestelle *(Zug, U-Bahn)*	***engl.*** *station* ***span.*** *estación* ***ital.*** *stazione*
descendre à la prochaine ~	an der nächsten Haltestelle aussteigen	
brûler une ~	an einer Station nicht halten	
arrêt *m*	Haltestelle *(Bus, Straßenbahn)*	***ital.*** *arrestare*
arrêter qc/qn	I. etw./jn. anhalten, stoppen	
s'~	II. stehen bleiben, anhalten *(Fußgänger, Autofahrer)*	
desservir qc	etw. anbinden *(verkehrstechnisch)*	• Je sous-loue ma chambre pour un mois dans un appart' à Jean Macé (7ᵉ) **desservi** par le métro, le tram et le bus.
bus *m*		↔ impériale *f* = Oberdeck
les ~ circulent toutes les dix minutes	die ~ verkehren alle zehn Minuten	***engl.*** *bus* ***span.*** *autobús* ***ital.*** *autobus*
~ à impériale	Doppeldeckerbus	
taxi *m*		***engl.*** *taxi (cab)* ***span.*** *taxi* ***ital.*** *taxi*
appeler un ~	ein ~ rufen	
*héler un ~	ein ~ heran-/herbeiwinken	
station *f* de ~	~stand	
consigne *f*	Gepäckaufbewahrung	***span.*** *consigna (automática)*
~ automatique	Schließfach	
déposer sa valise à la ~	seinen Koffer zur Gepäckaufbewahrung geben	
billet *m*	1. Fahrkarte, Ticket 2. Eintrittskarte *(Kino, Konzert)*	• « **Billet à composter** avant l'accès au train » (écrit sur les billets de la SNCF).
composter le ~	die Fahrkarte abstempeln, entwerten	
distributeur *m* de ~s	Fahrkartenautomat	***span.*** *billete* ***ital.*** *biglietto*
billetterie *f*	Kartenvorverkauf	
carnet *m*	10er Ticket *(für die U-Bahn)*	
ponctualité *f*	Pünktlichkeit	***engl.*** *punctuality, punctual* ***span.*** *puntual, puntualidad* ***ital.*** *puntualità, puntuale*
ponctuel, le *adj*	pünktlich	

heure *f*	1. Stunde 2. Uhrzeit	***engl.*** *hour* ***span.*** *hora, horario* ***ital.*** *ora, orario*
être à l'~	pünktlich sein	
~ de pointe	Hauptverkehrszeit, Stoßzeit	
horaire *adj et m*	I. Stunden- II. Fahrplan *(Zug, Bus)*	
retard *m*	Verspätung, Zuspätkommen	↔ tard = spät • Le TGV Paris-Lyon a une heure de retard = a un retard d'une heure = **est en retard d'une heure**. • C'est le mauvais temps qui nous a **retardés**, on a été pris dans un bouchon. • Tu ne peux vraiment pas **retarder ton rendez-vous** chez le médecin ?
arriver en ~	zu spät kommen	
être en ~	1. zu spät dran sein 2. sich verspäten, Verspätung haben	
retarder qn	1. jn. aufhalten	
~ qc	2. etw. hinaus-, auf, verschieben *(Abreise, Termin)*	
retardataire *adj et m f*	I. verspätet, zu spät kommend II. Zuspätkommender, Nachzügler	
		span. *retraso, retrasar* ***ital.*** *ritardo, ritardare, ritardato*
SNCF *f*	Französische Staatsbahn	• SNCF = Société nationale des chemins de fer français
chemin *m* **de fer**	Eisenbahn	***span.*** *ferroviario, vía férrea* ***ital.*** *ferrovia, ferroviario*
cheminot *m*	Eisenbahner	
ferroviaire *adj*	Eisenbahn-	
réseau *m* ~	Bahn-, Schienen-, Streckennetz	
train *m*	Zug	***engl.*** *train* ***span.*** *tren* ***ital.*** *treno*
(~) rapide *m*	Schnellzug	
(~) direct *m*	Direktzug	
voyager en ~	mit dem Zug, der Bahn fahren	
monter dans le ~	in den Zug steigen	
descendre du ~	aus dem Zug aussteigen	
changer de ~	umsteigen	
métro *m*	U-Bahn	***span.*** *el metro* ***ital.*** *metropolitana*
prendre le ~	mit der U-Bahn fahren	
T.G.V. *m*	Hochgeschwindigkeitszug, ~ICE	• **T.G.V.** = train à grande vitesse • Le **T.G.V.** relie Paris à Lyon en deux heures.
R.E.R. *m*	entspricht in etwa der S-Bahn	• **R.E.R.** = Réseau Express Régional
tram *m* (tramway *m*)	Straßenbahn	***engl.*** *tram(way) (BE)* ***span.*** *tranvía* ***ital.*** *tram*
prendre le ~	mit der Straßenbahn fahren	
liaison *f*	Zugverbindung	
~ directe	Direktverbindung	
terminus *m*	Endstation	↔ terminer ; la terminale = Abiturklasse = Ende der Schulzeit
		engl. *terminus/terminal*
ligne *f*	Linie, Strecke *(Zug, Bus, Straßenbahn)*	***engl.*** *line* ***span.*** *línea* ***ital.*** *linea*

Französisch	Deutsch	Hinweise
passager, ère *m f*	Passagier	***engl.*** *passenger* ***span.*** *pasajero* ***ital.*** *passeggero*
~ clandestin	blinder Passagier	
gare *f*	Bahnhof	
le train entre en ~	der Zug fährt, rollt in den Bahnhof ein	
le train sort de la ~	der Zug fährt aus dem Bahnhof aus	
guichet *m*	(Fahrkarten-)Schalter	
~ d'enregistrement	Abfertigungsschalter *(Flughafen)*	
guichetier, ère *m f*	Schalterbeamter	
aller *m*	Hinfahrt	• Je viens d'acheter **deux aller-retour** Lyon-Strasbourg.
retour *m*	Rückfahrt	
aller-retour *m*	1. Hin- und Rückfahrt 2. Hin- und Rückfahrkarte	
wagon *m*	Eisenbahnwagen	***span.*** *vagón* ***ital.*** *vagone*
~-lit *m*	Schlafwagen	
~-couchettes *m*	Liegewagen	
~-restaurant *m*	Speisewagen	
conducteur, -trice *m f*	Fahrer, Führer *(Auto, Bus, LKW, Zug)*	***span.*** *conducir, conductor, conducción* ***ital.*** *conduttore, condurre*
conduire qc	etw. fahren *(als Fahrer, nicht Passagier)*	
passer son permis *m* de ~	den Führerschein machen	
conduite *f*	Fahren	
prendre des leçons de ~	Fahrstunden nehmen	
correspondance *f* **(pour)** *(transports)*	Anschluss (nach)	***span.*** *correspondencia*
manquer/rater la ~	den Anschluss verpassen	
couchette *f*	Schlafwagenplatz	
coucher	schlafen	
~ avec qn	mit jm. schlafen	
se ~	ins Bett, schlafen gehen	
couche-tard *m*	Nachtschwärmer	
couche-tôt *m*	jemand der sehr früh ins Bett geht	
destination *f*	(Reise-)Ziel	• « Bonjour Messieurs dames, toute l'équipe vous souhaite la bienvenue à bord du T.G.V. **à destination de** Lyon. » ***engl.**. destination* ***span.*** *destino* ***ital.*** *destinazione*
voie *f*	1. Gleis 2. Verkehrsstraße 3. Fahrspur *(einer Straße)*	***span.*** *vía*
~ express/rapide	Schnellstraße	
quai *m*	Bahnsteig	• Je t'attendrai **sur le quai**.
tarif *m*		***engl.*** *tariff* ***span.*** *tarifa, tarifario* ***ital.*** *tariffa, tariffario*
à ~ réduit	zum ermäßigten ~	
payer plein ~	den vollen ~ zahlen	
tarifaire *adj*		

navette *f*	Pendelbus, -zug	
faire la ~ entre ... et ...	zwischen ... und ... pendeln	
resquiller	schwarzfahren	
resquilleur *m*	Schwarzfahrer	
resquillage *m*	Schwarzfahren	
aéroport *m*	Flughafen	***engl.*** *airport* ***span.*** *aeropuerto* ***ital.*** *aeroporto*
vol *m*	Flug	***span.*** *vuelo, volar, sobrevolar* ***ital.*** *volo, volare, sorvolare*
~ de ligne/régulier	Linienflug	
~ direct	Direktflug	
~ intérieur	Inlandsflug	
le ~ en provenance de Paris est retardé	der Flug aus Paris ist verspätet	
le vol 318 est annulé	der Flug 318 fällt aus	
voler	fliegen *(Pilot – nicht Passagier; Vogel, Gegenstand)*	
survoler qc	etw. überfliegen	
avion *m*	Flugzeug	↔ décoller : dé- = ab ; coller = kleben ↔ atterrir : terre • J'**ai pris l'avion** deux fois dans ma vie pour un aller-retour Lyon-Bordeaux.
prendre l'avion	fliegen *(Passagiere an Bord des Flugzeugs)*	
l'~ décolle	das Flugzeug hebt ab	
l'~ atterrit	das Flugzeug landet	
voyager en ~	mit dem Flugzeug reisen/fliegen	
détourner un ~	ein Flugzeug entführen	***span.*** *avión* ***ital.*** *aeroplano*
compagnie *f*	Gesellschaft, Firma	***engl.*** *company* ***span.*** *compañia* ***ital.*** *compagnia*
~ aérienne	Fluggesellschaft	
voyage *m*	Reise	***engl.*** *voyage, voyager* ***span.*** *viaje, viajar, viagero* ***ital.*** *viaggio, viaggiare, viaggiatore*
être en ~	verreist, auf Reisen sein	
voyager	reisen	
avoir beaucoup voyagé	viel herumgekommen sein	
~ en période bleue	außerhalb der Stoßzeiten fahren *(Zug)*	
voyageur, -euse *m f*	1. Reisender 2. Fahrgast, Passagier *(Zug)*	
voyagiste *m*	Reiseveranstalter, -unternehmen	
vélo *m*	Fahrrad	
faire du ~	Fahrrad fahren	
piste *f* cyclable	(Fahr-) Radweg	

monarchie *f*	
~ absolue	
~ constitutionnelle	
~ de droit divin	~ von Gottesgnadentum
monarchiste *adj et m f*	I. II.
monarque *m*	

- Le Canada est une **monarchie constitutionnelle**. Le lieutenant-gouverneur canadien est le symbole de la **monarchie britannique**. Le Canada reconnaît la reine Elisabeth II comme reine du Canada.

engl. *monarchy, monarchical, monarchist, monarch*
span. *monarquia, monarca, monárquico*
ital. *monarchia, monarchico, monarca*

révolution *f*	
la ~ (française)	die Französische ~
la ~ a éclaté	die ~ ist ausgebrochen
révolutionnaire *adj et m f*	I. Revolutions-, revolutionär II. Revolutionär
révolutionner qc	etw. revolutionieren *(Wissenschaft, Industrie)*

engl. *revolution, revolutionary, revolutionise*
span. *revolución, revolucionario, revolucionar*
ital. *rivoluzione, rivoluzionario, rivoluzionare*

cour *f*	(Königs-, Fürsten-) Hof
à la ~ de Louis XIV	am Hofe Ludwig des XIV.
être bien/mal en ~	bei Hofe in (Un-)Gnade stehen

engl. *court*
span. *corte*
ital. *corte*

paix *f*	Frieden
faire la ~ avec qn	mit jm. Frieden schließen
signer la ~	den Friedensvertrag unterzeichnen
~ durable	dauerhafter Frieden
la ~ règne	es herrscht Frieden
laisser qn en ~	jn. in Ruhe, Frieden lassen
pour avoir la ~	um des lieben Friedens willen
paisible *adj*	friedlich, friedfertig *(Person, Volk)*
pacifisme *m*	Pazifismus
pacifiste *adj et m f*	I. pazifistisch II. Pazifist
pacifique *adj*	pazifistisch
pacifier un pays	in einem Land Ruhe und Ordnung wiederherstellen
~ les esprits	die Gemüter beruhigen

- A-t-on vraiment **fait la paix** avec le traité de Versailles (1919) après la Première Guerre mondiale ?
- Avec la mort de Louis XIV en 1715, **la paix règne** en Europe grâce au traité d'Utrecht.
- Ma mère m'énerve avec le ménage, mais j'ai quand même fait la vaisselle **pour avoir la paix**.

engl. *peace, peaceable, pacific, pacifist, pacifism, pacify*
span. *paz, apacible, pacifismo, pacifista, pacífico, pacificar*
ital. *pace, pacifico, pacifismo, pacifista, pacificare*

Réforme *f*	Reformation
Contre- °~ *f*	Gegenreformation

- La **Réforme protestante** a commencé par Luther en Allemagne et Calvin en France. Elle a abouti à une scission entre l´Église catholique et les Églises protestantes.

engl. *Reformation, Counter-Reformation*
span. *reforma, contrareforma*
ital. *riforma, controriforma*

révolte *f*	Revolte, Aufstand, Aufruhr	• Il y a des adolescents qui **sont en révolte** contre leurs parents. • L'armée chinoise **a durement réprimé la révolte des étudiants** en 1989. • Depuis que les droits universitaires sont de 500 € le semestre, **la révolte gronde** dans les universités.
être en ~	in Aufruhr sein	
inciter qn à la ~	jn. aufwiegeln	
réprimer la ~	den Aufstand niederschlagen, -werfen	
la ~ gronde	die Revolte droht	
se révolter contre qc/qn	sich gegen etw./jn. auflehnen, revoltieren	
révolté, e *adj et m f*	I. aufständisch, aufrührerisch II. Aufständischer, Aufrührer	
		engl. *revolt* ***span.*** *revuelta* ***ital.*** *rivolta, rivoltarsi*
avènement *m*	Thronbesteigung, Regierungsantritt	• Depuis l'**avènement** de Louis XVI, des tentatives de réforme s´étaient succédé.
Moyen-Âge *m*	Mittelalter	***engl.*** *Middle/Dark Ages, medieval* ***span.*** *Edad media, medieval* ***ital.*** *medioevo, medievale*
dans le ~	im Mittelalter	
moyenâgeux, euse *adj*	mittelalterlich	
pouvoir *m*	Macht, Gewalt	• Barack Obama **est arrivé au pouvoir** au moment de la crise financière. • Le souverain, **détenteur du pouvoir**, tire sa légitimité de la volonté divine.
arrivée *f* au ~	Machtübernahme	
arriver au ~	an die Macht kommen	
détenir le ~	die Macht innehaben	
détenteur du ~	Machthaber	
~ absolu	Alleinherrschaft, uneingeschränkte Macht	
~ central	Zentralmacht, -gewalt	***engl.*** *power* ***span.*** *poder* ***ital.*** *potenza*
~ royal	königliche Macht, Gewalt	
siècle *m*	1. Jahrhundert 2. Zeitalter	• **Au cours du grand siècle**, la France devient la principale puissance européenne. • Le processus de Bologne, qui vise à créer un espace européen de l'enseignement supérieur, date de la dernière décennie **du siècle passé.** • Les idées **du siècle des Lumières** sont diffusées par les grands philosophes de l´époque : Montesquieu, Voltaire, Rousseau, Diderot.
le grand ~	das 17. Jahrhundert *(in Frankreich)*	
le ~ passé	das vergangene Jahrhundert	
~ des Lumières	Zeitalter der Aufklärung	
le ~ de Louis XIV	das Zeitalter Ludwig des XIV.	
au vingt et unième (XXIe) ~	im 21. Jahrhundert	
		span. *siglo* ***ital.*** *secolo*
dépendance *f*	Abhängigkeit	***engl.*** *(in)dependence, (in) dependent, depend* ***span.*** *(in)dependencia, (in) dependiente, depender* ***ital.*** *(in)dipendenza, (in) dipendente, dipendere*
créer une ~	eine Abhängigkeit schaffen	
être dépendant, e *adj* de qc	von etw. abhängig sein	
dépendre de qc/qn	von etw./jn. abhängen	
indépendance *f*	Unabhängigkeit	
être indépendant, e *adj* de qc	von etw. unabhängig sein	

sacrer qn roi	jn. zum König salben	• Pour montrer sa puissance, Napoléon ne s´est pas fait **sacrer** à Rome, mais s´est proclamé empereur des Français à Paris et y a couronné son épouse Joséphine. On parle aussi de l´**auto-sacre** de Napoléon.
sacre *m*	Salbung, Krönung	
sacré, e *adj*	heilig, geheiligt, geweiht	
		engl. *sacred* ***span.*** *sacrado* ***ital.*** *sacro*
faible *adj et m*	I. schwach II. Schwacher, Schwächling	***engl.*** *feeble, feebleness*
faiblesse *f*	Schwäche	
affaiblissement *m*	Schwächung, Nachlassen *(Gegner, Macht)*	
affaiblir qc/qn	etw./jn. schwächen, schmälern	
descendant, e *m f*	Nachkomme, Abkömmling	***engl.*** *be descended from, descendant, descendent* ***span.*** *descender, descendencia* ***ital.*** *discendente, discendenza, discendere*
descendance *f*	Nachkommenschaft	
descendre de qn	von jm. abstammen	
prince *m*	1. Prinz 2. Fürst	• J'ai été accueillie **comme un prince** par la famille de mon ami.
comme un ~	fürstlich, prächtig	
princesse *f*	1. Prinzessin 2. Fürstin	***engl.*** *prince, princess, principality* ***span.*** *príncipe, princesa, principado, principesco* ***ital.*** *principe, principessa, principesco, principato*
princier, ère *adj*	1. Prinzen- 2. fürstlich, Fürsten-	
principauté *f*	Fürstentum	
roi *m*	König	• Napoléon Bonaparte **s'est proclamé empereur** en 1804 et est alors devenu Napoléon 1er. • **Sous le règne du Roi Soleil**, la monarchie absolue est à son apogée.
proclamer qn ~	jn. zum König ausrufen	
reine *f*	Königin	
royal, e *adj*	1. königlich, Königs- 2. fürstlich, großzügig *(Gehalt, Geschenk)*	
royaume *m*	Königreich	
royaliste *adj et m f*	I. königstreu, royalistisch II. Königstreuer, Royalist	***engl.*** *royal, reign, royalist* ***span.*** *reina, real, reino, reinar* ***ital.*** *re, regina, regale, regno, realista, regno, regnare*
royauté *f*	Königtum	
règne *m*	Regierungszeit, Herrschaft	
sous le ~ de qn	während der Regierungszeit von jn., unter der Herrschaft von jn.	
régner (sur)	regieren, herrschen (über)	
féodalité *f*	Feudalismus	***engl.*** *feudalism, feudal* ***span.*** *feudalismo, feudal* ***ital.*** *feudalesimo, feudale, feudatario*
féodal, e *adj*	feudal	
seigneur *m* (féodal)	Feudal-, Lehens-, Grundherr	
seigneurie *f*	Feudal-, Lehens-, Grundherrschaft	

successeur *m*	Nachfolger	• Le lecteur MP3 **a pris la succession** du Walkman.
succéder à qn	auf jn. folgen, js. Nachfolge antreten	
succession *f*	Nachfolge	***engl.*** *successor, succeed, succession, predecessor, precede*
prendre la ~ de qn	js. Nachfolge antreten	***span.*** *suceder, sucesión, preceder, predecesor*
prédécesseur *m*	Vorgänger	***ital.*** *successore, succedere, successione, predecessore, precedere*
précéder qn	jn. vorangehen	
***huguenot, e** *m f et adj*	I Hugenotte II. hugenottisch	
guerre *f*	Krieg	• Le Ministère de la Santé **fait la guerre au** binge drinking qui consiste à boire une grande quantité d'alcool en peu de temps.
~ civile	Bürgerkrieg	
~ de religion	Religions-, Glaubenskrieg	
~ de succession	Erbfolgekrieg	
mener une ~	einen Krieg führen	
déclencher une ~	einen Krieg auslösen	• Les États-Unis **ont déclenché une guerre préventive contre** l'Irak.
faire la ~ à qn/qc	gegen jn./etw. Krieg führen	
déclarer la ~ à qn	jm. den Krieg erklären	
être en ~ avec/contre qn	sich mit jm. im Krieg befinden	• On appelle « poilus » ceux qui **ont fait la Première Guerre mondiale.**
pendant la ~	während des Krieges, im Krieg	
mourir à la ~	(im Krieg) fallen	
partir pour la ~	in den Krieg ziehen	• Dans « De Bello Gallico », Jules César dit que les Gaulois sont un **peuple belliqueux**.
il a fait la ~	er ist im Krieg gewesen	
la ~ a éclaté	der Krieg ist ausgebrochen	
guerrier *m*	Krieger	
belliqueux, euse *adj*	kriegerisch, kriegs-, kampflustig	***span.*** *guerra, guerrero, belicoso, belicosidad*
belligérant, e *adj*	kriegführend	***ital.*** *guerra, guerriero, bellicoso, belligerante*
philosophe *m*		***engl.*** *philosopher, philosophy, philosophical*
philosophie *f*		***span.*** *filósofo, filosofía, filosófico*
philosophique *adj*		***ital.*** *filosofo, filosofia, filosofico*
absolutisme *m*		***engl.*** *absolutism, absolutist*
absolutiste *adj et m f*	I. II.	***span.*** *absolutismo, absolutista* ***ital.*** *assolutismo, assolutista*
déclin *m*	Niedergang, Verfall *(Reich, Kraft, Ansehen)*	• Le XVIIIe siècle est marqué par le **déclin de la monarchie de droit divin**.
~ démographique	Bevölkerungsrückgang	• Selon la presse people, la carrière du chanteur **est sur son déclin**.
être sur son ~	im Niedergang begriffen sein	
décliner	schwinden, verfallen *(Kraft, Ansehen)*	
		engl. *decline* ***span.*** *declive*
catholique *m f et adj*	I. II.	• Franchement, ce qu'il raconte, **c'est pas très catholique tout ça**.
c(e n)'est pas très ~ *(fam.)*	das ist nicht ganz astrein, koscher	
catholicisme *m*		***engl.*** *catholic, catholicism* ***span.*** *católico, catolicismo* ***ital.*** *cattolico, cattolicesimo*

aristocratie *f* [aristɔkrasi]
aristocrate *m f*
aristocratique *adj*

engl. *aristocracy, aristocrat, aristocratic*
span. *aristocracia, aristocrático*
ital. *aristocrazia, aristocratico*

liberté *f*	Freiheit	• Les élèves **ont toute liberté** dans le choix de la destination du voyage scolaire et dans l'organisation du programme. • Le délégué de classe **a pris la liberté de** faire savoir au prof que la classe n'était pas contente de ses cours.
~ du culte	Glaubensfreiheit	
~ de la presse	Pressefreiheit	
~ d'opinion	Meinungsfreiheit	
en toute ~ *adv*	völlig frei, ungehindert	
avoir toute ~	volle Handlungsfreiheit, völlig freie Hand haben	
prendre la ~ de faire qc	sich die Freiheit nehmen, etw. zu tun	
libre *adj*	frei	***engl.*** *liberty, liberation, liberate, liberator, liberated* ***span.*** *libertad, liberar, liberación, liberador* ***ital.*** *libertà, libero, liberare, liberazione, liberatorio*
libérer qn	jn. befreien	
libération *f*	Befreiung	
libérateur, trice *adj et m f*	I. befreiend II. Befreier	
égalité *f*	Gleichheit	• Liberté, égalité, fratérnité – tous les citoyens **sont sur un/sur le même pied d'égalité.** • Quel voyage, c'était une aventure **sans égale**. • Tu peux venir chez moi demain, mais tu peux **également** passer la semaine prochaine. • **Rien n'égale** le plaisir d'une bonne bière fraîche en été. • **Rien n'égale** la cruauté des crimes nazis.
~ des chances	Chancengleichheit	
être sur un pied d'~ avec qn	mit jm. auf gleichem Fuß stehen	
égal, e *adj*	gleich	
sans ~	ohnegleichen, unvergleichlich, einzigartig	
également *adv*	gleichfalls, ebenfalls, auch	
égaler qc/qn	etw./jm. gleich sein, gleichkommen, an etw./jm. heranreichen	
		span. *igualdad, igual, igualmente*
fraternité *f*	Brüderlichkeit, Brüderschaft	***engl.*** *fraternity, fraternal, fraternise* ***span.*** *fraternidad, fraternal, franternizar, fraterno* ***ital.*** *fraternità, affratellarsi, fraternizzazione, fratello, fraterno*
fraterniser (avec qn)	sich (mit jm.) verbrüdern	
fraternisation *f*	Verbrüderung	
frère *m*	Bruder	
frérot *m (fam.)*	Brüderchen, Bruderherz	
fraternel, le *adj*	brüderlich, Bruder-	
droit *m*	Recht	***span.*** *derecho* ***ital.*** *diritto*
les ~s de l'Homme	die Menschenrechte	
abolir qc	etw. abschaffen, aufheben	***engl.*** *abolish, abolition* ***span.*** *abolir, abolición* ***ital.*** *abolire, abolizione*
abolition *f*	Abschaffung, Aufhebung	
ruine *f*	Ruin, Untergang, Zusammenbruch	• Le gouvernement a condamné le régime militaire de ce pays de l'Est **qui a causé la ruine de la démocratie**.
pousser qn à la ~	jn. in den Ruin treiben	
causer la ~ de qn/qc	jn./etw. ruinieren, zugrunde richten	
être au bord de la ~	am Rande des Ruins stehen	***engl.*** *ruin, ruined, ruinous* ***span.*** *Ruina, arruinar, arruinado*
ruiner qn/qc	jn./etw. ruinieren, zugrunde richten	
ruiné, e *adj*	ruiniert	
ruineux, euse *adj*	ruinös	

privilège *m*		• Merci, Monsieur le Maire, de **nous avoir accordé le privilège de** nous accueillir.
accorder un ~ à qn	jm. ein ~ einräumen	
privilégier qn/qc		
privilégié, e *adj*		
les privilégiés *m pl*		***engl.*** *privilege, privilege, privileged* ***span.*** *privilegio, privilegiar, privilegiado* ***ital.*** *privilegio, privilegiare, privilegiati*
bouleverser qc	etw. grundlegend, tiefgreifend verändern	• Je **suis** complètement **bouleversée** par cette nouvelle.
~ qn	jn. erschüttern, aufwühlen	
bouleversement *m*	Umbruch, tiefgreifende Veränderung	
condamner qn à qc	jn. zu etw. verurteilen	• Le tribunal **a prononcé une condamnation de 12 ans de prison ferme** contre un jeune homme accusé de meurtre. • Le criminel **a déjà subi une condamnation pénale pour** tentative de meurtre sur un policier.
~ qn à mort (pour)	jn. zum Tode verurteilen (wegen)	
condamnation *f*	Verurteilung	
prononcer une ~	eine Verurteilung aussprechen	
subir sa ~	seine Strafe verbüßen	
condamné, e *adj et m f*	I. verurteilt II. Verurteilter	
condamnable *adj*	zu verurteilen(d), tadelnswert, verwerflich	***engl.*** *condemn, condemnation, condemned* ***span.*** *condenar, condena, condenado, condenable* ***ital.*** *condannare, condanna, condannato, condannabile*
contraindre qn à qc/à faire qc	jn. zu etw. zwingen, nötigen/etw. zu tun	• Les conditions météorologiques **nous ont contraints à** annuler le match. • Les évènements actuels **nous contraignent à** cette démarche.
se ~ à faire qc	sich zwingen, etw. zu tun	
contraignant, e *adj*	zwingend, verpflichtend	
contraint, e *adj*	Zwang-, gezwungen	
être ~ de faire qc	gezwungen, genötigt sein etw. zu tun	
contrainte *f*	Zwang	***engl.*** *constraint, constrain, constraining* ***span.*** *constreñir, constreñimiento, constricción, constrictivo* ***ital.*** *costringere, costrittivo, costretto, costrizione*
exécuter qn	jn. exekutieren, hinrichten	***engl.*** *execute, execution* ***span.*** *ejecutar, ejecución* ***ital.*** *esecutare, esecuzione*
exécution *f*	Exekution, Hinrichtung	
démocratie *m* [demɔkrasi]		***engl.*** *democracy, democratic, democrat* ***span.*** *democracia, democrático, demócrata* ***ital.*** *democrazia, democratico*
démocratique *adj (chose)*		
démocrate *adj (pers) et m f*	I. II.	

misère *f*	Armut, Elend, Not	• Les SDF (= sans domicile fixe) **vivent dans une misère noire** qui fait pitié.
~ noire	bittere Armut, äußerstes Elend	• Ah, mon pauvre, qui **t'a fait des misères** ?
vivre dans la ~	im Elend leben	• **Mon ordi me fait des misères**. Il ne démarre plus.
soulager la ~ de qn	js. Armut, Elend, Not lindern	
crier ~	sein Elend, seine Not klagen	
faire des ~s à qn	jn. quälen, plagen, piesacken	
miséreux *m pl*	Armen, Not Leidenden	
misérable *adj*	arm, ärmlich, armselig	**engl.** *misery, miserable* **span.** *miseria, mísero, miserable* **ital.** *miseria, misero, miserabile*
noblesse *f*	Adel	**engl.** *noble, nobility* **span.** *nobleza, noble* **ital.** *nobiltà, nobile*
noble *adj et m f*	I. adlig II. Adliger	
pouvoir *m* (→ 3.1)	Macht, Gewalt	**engl.** *power* **span.** *poder*
séparation *f* des ~s	Gewaltenteilung	
clergé *m*	Klerus, Geistlichkeit	**engl.** *clergy, cleric* **span.** *clerecía, clérigo, clerical* **ital.** *clero, clericale, clerico*
clérical, e *adj*	klerikal, geistlich	
clerc *m*	Kleriker, Geistlicher	
état *m*	Stand	**span.** *estado*
~s généraux	Generalstände	
le tiers ~	der dritte Stand	
impôt *m*	Steuer, Abgabe	• Les cigarettes ne sont pas **déductibles des impôts**.
déduire qc des ~s	etw. von der Steuer absetzen	• Nombre de millionaires ont été condamnés pour **fraude fiscale**.
qc est déductible des ~s	etw. ist von der Steuer absetzbar	
fiscal, e *adj*	steuerlich, Steuer-	
fiscalisation *f*	Besteuerung	
fiscaliser qc	etw. besteuern	**engl.** *imposition, fiscal* **span.** *impuesto, fiscal, fiscalidad, fiscalizar, fisco* **ital.** *imposta, fiscale, imposizione, fisco*
fisc *m*	Fiskus, Steuerbehörde	
frauder le ~	Steuern hinterziehen	
assaut *m* **de qc**	Sturm, -angriff auf etw.	• Le 14 juillet 1789, les Français **ont pris d'assaut** la prison de la Bastille.
prendre qc d'~	etw. stürmen, er-	• À Noël, la ville de Nuremberg **est prise d'assaut** par les touristes.
prise *f* d'~ de qc	Erstürmung von etw.	
assaillir qc/qn	1. etw./jn. angreifen, überfallen	
~ qn de qc	2. jn. mit etw. bestürmen *(Fragen)*	
assaillant *m*	Angreifer	**engl.** *assault, assaulter* **span.** *asalto, asaltar, asaltador* **ital.** *assalto, assalire, assalitore*
peuple *m*	Volk	**engl.** *people, popular* **span.** *pueblo, popular* **ital.** *popolo*
le petit ~	das einfache, niedere, gemeine Volk	
populaire *adj*	Volks-, volkstümlich	

cause *f*	Ursache, Grund
à ~ de qc/qn *prép*	wegen etw./jm.
et pour ~ *adv*	(und zwar) aus gutem Grund
avoir qc pour ~	etw. zur Ursache haben
être la ~ de qc	etw. verursachen/verursacht haben, zu etw. führen/geführt haben
plaider la ~ de qn	sich für jn. einsetzen, eintreten
causer qc	etw. verursachen
~ des dommages	Schaden anrichten
~ des troubles	Unruhe, Verwirrung stiften

↔ *à cause de* + unangenehmes, negatives Ereignis ≠ *grâce à* + angenehmes, positives Ereignis : c'est **à cause de toi** que je n'ai pas eu mon année ≠ c'est **grâce à toi** que j'ai eu mon année, tu m'as beaucoup aidée.

- Il a bu trop d'alcool, c'est **à cause de ça** qu'il a mal au cœur.
- La déclaration de guerre de la France à l'Allemagne **a pour cause immédiate** l'invasion de la Pologne par les troupes allemandes.
- **Quelles sont les causes de** la Révolution française ?

engl. *cause, because of*
span. *causa, causar*
ital. *causa, causare*

constitution *f*	Verfassung
établir une ~	eine Verfassung einrichten
violer la ~	gegen die Verfassung verstoßen
constitutionnel, le *adj*	Verfassungs-
anti-~, le *adj*	verfassungswidrig

engl. *constitution, constitutional*
span. *constitución, constitucional*
ital. *costituzione, costituzionale*

déclaration *f*	Erklärung, Aussage
faire une ~	eine Erklärung abgeben
déclarer qc	etw. erklären
~ son amour à qn	jm. seine Liebe erklären
~ ses intentions à qn	jm. seine Absichten mitteilen

↔ nicht im Sinne von *Erläuterung, Darlegung* = explication, expliquer

- Le Président a fait savoir qu'il n'avait aucune **déclaration à faire** sur ce sujet.

engl. *declaration, declare*
span. *declaración, declarar*

émeute *f*	1. Aufruhr, Krawall
~s *f pl*	2. Unruhen
émeutier *m*	Aufrührer, Unruhestifter

prison *f*	Gefängnis
~ ferme	Gefängnis-, Haftstrafe ohne Bewährung
~ avec sursis	Gefängnis-, Haftstrafe auf Bewährung
être en ~	im Gefängnis sein
mettre qn en ~	jn. ins Gefängnis stecken
condamner qn à dix ans de ~	jn. zu zehn Jahren Gefängnis verurteilen
prisonnier, ère *m f et adj*	I. Gefangener, Häftling II. gefangen, eingesperrt
emprisonner qn	jn. ins Gefängnis stecken, inhaftieren
emprisonnement *m*	I. Gefängnis-, Haftstrafe II. Inhaftierung
carcéral, e *adj*	Gefängnis-

- Il risque **trois ans de prison ferme pour** avoir agressé un gendarme.

engl. *prison, imprison, imprisonment, prisoner, carceral*
span. *prisión/cárcel, preso, encarcelar, carcelario, carcelero*
ital. *prigione, prigioniero, carcerare, carcerazione*

récolte *f*	Ernte	• Voilà ce que c'est que de se moquer des autres. Là il pleure, mais **qui sème le vent récolte la tempête**.
mauvaise ~	Missernte	
récolter qc	etw. ernten	
qui sème le vent récolte la tempête	so wie man in den Wald hineinruft, so schallt es heraus	
récoltant *m*	(landwirtschaftlicher) Erzeuger	***ital.*** *raccolta, raccogliere*
suite *f*	Folge	• Tu es allée trop loin là, **ça aura des suites** ! • **À la suite de** l'échange scolaire, nous avons échangé nos photos. • Le proviseur a convoqué mon père **à la suite d**'une bagarre. • J'aime ma copine depuis que j'ai 17 ans et **par la suite** nous nous sommes même mariés.
avoir des ~s	Folgen, Konsequenzen haben	
faire ~ à qc	auf etw. folgen	
à la ~ de qc	1. nach etw., im Anschluss an etw. *(zeitlich)* 2. infolge von etw., aufgrund von etw.	
par la ~	nachher, später, im weiteren Verlauf	
suivant, e *adj*	folgender, nächstfolgender, nächster	
le lundi ~	der/am darauf folgende/n Montag	***engl.*** *pursuit (of happiness)* ***span.*** *seguir, siguiente, perseguir, persecución* ***ital.*** *seguito, seguire, perseguita, perseguire*
suivre qn	1. jm. folgen	
~ qc	2. auf etw. folgen	
poursuite *f*	Verfolgung	
se mettre à la ~ de qn	js. Verfolgung aufnehmen	
poursuivre qn	jn. verfolgen	
~ un but	ein Ziel verfolgen	

annexer qc	etw. annektieren, sich einverleiben	***engl.*** *annex, annexation*
		span. *anexionar, anexión*
annexion *f* (à)	Annektierung, Anschluss (an)	***ital.*** *annettere, annessione*
empereur *m*	Kaiser	• Napoléon III **a fondé son empire** sur un coup d'État.
impératrice *f*	Kaiserin	• Après **l'effondrement de l'empire napoléonien**, les puissances victorieuses se sont réunies au Congrès de Vienne.
impérial, e *adj*	kaiserlich	• Voilà 25 ans que j'ai une Mercedes et je ne m'en séparerais **pas pour un empire** !
empire *m*	Kaiserreich; Imperium, Reich	
fonder un ~	ein Kaiserreich gründen	
étendre un ~	ein Kaiserreich erweitern	
l'~ s'est effondré	das Reich ist zusammengebrochen	
pas pour un ~ !	nicht um alles in der Welt!	
		engl. *emperor, empress, imperial, empire*
		span. *emperador, emperadora, imperial, imperio*
		ital. *imperatore, imperatrice, imperiale, impero*
pape *m*	Papst	***engl.*** *pope, papacy, papist*
papal,e *adj*	päbstlich, Pabst-	***span.*** *papa, papal, papado*
papauté *f*	Papsttum	***ital.*** *papa, papal. papato*
blesser qn (à qc)	jn. verletzen, verwunden (an etw.)	• De nombreux soldats **ont reçu une blessure de guerre**.
se ~	sich verletzen, verwunden	• L'explosion d'une bombe a fait 35 **blessés graves**.
~ qn grièvement	jn. schwer verletzen	
blessure *f*	Verletzung, Verwundung	
recevoir une ~	verletzt, verwundet werden	
blessé, e *adj et m f*	I. verletzt, verwundet II. Verletzter, Verwundeter	
~ grave	Schwerverletzter	
coupable (de qc) *adj et m f*	I. schuldig (an etw.) II. Schuldiger	• Sandrine Y. et Christiane Z. ont été condamnées à vie pour **s'être rendues coupables de** meurtre.
se rendre ~ de qc	etw. verschulden, sich zuschulden kommen lassen	
déclarer qn ~ de qc	jn. für etw. schuldig erklären	
culpabilité *f*	Schuld, Täterschaft	***engl.*** *culpable, culpability*
culpabiliser qn	bei jm. Schuldgefühle erzeugen	***span.*** *culpable, culpabilidad, culpabilizar, culpa*
culpabilisation *f*	Erzeugung von Schuldgefühlen	***ital.*** *colpevole, colpa, colpevole*
désastreux, -euse *adj*	katastrophal, verheerend	• Au début du XXe siècle, l'Europe **court au désastre**.
désastre *m*	Katastrophe, Desaster	
courir au ~	einer Katastrophe entgegengehen	***engl.*** *disaster, disastrous*
		span. *desastroso, desastre*
		ital. *disastroso, disastro*
colonie *f*		***engl.*** *colony, colonial, colonisation, colonist, colonise, colonialism*
fonder des ~s	~ gründen	***span.*** *colonia, colonial, colonizar, colonización, colonizador, colonialismo, colonialista*
colonial, e *adj*		***ital.*** *colonia, coloniale, colonizzare, colonizzazione, colono, colonialismo*
coloniser qc		
colonisation *f*		
colonisateur, trice *adj*	kolonisierend	
colonialisme *m*		
colonialiste *adj et m*	I. II.	
colon *m*	Kolonist, Siedler	

guerre *f* (→ 3.1) Première/Seconde °~ mondiale pendant la Seconde°~ mondiale ~ de mouvement ~ de positions **entre-deux-~s** *m*	Krieg 1./2. Weltkrieg im 2. Weltkrieg Bewegungskrieg Stellungskrieg Zwischenkriegszeit (1. – 2. Weltkrieg)	• **Dans l'entre-deux-guerres**, la crise économique de 29 a touché toute l'Europe. ***span.*** *guerra* ***ital.*** *guerra*
Lorraine *f*	Lothringen	***engl.*** *Lorraine* ***span.*** *Lorena* ***ital.*** *Lorena*
naissance *f* (→ 2.1)	1. Geburt 2. Entstehung *(Nation, Idee)*	***span.*** *nacimiento* ***ital.*** *nascita*
population *f* (→ 2.1) ~ civile	Bevölkerung, Population Zivilbevölkerung	***engl.*** *population* ***span.*** *población* ***ital.*** *popolazione*
reconstruction *f* reconstruire qc	Wiederaufbau etw. wieder aufbauen, neu bauen	↔ construction, construire ***engl.*** *reconstruction, reconstruct* ***span.*** *reconstrucción, reconstruir* ***ital.*** *ricostruzione, ricostruire*
restauration *f* restaurer qc	Wiederherstellung, Restauration etw. wiederherstellen *(Ordnung, Macht)*	***engl.*** *restore, restoration* ***span.*** *restauración, restaurar* ***ital.*** *restaurazione, restaurare*
Société des Nations (= SDN)	Völkerbund	***span.*** *Sociedad de Naciones* ***ital.*** *Società delle Nazioni*
administration *f* administratif, ive *adj*	Verwaltung, Administration Verwaltungs-, administrativ	***engl.*** *administrate, administration* ***span.*** *administrativo, administración* ***ital.*** *amministrazione, amministrativo*
laïc / laïque *adj* enseignement *m* ~ laïcité *f* laïcisation *f* laïciser qc laïcisme *m*	bekenntnisneutral, -frei, laizistisch bekenntnisfreies Unterrichtswesen religiöse Neutralität des Staates, Trennung von Kirche und Staat Befreiung von religiöser, kirchlicher Bindung etw. entkonfessionalisieren Laizismus	***span.*** *laicismo, laicista, laicización, laicizar, laico* ***ital.*** *laicista, laicità, laicizzazione, laicizzare, laico*
Alsace *f* alsacien, ne *adj* Alsacien, ne *m f*	 I. II.	***engl.*** *Alsace, Alsatian* ***span.*** *Alsacia* ***ital.*** *Alsazia, alsaziano*
chômage *m* être au ~ chômeur, euse *m f*	Arbeitslosigkeit arbeitslos sein Arbeitsloser	

déclenchement *m* **déclencher qc** se ~	Auslösung etw. auslösen *(Krise, Krieg)* ausbrechen *(Krise, Krieg)*	• À cause du jeu des alliances, **la guerre austro-serbe déclenchée** par l'attentat de Sarajevo en 1914 a fini par gagner toute l'Europe.
arme *f* (→ armée → 1.2) surarmement *m* surarmé, e *adj*	Waffe Überrüstung überrüstet	***span.*** *arma* ***ital.*** *arma*
alliés *m pl* s'allier (à qn) alliance *f*	1. Verbündete 2. Alliierten sich (mit jm.) verbünden, alliieren Bündnis, Allianz	***engl.*** *Allies, allied, alliance* ***span.*** *aliados, aliarse, alianza* ***ital.*** *alleati, allearsi, alleanza*
hostilité *f* **envers/contre qn** **~ à qc** susciter l'~ de qn **être hostile à qn/qc**	1. Feindseligkeit, Feindschaft (gegenüber jm.) 2. feindliche, ablehnende Einstellung gegenüber einer Sache js. Feindseligkeit hervorrufen jm./etw. feindlich, ablehnend gegenüberstehen	• La Grande-Bretagne n'a pas **caché sa profonde hostilité à** la politique coloniale de Guillaume II. • En 1939, de nombreux Français **étaient hostiles à** une nouvelle guerre. ***engl.*** *hostility, hostile* ***span.*** *hostilidad, hostil* ***ital.*** *ostilità, ostile*
instabilité *f* instable *adj*	Unsicherheit, mangelnde Stabilität unsicher, unstabil	***engl.*** *instability, instable* ***span.*** *instabilidad, instable/ inestable* ***ital.*** *instabilità, instabile*
meurtrier, -ère *adj et m* folie *f* ~ère meurtre *m* (de qn)	I.1. mörderisch *(Schlacht)* I.2. verheerend *(Unfall, Epidemie)* II. Mörder Amoklauf Mord (an jm.)	• L'armistice de 1918 a mis un terme à une **guerre meurtrière**, mondiale, où plus d'un quart des Français de 18 à 27 ans ont trouvé la mort. • Une **violente tempête meurtrière** dans le Midi a privé d'électricité des milliers de foyers. ***engl.*** *murder, murderer*
tuer qn se ~ être tué, e **ça me tue** *(fam.)* tuerie *f* tueur *m* tué, e *adj et m f*	jn. töten, umbringen sich töten, das Leben nehmen getötet werden, fallen *(Krieg)* das macht mich fertig, wahnsinnig Blutbad, Gemetzel Killer, Mörder I. getötet, gefallen II. Getöteter, Gefallener	• Les profs qui donnent toujours plus de devoirs que nécessaires, **ça me tue** ! • **Ça me tue qu**'il soit toujours en retard. • **Ça me tue de** voir mon meilleur pote sortir avec mon ex.
échec *m* **subir un ~**	Misserfolg, Misslingen eine Niederlage, Schlappe erleiden	• Il **a subi un échec à** l'oral du bac.

traité *m* **signer un ~**	Vertrag *(politisch)* einen Vertrag schließen, unterzeichnen	↔ geschäftlich = un contrat • **Le Traité de paix de Versailles a été signé** dans la Galerie des Glaces le 28 juin 1919 par la délégation allemande. ***engl.*** *treaty* ***span.*** *tratado* ***ital.*** *trattato*
bataille *f* ~ sanglante **arriver après la ~** **batailler pour faire qc** batailleur, euse *adj et m*	Schlacht verlustreiche Schlacht kommen, wenn alles getan, fertig ist kämpfen, sich abmühen, um etw. zu tun *(nur übertragene Bedeutung)* I. streitlustig, -süchtig II. Raufbold, Streithammel	↔ das Bataillon • Bon, **j'arrive après la bataille**, mais je vais quand même donner mon avis. • **J'ai bataillé pour** trouver des chaussures confortables. • **J'ai bataillé pour que** mon copain vienne au ciné avec moi. ***engl.*** *battle* ***span.*** *batalla, batallador* ***ital.*** *battaglia, battagliare, battagliero*
campagne *f* mener une ~ contre qn	Feldzug gegen jn. einen Feldzug führen	***engl.*** *campaign* ***span.*** *campaña* ***ital.*** *campagna*
défaite *f* subir une ~ défaire qn	Niederlage eine Niederlage erleiden, hinnehmen müssen jn. eine Niederlage bereiten, besiegen	***engl.*** *defeat* ***span.*** *derrota* ***ital.*** *disfatta*
lutte *f* **(contre/pour qn/qc)** lutter (contre/pour qn/qc) lutteur, euse *m f*	Kampf gegen/um jn./etw. gegen/um jn./etw. kämpfen Kämpfer	***span.*** *lucha* ***ital.*** *lotta, lottare*
revanche *f* **prendre sa ~ sur qn** **en ~** *conj*	 1. an jm. Vergeltung üben, nehmen 2. die Niederlage, Schlappe wettmachen *(Spiel, Sport)* dagegen, hingegen, dafür	• Il **a pris sa revanche** en faisant tuer tous les habitants de la ville. • Football : Marseille **a pris sa revanche sur** Lyon, vendredi dernier en demi-finale. • J'ai eu un zéro en maths, mais, **en revanche**, j'ai progressé en physique. ***engl.*** *revenge* ***span.*** *revancha*
séparation *f* séparer qn/qc (de) se ~ (de qn) séparé, e *adj* séparément *adv*	Trennung jn./etw. trennen (von) sich (von jm.) trennen getrennt getrennt, gesondert *(zahlen)*	***engl.*** *separation, separate* ***span.*** *separación, separar, separado* ***ital.*** *separazione, separare, separato*

victoire *f*	Sieg	• En 2002, Jacques Chirac **a remporté une victoire écrasante sur** Jean-Marie Le Pen (82-18 %). • Elle **s'est avouée vaincue** sans même avoir essayé. • À quoi bon se battre, je **suis vaincue d'avance**. • Elle **est sortie vainqueur** du tournoi.
remporter la ~	den Sieg erringen, davontragen	
~ écrasante	überwältigender Sieg	
victorieux, euse *adj*	siegreich, Sieger-	
vaincre qn	jn. besiegen, über jn. siegen	
~ une difficulté	eine Schwierigkeit meistern	
vaincu, e *adj et m*	I. besiegt II. Besiegter	
s'avouer ~	sich geschlagen geben	
être ~ d'avance	keinerlei Chancen haben	
vainqueur *adj et m*	I. siegreich II. Sieger	***engl.*** *victory, victorious, vanquish* ***span.*** *victoria, victorioso, vencer, vencedor* ***ital.*** *vittoria, vittorioso, vincere, vinto, vincitore*
sortir ~ de qc	aus etw. als Sieger hervorgehen	
réparations *f pl*	Reparationszahlungen	***engl.*** *reparations* ***span.*** *reparaciones* ***ital.*** *risarcimento*

guerre *f* (→ 3.1) la drôle de ~	Krieg die ersten ereignislosen Monate des 2. Weltkrieges	***span.*** *guerra* ***ital.*** *guerra*
invasion *f*		***engl.*** *invasion* ***span.*** *invasión* ***ital.*** *invasione*
nazi, e *m f et adj* nazisme *m*	I. II.	***engl.*** *Nazi, Nazism* ***span.*** *nazi, nazismo* ***ital.*** *nazista, nazismo*
diviser qc en qc division *f*	1. etw. in etw. teilen, ein- 2. etw. in etw. trennen, spalten 1. Teilung, Ein- 2. Trennung, Spaltung	***engl.*** *divide, division* ***span.*** *dividir, división* ***ital.*** *dividere, divisione*
envahir un pays envahissement *m* d'un pays envahisseur *m*	in ein Land einmarschieren, eindringen Einmarsch, Eindringen in ein Land Angreifer, Eindringling	***span.*** *invadir, invasión, invasor*
exterminer qn/qc extermination *f* exterminateur, trice *adj*	jn./etw. ausrotten, vernichten Ausrottung, Vernichtung Ausrottungs-, Vernichtungs-	***engl.*** *exterminate, extermination* ***span.*** *exterminar, exterminación*
collaboration ***f*** **(avec qn)** ~ à qc **apporter sa ~ à qc** **collaborer (avec qn)** ~ avec qn ~ à qc collaborateur, trice *m f*	Zusammenarbeit mit dem Feind, Kollaboration *(historisch)* Mitarbeit, Mitwirkung bei etw. an etw. mitarbeiten mit dem Feind zusammenarbeiten, kollaborieren *(historisch)* mit jm. zusammenarbeiten an etw. mitarbeiten, mitwirken 1. Kollaborateur *(historisch)* 2. Mitarbeiter	• Il est important que chacun **apporte sa collaboration à** la préparation du voyage scolaire. • Le régime de Vichy **a collaboré avec** l'occupant allemand. ***engl.*** *collaboration, collaborate, collaborator* ***span.*** *colaborar, colaboración. colaborador* ***ital.*** *collaborazione, collaborare, collaboratore*
libération *f* (→ 3.2)	Befreiung Frankreichs im 2. Weltkrieg	***engl.*** *liberation* ***span.*** *liberación* ***ital.*** *liberazione*
patrie *f* **patriote** *m f et adj* **patriotique** *adj* patriotisme *m*	Vater-, Heimatland I. Patriot II. patriotisch, vaterländisch gesinnt *(Person)* patriotisch, vaterländisch *(Gefühl, Lied)* Patriotismus, Vaterlandsliebe	• **Ce jeune homme patriote** n'a jamais collaboré avec l'ennemi. • La propagande hitlérienne visait à **renforcer le sentiment patriotique** des citoyens. ***engl.*** *patriot, patriotism, patriotic* ***span.*** *patria, patriotismo, patriótico, patriota* ***ital.*** *patria, patriota, patriottico, patriottismo*
Pologne *f* Polonais, e *m f* polonais, e *adj* le polonais	Polen Pole polnisch das Polnische, Polnisch	***engl.*** *Poland, Polish* ***span.*** *polonia, polaco* ***ital.*** *Polonia, polacco*

3 Histoire – 4. La Seconde Guerre mondiale

résistance *f* **(à)**	1. Widerstand (gegen)	• Les soldats ont pris la ville **sans rencontrer de résistance**.
la °~	2. die Résistance *(frz. Widerstandsbewegung 1940-1944)*	
faire de la ~	Widerstand leisten	***engl.*** *resistance*
rencontrer de la ~	auf Widerstand stoßen	***span.*** *resistencia*
résistant, e *m f*	Widerstandskämpfer	***ital.*** *resistenza*
victime *f* **(de qc)**	Opfer (von etw.)	• Un élève sur dix **est victime de** violence sur le chemin de l'école. • La Seconde Guerre mondiale **a fait de nombreuses victimes innocentes**.
faire de nombreuses ~s	zahlreiche Menschenleben fordern	
		engl. *victim* ***span.*** *víctima* ***ital.*** *vittima*
alliés *m pl* (→ 3.3)	Alliierten	***engl.*** *Allies* ***span.*** *los aliados* ***ital.*** *alleati*
occupation *f*	1. Besetzung, Okkupation *(militärisch)*	***engl.*** *occupation, occupy, occupied* ***span.*** *ocupación, ocupar, ocupado, ocupante* ***ital.*** *occupazione, occupare, occupato, occupatore*
°~	2. deutsche Besatzungszeit	
occuper un pays/une ville	ein Land/eine Stadt besetzen	
occupé, e *adj*	besetzt	
zone *f* ~e	von den deutschen in Frankreich besetzte Zone *(historisch)*	
occupant, e *m et adj*	I. Besatzungsmacht II. Besatzungs-, Okkupations-	
armistice *f* (→ 1.2)	Waffenstillstand	***engl.*** *armistice* ***span.*** *armisticio* ***ital.*** *armistizio*
signer l'~	den Waffenstillstand unterzeichnen	
camp *m*	Lager	***engl.*** *camp, concentration camp* ***span.*** *campo de concentración* ***ital.*** *campo*
~ de concentration	Konzentrationslager	
combat *m*	Kampf, Gefecht	• Staline **a mené un combat acharné contre** ses ennemis. • Les ouvriers **ont engagé le combat pour** l'augmentation des salaires.
~ acharné	erbitterter Kampf	
mener un ~	einen Kampf führen	
engager le ~	den Kampf aufnehmen	
mettre qc/qn hors de ~	etw./jn. außer Gefecht setzen, kampfunfähig machen	
marcher au ~	in den Kampf ziehen	***engl.*** *combat* ***span.*** *combate, combatir, combativo, combatividad* ***ital.*** *combattimento, combattere, combattente, combattivo, combattività*
combattre pour/contre qc/qn	für/gegen etw./jn. kämpfen	
~ qc/qn	etw./jn. bekämpfen	
se ~	sich bekämpfen, gegeneinander kämpfen	
combattant, e *adj et m*	I. kämpfend, Kampf- II. Soldat im Kampf, Frontsoldat	
ancien ~	(ehemaliger) Kriegsteilnehmer	
combatif, ve *adj*	kämpferisch, kampflustig	
combativité *f*	Kampfgeist, Kampflust	

réseau *m* ~ clandestin	Netz geheime Widerstandgruppe	
vainqueur *m et adj* (→ 3.3) sortir ~ de qc	I. Sieger II. siegreich aus etw. als Sieger hervorgehen	***span.*** *vencedor* ***ital.*** *vincitore*
aide *f* **à l'~ de qc** **avec l'~ de qn** appeler (qn) à l'~ apporter son ~ à qn **venir en ~ à qn** aide *m f* aider qn à faire qc ~ qn dans qc ~ à qc s'entraider	Hilfe, Beistand mithilfe von, mittels etw. *(Sachen)* mit js. Hilfe, Unterstützung *(Person)* (jn.) um Hilfe rufen jm. Hilfe, Beistand leisten jm. zur Hilfe kommen Helfer, Gehilfe jm. helfen etw. zu tun jm. bei/in etw. helfen zu etw. beitragen, einer Sache dienlich/förderlich sein sich gegenseitig helfen	• Vous pouvez faire la traduction **à l'aide d**'un dictionnaire. • J'ai préparé mon exposé **avec l'aide de** mon grand frère. • Elle **est venue en aide à** un enfant qui était tombé dans la piscine. ***engl.*** *aid* ***span.*** *ayuda, ayudar* ***ital.*** *aiuto, aiutante, aiutare*
débâcle *f*	Zusammenbruch, Debakel	• Le PS **a subi une débâcle** lors des élections.
national-socialisme *m* national-socialiste *m f et adj*	 I. II.	***engl.*** *National Socialism* ***span.*** *nacionalsocialismo, nacionalsocialista* ***ital.*** *nazionalsocialismo, nazionalsocialista*
troupe *f* ~s *f pl*	Truppe Truppen *(militärisch)*	***engl.*** *troops* ***span.*** *tropa* ***ital.*** *truppa*
vengeance *f* **tirer ~ de qc/qn** la ~ est un plat qui se mange froid venger qn/qc se ~ de qn **se ~ de qc** se ~ sur qn de qc vengeur, vengeresse *m f et adj*	Rache, Vergeltung sich für etw./an jn. rächen Rache ist süß jn./etw. rächen sich an jm. rächen sich für etw. rächen sich an jm. für etw. rächen I. Rächer II. rächend, Rache-	• Attila **a tiré vengeance de** Kriemhild en ordonnant sa mort (la chanson des Nibelungen). • Pourquoi tu as fait ça, c'est pour **te venger de ce que** je t'ai dit l'autre jour ? ***engl.*** *vengeance* ***span.*** *venganza, vengar, vengador* ***ital.*** *vendetta, vendicare, vendicatore*
Juif, ve *m f* juif, ve *adj*	Jude jüdisch, Juden-	***engl.*** *Jew, Jewish* ***span.*** *Judío, judío* ***ital.*** *giudeo, giudaico*
déportation *f* déporter qn		***engl.*** *deportation, deport* ***span.*** *deportación, deportar* ***ital.*** *deportazione, deportare*
débarquement *m* **débarquer**	Invasion der Alliierten in der Normandie 1944 landen *(militärisch)*	• En juin 1944, les Alliés **ont débarqué** en Normandie.
Normandie *f* Normand, e *m f* normand, e *adj*		***engl.*** *Normandy, Norman* ***span.*** *Normandía, Normando, normando*

4 Environnement – 1. Environnement et pollution

Français	Deutsch
environnement *m*	Umwelt
respectueux, euse *adj* **de l'~**	umweltfreundlich
environnemental, e *adj*	Umwelt-

- Quelle est l'énergie la plus **respectueuse de l'environnement** ?

engl. *environment, environmental*

Français	Deutsch
pollution *f*	Umweltverschmutzung, -belastung
~ atmosphérique	Luftverschmutzung, -verpestung
la ~ engendrée	die verursachte Verschmutzung
pic *m* **de ~**	Spitzenwert an Verschmutzung
réduire la ~	die Umweltverschmutzung verringern
polluer qc	etw. verschmutzen, -unreinigen
polluant, e *adj et m*	I. umweltverschmutzend, -schädlich II. Schadstoff
pollueur *m*	Umweltsünder

- **La pollution engendrée par** les émissions de gaz toxiques des voitures est un problème croissant en zone urbaine.
- **En cas de pic de pollution atmosphérique**, il faut en informer le public.

engl. *pollution, pollute, polluter*
span. *polución*

Français	Deutsch
acide *adj et m*	I. sauer *(Geschmack, Chemie, Geologie)* II. Säure *(Chemie)*
pluie *f* ~	saurer Regen
acidité *f*	Säuregrad, -gehalt *(Chemie)*
acidulé, e *adj*	säuerlich
bonbons *m pl* ~s	saure Bonbons
vert *m et adj* ~	I. Giftgrün II. giftgrün

engl. *acid, acidity, acidulous*
span. *ácido, acidez*
ital. *acido, acidità, acidulo*

Français	Deutsch
aliment *m*	Nahrungsmittel
~s *m pl*	Nahrung, Lebensmittel
fournir un ~ à qc	etw. neue Nahrung geben
alimentaire *adj*	Nahrungs-, Ernährungs-
chaîne *f* ~	Nahrungskette
alimentation *f*	Ernährung
alimenter qn	jn. ernähren
s'~ de qc	sich von etw. ernähren
~ la conversation	der Unterhaltung Stoff liefern

- J'**ai fourni un nouvel aliment à** sa curiosité en ne lui disant pas où je suis sortie hier soir.
- La relation avec sa nouvelle copine **a alimenté la conversation** de la fin de la soirée.

engl. *alimentation, alimentary*
span. *alimento, alimentario, alimentación, alimentar*
ital. *alimento, alimentazione, alimentare*

Français	Deutsch
eau *f*	Wasser
~ potable	Trinkwasser
~x *f pl* usées	Abwasser
assainissement *m* des ~x usées	Abwasserreinigung
mettre de l'~ dans son vin	sich mäßigen, den Ball flach halten, seine Ansprüche zurückschrauben
nager entre deux ~x	zwischen zwei Parteien schwanken (ohne Position zu beziehen)
il faut se méfier de l'~ qui dort	stille Wasser sind tief
aquatique *adj*	Wasser-
aquarium *m*	

- Il devrait modérer son enthousiasme et **mettre de l'eau dans son vin**.
- Pour ce qui est des vacances, il **nage entre deux eaux** : son amie veut partir en Angleterre, ses copains en Italie et il aimerait bien partir avec tout le monde. Du coup, il ne sait pas quoi faire.

engl. *aqua-, aquatic, aquarium*
span. *agua, aguático, acuario*
ital. *acqua, idrico, acquario*

catastrophe *f*	
catastrophique *adj*	
catastropher qn *(fam.)*	jn. niederschmettern, fertig machen
être catastrophé, e *adj (fam.)*	niedergeschmettert, fertig, am Boden zerstört sein

engl. *catastrophe, catastrophic*
span. *catástrofe, catastrófico*
ital. *catastrofe, catastrofico*

chimie *f*	
chimique *adj*	
chimiste *m f*	

engl. *chemistry, chemical, chemist*
span. *química, químico*
ital. *chimica, chimico*

brûler	brennen, ver-
~ qc	etw. ver-, ab-, niederbrennen
se ~	sich verbrennen
brûlé, e *adj*	ver-, ab-, niedergebrannt
brûlant, e *adj*	brennend, glühend
question ~e	heikle Frage, heißes Eisen
brûlure *f*	1. Verbrennung, Brandwunde 2. Brandfleck
combustible *adj et m*	I. brennbar, entzündlich II. Brennstoff

- **La question brûlante du réchauffement climatique** fera l'objet d'une discussion entre l'industrie et les partenaires environnementaux.

engl. *combustible*
span. *combustible*
ital. *bruciare, bruciato, bruciatura, combustibile*

détériorer qc	etw. beschädigen, schaden, verschlechtern
se ~	beschädigt werden, sich verschlechtern
sa santé s'est détériorée	sein Gesundheitszustand hat sich verschlechtert
~ l'ambiance	die Stimmung vergiften
détérioration *f*	Beschädigung

- Les eaux usées rejetées en pleine nature génèrent une pollution qui **détériore la qualité** des eaux de surface.

engl. *deteriorate, deterioration, deteriorating*
span. *deteriorar, deterioro*

dévaster qc	etw. verwüsten, verheeren
dévastation *f*	Verwüstung, Verheerung
dévastateur, trice *adj*	verheerend
tempête *f* ~trice	verheerender Sturm

- **Un violent incendie a dévasté** plus de 1000 hectares au nord de Nice.

engl. *devastate, devastation, devastating*
span. *devastar, devastación, devastador*
ital. *devastare, devastazione, devastante*

écologie *f*	Ökologie, Umweltschutz
écologique *adj*	ökologisch, Umwelt-
catastrophe *f* ~	
écologisme *m*	Umweltbewegung
écologiste *m f*	Ökologe, Umweltschützer
écolo *m f (fam.)*	Grüner, Umweltschützer

engl. *ecology, ecological, ecologist*
span. *ecología, ecológico, ecologismo, ecologista*
ital. *ecologia, ecologico, ecologista*

poison *m*	Gift, Giftstoff
empoisonner l'eau/l'air	Wasser/Luft verschmutzen, verpesten
~ qn	jn. vergiften
s'~	sich vergiften, Gift nehmen
empoisonnement *m*	Vergiftung
toxique *adj*	Gift-, giftig

engl. *poison, toxic*
span. *tóxico*
ital. *tossico*

gaspiller qc	etw. verschwenden, vergeuden
gaspillage *m*	Verschwendung, Vergeudung
gaspilleur, euse *m f et adj*	I. Verschwender II. verschwenderisch

Environnement – 1. Environnement et pollution

biosphère *f*		***engl.*** *biosphere* ***span.*** *biósfera* ***ital.*** *biosfera*
canal *m*		***engl.*** *canal, canalization, canalize* ***span.*** *canal, canalización, canalizar* ***ital.*** *canale, canalizzazione, canalizzare*
canalisation *f*		
canaliser qc		
chaud, e *adj*	warm, heiß	• **Pendant les grandes chaleurs estivales**, il faut éviter de s'exposer au soleil.
j'ai ~	mir ist warm, heiß	
il fait ~	es ist warm, heiß	
chauffer qc	etw. erwärmen, erhitzen	
se ~	sich wärmen	
~ l'appartement	die Wohnung heizen	
chauffage (au gaz, au mazout)	(Gas-, Öl-) Heizung	
mettre le ~	die Heizung anstellen, anmachen	
arrêter le ~	die Heizung ausstellen, ausmachen	
chaleur *f*	Wärme, Hitze	
les grandes ~s	der Hochsommer, die hochsommerliche Hitze	
réchauffement *m*	Erwärmung *(Temperatur)*	
~ de la planète	Erderwärmung	
contamination *f*	~, Verseuchung	***engl.*** *contaminate, contamination* ***span.*** *contaminación, contaminar* ***ital.*** *contaminazione, contaminare*
contaminer qc	etw. ~, verseuchen	
ozone *m*		***engl.*** *ozone* ***span.*** *ozono* ***ital.*** *ozono*
couche *f* d'~	Ozonschicht	
trou *m* (dans la couche) d'~	Ozonloch	
taux *m* d'~	Ozonwert(e)	
le taux *m* d'~ augmente	der/die Ozonwert(e) steigt(en)	
ozoné, e *adj*	ozonhaltig	
décharge *f*	Müllplatz, -kippe, Deponie	
destruction *f*	Zerstörung, Vernichtung	***engl.*** *destruction, destructive, destruct, destroy* ***span.*** *destrucción, destructor, destructible, destructivo, destruir* ***ital.*** *distruzione, distruttivo, distruttibile, distruttore, distruggere*
entraîner la ~ de qc	die Zerstörung einer Sache mit sich bringen, nach sich ziehen	
déstructeur, trice *adj et m f*	I. zerstörerisch, destruktiv II. Zerstörer, Vernichter	
déstructible *adj*	zerstörbar	
déstructif, ve *adj*	Zerstörungs-, zerstörerisch	
détruire qc	etw. zerstören	
faim *f*	Hunger	• Selon l'Organisation des Nations Unies (ONU), plus de 800 millions de personnes **ne mangent pas à leur faim**.
avoir une ~ de loup	einen Bären-, Mordshunger haben	
cela/ça donne ~	dabei bekommt man Hunger, das macht hungrig	
manger à sa ~	sich satt essen	***engl.*** *famine, famish, famished* ***span.*** *afamado* ***ital.*** *fame, affamato, affamare*
ne pas manger à sa ~	Hunger leiden, hungern	
famine *f*	Hungersnot	
affamé, e *adj*	hungrig, hungernd	
affamer qn	jn. aushungern	

faune *f*		***engl.*** *fauna* ***span.*** *fauna* ***ital.*** *fauna*
flore *f*		***engl.*** *flora* ***span.*** *flora* ***ital.*** *flora*
fondre	schmelzen, ab-, auftauen	***span.*** *fundir, fundido* ***ital.*** *fondere, fuso, fusione*
fondu, e *adj*	geschmolzen	
fonte *f*	Schmelzen, Ab-, Auftauen	
~ des neiges	Schneeschmelze	
forêt *f*	Wald, Forst	***engl.*** *forest, deforest, deforestation* ***span.*** *forestal, deforestar, silvestre* ***ital.*** *foresta, forestale, deforestazione, deforestare*
~ vierge	Urwald	
~ dense	dichter Wald	
repeupler la ~	den Wald wieder aufforsten	
mort *f* des ~s	Waldsterben	
forestier, ère *adj*	Forst-, forstwirtschaftlich	
garde *m* ~	Förster	
sylvestre *adj*	Wald-	
plante *f* ~	Waldpflanze	
sylviculture *f*	Forstwirtschaft	
déforestation *f*	Entwaldung	
déforester qc	etw. entwalden	
glace *f*	Eis	***engl.*** *glacial, glacier* ***span.*** *glaciar, glaciación, glacial*
~ polaire	Polareis	
glacé, e *adj*	Eis-, vereist	
pluie *f* ~e	Eisregen	
glacier *m*	Gletscher	
glaciaire *adj*	Eis-, Gletscher-	
période *f* ~	Eiszeit	
glaciation *f*	Vereisung, Vergletscherung	
marée *f* **noire**	Ölpest	
nappe *f* **phréatique**	Grundwasser, -spiegel	
nuire à qc	einer Sache schaden, schädlich sein, für etw. nachteilig sein	***span.*** *nocivo, nocividad* ***ital.*** *nuocere, nocivo, nocività*
~ à qn	jm. schaden, Schaden zufügen	
se ~	sich schaden	
~ gravement à qc	etw. stark schaden	
~ à l'environnement	die Umwelt belasten	
nuisance *f*	Umweltbelastung, Beeinträchtigung der Lebensqualität	
nuisible *adj* (à qc)	schädlich, abträglich (einer Sache)	
nocif, ve *adj*	schädlich	
nocivité *f*	Schädlichkeit	
radiation *f*	Strahlung	***engl.*** *radiation, irradiate* ***span.*** *radiación, irradiar* ***ital.*** *(ir)radiazione, irradiare*
~ nucléaire	Kernstrahlung	
irradier	strahlen, aus-	
sec, sèche *adj* (→ 2.1)	trocken, dürr	***span.*** *seco, sequedad* ***ital.*** *secco, secchezza*
sécheresse *f*	Trockenheit, Dürre	
climat *m*		***engl.*** *climate* ***span.*** *clima, climático* ***ital.*** *clima, climatico*
climatique *adj*		
zone *f* ~		
changement *m* ~	Klimaveränderung, -wandel	

grave *adj*	schlimm, schwer, -wiegend, gravierend *(Fehler, Problem, Verletzung)*	• Pendant son mandat, Georges W. Bush **a minimisé la gravité du** problème du réchauffement climatique.
l'heure *f* est ~	die Stunde, der Augenblick ist ernst	
gravité *f*	Schwere, Ernst, Gewicht	***engl.*** *grave, aggravation, gravity* ***span.*** *grave, gravedad, agravar(se), agravamiento* ***ital.*** *grave, gravità, aggravare, aggravamento*
minimiser la ~ de qc	etw. verharmlosen	
aggravation *f*	Verschlimmerung, Verschlechterung	
aggraver qc	etw. verschlimmern, vergrößern, verschärfen *(Situation, Fehler, Problem)*	
s'~	sich verschlimmern, verschlechtern, verschärfen	
azote *m*	Stickstoff	***ital.*** *azoto*
azoté, e *adj*	Stickstoff-, stickstoffhaltig	
bois *m*	1. Holz 2. Wald	***span.*** *bosque, boscoso, boscaje* ***ital.*** *bosco, boscoso, (r)imboschimento, (r)imboschire, disboscare*
boisé, e *adj*	bewaldet	
région *f* ~e	Waldgebiet	
boisement *m*	Aufforstung, Bewaldung	
boiser qc	etw. aufforsten, bewalden	
reboisement *m*	Wiederaufforstung	
reboiser qc	etw. wieder aufforsten	
déboisement *m*	Abholzen, Entwaldung	
déboiser qc	etw. abholzen, entwalden	
charbon *m*	Kohle	***engl.*** *carbon* ***span.*** *carbón, carbonero* ***ital.*** *carbone, carbonaio*
charbonnier, ère *adj et m*	I. Kohlen- II. Kohlenhändler	
gaz *m* **carbonique**	Kohlendioxid	***engl.*** *carbon dioxide*
nucléaire *adj et m*	I. Kern-, Atom-, nuklear II. Kern-, Atomkraft	***engl.*** *nuclear* ***span.*** *nuclear* ***ital.*** *nucleare*
centrale *f* ~	Kern-, Atomkraftwerk	
pesticide *m*		↔ die Pest ***engl.*** *pesticide* ***span.*** *pesticida* ***ital.*** *pesticida*
pétrole *m*	Erdöl	↔ das Petrolium ***engl.*** *petroleum* ***span.*** *petróleo, petrolero* ***ital.*** *petrolio, petrolifero*
pétrolier, ère *adj*	Erdöl-	
stockage *m*	Lagerung, Ein-	***engl.*** *stocking, stock*
stocker qc	etw. lagern, ein-	
effet *m* **de serre**	Treibhauseffekt	***ital.*** *effetto serra*
gaz *m* à ~ de serre	Treibhausgas	
émission *f*		***engl.*** *emission, emit, emitter* ***span.*** *emisión, emitir, emisor* ***ital.*** *emissione, emettere, emittente*
réduire l'~ (de qc)	~ (von etw.) verringern	
émettre qc	etw. ausstoßen	
émetteur *m*	Emittent	
érosion *f*		***engl.*** *erosion, erosive* ***span.*** *erosión, erosivo* ***ital.*** *erosione, erosivo*
érosif, ve *adj*		

déchets *m pl*	Abfall, Unrat	
~s ménagers	Haushaltsabfälle, -müll	
~s dangereux	Sondermüll	
~s radioactifs		
déchetterie *f*	Müllsammelstelle	
détritus *m pl*	Abfall, Müll	***engl.*** *detritus*
égout *m*	(Abwasser-) Kanal	
~s *m pl*	Kanalisation	
bouche *f* d'~	Gully	
égoutier *m*	Kanalreiniger, -arbeiter	
ordures *f pl*	Abfall, Müll	
industrie *f* industriel, le *adj* industrialisation *f* industrialiser qc		***engl.*** *industry, industrial, industrialization, industrialize* ***span.*** *industria, industrial, industrialización, industrializar* ***ital.*** *industria, industriale, industrializzazione, industrializzare*
O.G.M. *m* **(organisme génétiquement modifié)**	gentechnisch veränderter Mechanismus	***engl.*** *genetically modified organisms* ***span.*** *organismo genéticamente modificado* ***ital.*** *organismo geneticamente, modificato*
pur, e *adj*	rein, sauber *(Wasser, Luft)*	***engl.*** *pure, purify, purification* ***span.*** *puro, purificación, purificar, depuración, depurar* ***ital.*** *puro, purificare, purificazione, espurgare, espurgazione*
purifier qc	etw. reinigen *(Wasser, Luft)*	
purification *f*	Reinigung	
épuration *f*	Reinigung, Klärung *(Wasser)*	
station *f* d'~	Kläranlage	
épurer qc	etw. reinigen, klären *(Wasser)*	
radioactivité *f* radioactif, ive *adj*		***engl.*** *radioactivity, radioactive* ***span.*** *radioactividad, radioactivo* ***ital.*** *radioattività, radioattivo*
barrage *m*	Staudamm	***engl.*** *barrage*
herbe *f*	1. Gras 2. Kraut	***engl.*** *herbicide, herbivore* ***span.*** *hierba, herbicidia, herbívoro* ***ital.*** *herba, erbicida, erbivoro*
mauvaise ~	Unkraut	
arracher la mauvaise ~	Unkraut jäten	
herbicide *m et adj*	I. II.	
herbivore *adj et m*	I. gras-, pflanzenfressend II. Gras-, Pflanzenfresser	
insecte *m*		***engl.*** *insect, insecticide, insectivore* ***span.*** *insecto, insecticida, insectívoro* ***ital.*** *insetto, insetticida, insettivoro*
insecticide *m et adj*	I. II.	
insectivore *adj et m*	I. insektenfressend II. Insektenfresser	
seuil *m*	Schwelle	
franchir un ~	eine Schwelle überschreiten	

alerte *f*	Alarm	***engl.*** *alert*
~ à l'ozone	Ozonalarm	***span.*** *alerta, alertar*
déclencher l'~	den Alarm auslösen	***ital.*** *allerta*
alerter qn	jn. alarmieren, verständigen	
~ qn de qc	jm. vor etw. alarmieren, warnen	
bombe *f* **aérosol**	Spray-, Sprühdose	***engl.*** *aerosol spray*
inondation *f*	Überschwemmung	***span.*** *inundación, inundar, inundado*
inonder qc	etw. überschwemmen, -fluten	***ital.*** *inondazione, inondare, inondato*
inondé, e *adj*	überschwemmt, -flutet	
emballage *m*	Verpackung	***span.*** *embalaje, embalar, desembalar, desembalaje*
~ jetable	Einwegverpackung	***ital.*** *imballaggio, imballare*
emballer qc	etw. verpacken	
déballage *m*	Auspacken	
déballer qc	etw. auspacken	

émission *f*		• **La réduction des émissions** de gaz à effet de serre et du CO_2 est un enjeu mondial.
réduire l'~ (de qc)	~ (von etw.) verringern	
émettre qc	etw. ausstoßen	
émetteur *m*	Emittent	
		engl. *emission, emit, emitter* ***span.*** *emisión, emitir, emisor* ***ital.*** *emissione, emettere, emittente*
circulation *f*	Verkehr	• Il faut se garer de manière à ne pas **gêner la circulation.** • Info trafic : 15 km de **circulation en accordéon** sur l'A7 à la hauteur de Montélimar en direction de Lyon.
gêner la ~	den Verkehr beeinträchtigen	
il y a beaucoup de ~	es herrscht reger, starker Verkehr	
~ en accordéon	Stop-and-go-Verkehr	
circuler	fahren, verkehren	
		span. *circulación, circular* ***ital.*** *circolazione, circolare*
vitesse *f*	Geschwindigkeit	• Maxime **m'a prise de vitesse** pour répondre à la question du prof. • Internet Explorer **est en perte de vitesse** par rapport à son concurrent Mozilla Firefox.
à toute ~	in aller Eile, im Eiltempo	
réduire la ~	die Geschwindigkeit drosseln	
prendre qn de ~	jm. zuvorkommen, schneller sein als	
être en perte de ~	sich auf dem absteigenden Ast befinden	
limitation *f* de ~	Geschwindigkeitsbegrenzung	
limiter la ~	die Geschwindigkeit begrenzen	
dépasser la ~ autorisée	die erlaubte Geschwindigkeit überschreiten	
vite *adv*	schnell, rasch	
trafic *m*	Verkehr	***engl.*** *traffic* ***span.*** *tráfico* ***ital.*** *traffico*
~ dense	dichter ~	
~ ferroviaire	Eisenbahn-, Zugverkehr	
~ routier	Straßenverkehr	
échappement *m*	Auspuff	***span.*** *escape* ***ital.*** *scappamento*
gaz *m pl* d'~	Auspuff-, Autoabgase	
contrôle *m* d'~s	Abgasuntersuchung	
pollution *f*	Umweltverschmutzung, -belastung	• **La pollution engendrée par** les émissions de gaz toxiques des voitures est un problème croissant en zone urbaine. • **En cas de pic de pollution atmosphérique**, il faut en informer le public.
~ atmosphérique	Luftverschmutzung, -verpestung	
la ~ engendrée	die verursachte Verschmutzung	
pic *m* **de ~**	Spitzenwert an Verschmutzung	
réduire la ~	die Umweltverschmutzung verringern	
polluer qc	etw. verschmutzen, -unreinigen	
polluant, e *adj et m*	I. umweltverschmutzend, -schädlich II. Schadstoff	***engl.*** *pollution, pollute, polluter* ***span.*** *polución*
peu ~	schadstoffarm	
pollueur *m*	Umweltsünder	

respirer ~ qc **~ le grand air** respiration *f* **couper la ~ à qn** **retenir sa ~** respiratoire *adj* voies *f pl* ~s irrespirable *adj* air *m* ~	atmen, Atem holen etw. (ein-)atmen frische Luft schöpfen Atmung, Ein- jm. den Atem verschlagen, nehmen die Luft anhalten Atem- Atemwege nicht (ein-)atembar, irrespirabel nicht atembare Luft	• Nous sommes partis **respirer le grand air** à la montagne. • J'ai pris un coup de pied au ventre qui **m'a coupé la respiration**. • Chacun **retenait sa respiration** en attendant la réponse du prof. • Le monde entier **a retenu sa respiration** après les attentats du 11 septembre 2001. ***engl.*** *respiration, respiratory* ***span.*** *respirar, respiración, respiratorio, irrespirable* ***ital.*** *respirare, respirazione, respiratorio, irrespirabile*
cité *f* (→ 2.2) citadin, e *m f*	Innen-, Altstadt Stadtbewohner	***engl.*** *city* ***span.*** *ciudad, ciudadano* ***ital.*** *cittadino, città*
bouchon *m* risque *m* de ~ être pris, e dans un ~	Stau Staugefahr im Stau stecken, in einen Stau geraten	
véhicule *m*	(Kraft-)Fahrzeug	***engl.*** *vehicle* ***span.*** *vehículo* ***ital.*** *veicolo*
voiture *f* **aller en ~** covoiturage *m* faire du ~	Auto fahren (mit dem Auto) Fahrgemeinschaft eine Fahrgemeinschaft bilden	↔ im Französischen sind alle Automarken feminin : j'ai **une** Mercedes, **une** Peugeot, **une** Renault. • Je ne **vais** jamais au travail **en voiture**.
camion *m* camionnette *f* camionneur *m*	Lastwagen Kleinlastwagen, -transporter LKW-Fahrer	***span.*** *camión, camionista* ***ital.*** *camion, camionista*
trajet *m*	Fahrt, Strecke, Weg	• J'ai **une demi-heure de trajet** pour aller à mon travail. ***span.*** *trayecto* ***ital.*** *tragitto*
essence *f* ~ sans plomb prendre de l'~ faire le pein (d'~) **consommation** *f* **d'~** réduire la consommation d'~ **gouffre** *m* **à ~**	Benzin, Sprit bleifreies Benzin tanken voll tanken, auftanken Benzin-, Spritverbrauch den Benzin-, Spritverbrauch senken Spritfresser	• Mon 4x4 **consomme entre 12 et 14 litres aux cents**. C'est un véritable **gouffre à essence.**

carburant *m*	Kraft-, Treibstoff	• Depuis trois semaines, **les prix flambent** à la pompe.
prix *m* du ~	Benzin-, Spritpreis	
le prix *m* **du ~ flambe**	der Spritpreis explodiert, schießt in die Höhe	
hausse *f* du ~	Benzin-, Spritpreiserhöhung	***span.*** *carburante* ***ital.*** *carburante, carburatore*
biocarburant *m*	Biosprit	
carburateur *m*	Vergaser	
pompe *f*	Zapfsäule	***engl.*** *petrol pump (BE), gas pump (AE)*
pompiste *m f*	Tankwart	
gasoil *m* (aussi : gazole *m*)	Diesel(kraftstoff) *(an der Tankstelle)*	***span.*** *gasoil, gasóleo*
diesel *m* [djezɛl]	1. Dieselmotor	• Vous avez **une diesel** ou une essence ? (→ une voiture)
une voiture ~	2. Dieselfahrzeug	***engl.*** *diesel* ***span.*** *diesel* ***ital.*** *diesel*
pastille *f* **écologique**	Umweltplakette	
zone *f* **écologique**	Umweltzone	
instaurer une ~ écologique	eine Umweltzone ein-, errichten	
particules *f pl* **fines**	Feinstaub	***span.*** *partículas* ***ital.*** *particolato*
émission *f* de ~s fines	Feinstaubbelastung	
être exposé, e *adj* aux ~s fines	Feinstaub(belastung) ausgesetzt sein	
heure *f* **de pointe**	Hauptverkehrszeit, Stoßzeit	***span.*** *hora punta*
aux ~s de pointe	zur Hauptverkehrszeit, Stoßzeit	
quatre-quatre *m* (aussi : 4x4)	Geländewagen	***engl.*** *four-by-four*
responsabilité *f*	Verantwortung	• Qui veille à ce que les pollueurs assument (SUBJ.) la responsabilité de leurs actions ? • Les pouvoirs publics **prennent leurs responsabilités** en instaurant de plus en plus de zones écologiques. • Comment les plus gros pollueurs peuvent-ils être **rendus responsables de** leur inconscience et de leur ignorance ?
assumer la ~ de qc	die Verantwortung für etw. übernehmen	
porter la ~ de qc	die Verantwortung für etw. tragen	
prendre ses ~s	seiner Verantwortung gerecht werden	
être conscient, e *adj* de ses ~s	verantwortungsbewusst sein	
responsable *adj et m f*	I. verantwortlich II. Verantwortlicher	
être ~ de qc	für etw. verantwortlich sein	
rendre qn ~ de qc	jn. für etw. verantwortlich machen	
responsabiliser qn	js. Verantwortungsgefühl wecken	
irresponsabilité *f*	Verantwortungslosigkeit	***engl.*** *responsibility, responsible, irresponsible, irresponsibility* ***span.*** *responsabilidad, responsable, responsabilizar, irresponsabilidad* ***ital.*** *responsabilità, responsabile, irresponsabilità, irresponsabile*
irresponsable *adj*	verantwortungslos	

menace *f* **constituer une ~ pour qc** **être sous la ~ de qc** menacé, e *adj* être gravement ~ menacer qn de qc ~ qn de faire qc menaçant, e *adj*	Bedrohung eine Bedrohung, Gefahr für etw. darstellen von etw. bedroht sein, werden bedroht, gefährdet stark, schwer bedroht sein jm. mit etw. (be-)drohen jm. drohen etw. zu tun drohend, bedrohlich	• Le changement climatique **constitue une menace sérieuse pour** la santé humaine. • En 2008, les Jeux Olympiques de Chine **ont été sous la menace de** pollution atmosphérique. ***engl.*** *menace* ***span.*** *amenaza, amenazar, amenazador* ***ital.*** *minaccia, minacciato, minacciare, minaccioso*
impact *m* **l'~ de qc sur qc** ~ sur l'environnement limiter l'~ sur l'environnement de qn évaluer l'~ de qc sur qc	Einfluss, Wirkung, Aus- der Einfluss von etw. auf etw. Umwelteinfluss js. Umwelteinfluss begrenzen den Einfluss, die Auswirkung von etw. auf etw. abschätzen, bemessen	• **L'impact sur la santé d'une exposition chronique aux particules fines** ne doit pas être sous-estimé. ***engl.*** *impact* ***span.*** *impacto* ***ital.*** *impatto*
allergie *f* **(à qc)** faire une ~ à qc déclencher des ~s allergique *adj* être ~ à qc personne *f* ~ allergologue *m f*	 auf etw. ~ reagieren ~ hervorrufen, auslösen	***engl.*** *allergy, allergic, allergist* ***span.*** *alergia, alérgico* ***ital.*** *allergia, allergico*
méfaits *m pl* **de qc sur qc**	verheerende Folgen von etw. auf etw.	• Plus personne ne doute aujourd'hui **des méfaits de la pollution sur la santé humaine**.
asthme *m* [asm(ə)] asthmatique *adj et m f* [asmatik]	Asthma I. asthmatisch II. Asthmatiker	***engl.*** *asthma, asthmatic* ***span.*** *asma, asmático* ***ital.*** *asma, asmatico*

protection *f*	Schutz	• Quels sont les moyens les plus efficaces pour **assurer la protection de l'environnement** ?
~ de l'environnement	Umweltschutz	
assurer la ~ de qc	den Schutz von etw. gewährleisten, sichern	
~ efficace	wirksamer, wirkungsvoller Schutz	
protecteur, trice *adj et m f*	I. Schutz-, schützend II. Beschützer	***engl.*** *protection, protective, protect, protector* ***span.*** *protección, protector, proteger* ***ital.*** *protezione, protettore, proteggere*
protéger qc/qn (de/contre)	etw./jn. schützen, be- (vor/gegen)	
se ~ (de/contre)	sich schützen (vor/gegen)	
~ l'environnement	die Umwelt schützen	
poubelle *f*	Mülleimer, -tonne	
mettre/jeter qc à la ~	etw. in den Mülleimer werfen	
tri *m*	(Aus-)Sortieren	• J'**ai fait un tri parmi les CD** qui pourraient être intéressants. • Il est important de **trier ses déchets** pour en permettre le recyclage.
faire le ~	Müll trennen	
faire un ~ parmi qc	unter etw. eine Auswahl treffen	
~ des déchets	Mülltrennung	
trier qc	etw. (aus-)sortieren	
vent *m*	Wind	↔ der Ventilator • On n'a pas fait assez attention. Il **a eu vent de** l'affaire. • Les énergies renouvelables **ont le vent en poupe**. Elles ont connu un énorme succès l'année dernière et continuent à prospérer dans les années qui viennent. • **Il a le vent en poupe** en ce moment, tout lui réussit.
~ glacial	eisiger Wind	
~ violent	heftiger, starker Wind	
le ~ souffle	der Wind bläst, weht	
il y a du ~	es ist windig	
avoir ~ de qc	von etw. Wind bekommen	
passer en coup de ~	auf einen Sprung vorbeikommen	
avoir le ~ en poupe	eine Glückssträhne haben, in (js.) Gunst stehen	
éolien, ne *adj*	Wind-	
énergie *f* ~ne	Windkraft	
éolienne *f*	Windrad, Windkraftanlage	***span.*** *viento, eólico* ***ital.*** *vento, eoli(c)o*
développement *m*	Entwicklung	• La demande de produits biologiques ne cesse d'être en hausse, ce qui fait que l'agriculture bio **est en plein développement**. • Le ministère de l'Environnement **promeut** / Il faut soutenir tous les projets qui **promeuvent le développement durable** à l'échelle nationale.
être en plein ~	einen großen Aufschwung nehmen, erleben	
~ durable	nachhaltige Entwicklung	
promouvoir le ~ durable	die nachhaltige Entwicklung fördern	
favoriser le ~ de qc	die Entwicklung von etw. begünstigen, fördern, unterstützen	
développer qc	etw. entwickeln	
développeur *m*	Entwickler	***engl.*** *development, develop*
Protocole *m* **de Kyoto**		***engl.*** *Kyoto protocol* ***span.*** *Protócolo de Kioto* ***ital.*** *Protocollo di Kyoto*

4 Environnement – 3. Protection de l'environnement

agir	handeln	***engl.*** *act, action* ***span.*** *acción* ***ital.*** *agire, azione*
faire ~ qn	jn. zum Handeln veranlassen	
~ de concert avec qn	mit jm. gemeinsam handeln	
il s'agit de qn/qc	es handelt sich, dreht sich, geht um jn./etw.	
il s'agit de savoir si	es geht um, ist die Frage, ob	
manière *f* d'~	Handlungs-, Vorgehensweise	
besoin *m* d'~	Handlungsbedarf	
action *f*		
biodégradable *adj*	biologisch abbaubar, umweltfreundlich	***engl.*** *biodegradable* ***span.*** *biodegradable* ***ital.*** *biodegradabile*
eau *f* (→ 4.1)	Wasser	***engl.*** *hydraulic* ***span.*** *augua, hidráulico* ***ital.*** *acqua, idraulico*
hydraulique *adj*	Wasser-	
énergie *f* ~	Wasserkraft, -energie	
diminution *f*	Verringerung, Senkung	↔ das Diminutiv
diminuer qc	etw. verringern, senken	
~ considérablement	beträchtlich verringern, senken	***engl.*** *diminution, diminish* ***span.*** *di(s)minución, diminuir* ***ital.*** *diminuzione, diminuire*
qualité *f* **de vie**	Lebensqualität	***engl.*** *quality of life* ***span.*** *cualidad de vida* ***ital.*** *qualità di vita*
améliorer la ~	die Lebensqualität verbessern	
altérer la ~	die Lebensqualität beeinträchtigen	
récupération *f*	Rückgewinnung, Wiederverwertung	***span.*** *recuperación, recuperar, recuperador, recuperable* ***ital.*** *recupero, recuperare, recuperabile*
récupérer qc	etw. wieder verwerten	
récupérateur *m*	Wiederverwerter	
récupérable *adj*	wieder verwertbar, verwendbar	
réserve *f* **(naturelle)**	Naturschutzgebiet, Reservat	***engl.*** *nature reserve*
sauver qc/qn	etw./jn retten	↔ garder
sauvetage *m*	Rettung	***engl.*** *save, saviour, safeguard* ***span.*** *salvar, salvamento, salvador, salvaguardar, salvaguard(i)a* ***ital.*** *salvare, salvataggio, salvatore*
sauveur *m*	Retter	
sauvegarde *f*	Schutz, Wahrung	
sauvegarder qc	etw. schützen, wahren	
~ les intérêts de qn	js. Interessen wahrnehmen	
abondance *f* **(de qc)**	Fülle, Überfluss (an etw.)	• Y a-t-il une relation entre **abondance de ressources naturelles** et croissance économique ? • **Le soleil en abondance** dans le Midi est une source de production d'énergie.
en ~	reichlich, im Überfluss, in Hülle und Fülle	
abondant, e *adj*	reichlich, ausgiebig, üppig	
abonder en qc	an etw. Überfluss haben	
		engl. *abundance, abundant, abound* ***span.*** *abundancia, abundante, abundar* ***ital.*** *abbondanza, abbondante, abbondare*

catalyseur *m*	Katalysator	***engl.*** *catalyzer* ***span.*** *catalizador* ***ital.*** *catalizzatore*
défi *m*	Herausforderung	• Le développement durable **constitue un défi majeur pour** l'humanité. • La communauté mondiale doit **relever le défi de** la croissance des émissions.
constituer un ~ majeur	eine wichtige Herausforderung darstellen	
lancer un ~ à qn	jn. herausfordern	
relever un ~	eine Herausforderung annehmen	
défier qn à qc	jn. in etw. herausfordern	
~ le danger	mit der Gefahr spielen, der Gefahr trotzen	***span.*** *desafío, desafiar* ***ital.*** *sfida, sfidare*
recyclage *m*		***engl.*** *recycling, recycle, recyclable* ***span.*** *reciclage, reciclamiento, reciclar* ***ital.*** *riciclaggio, riciclare, riciclabile*
~ des déchets	Abfallverwertung	
recycler qc		
recyclable *adj*		
retraitement *m*	Wiederaufbereitung	• Les écologistes réclament l'arrêt du **retraitement des déchets nucléairs**.
usine *f* de ~	Wiederaufbereitungsanlage	
retraiter qc	etw. wiederaufbereiten	
ressources *f pl*		***engl.*** *resources* ***ital.*** *risorsa*
limiter qc (à qc)	etw. (auf etw.) begrenzen, beschränken	↔ limitierte (Auflage) • L'équilibre écologique est en péril. Pour **limiter les dégâts**, il faut prendre des mesures de toute urgence.
se ~ à qc	sich auf etw. beschränken	
se ~ à faire qc	sich darauf beschränken etw. zu tun	
se ~ au stricte nécessaire	sich auf das Nötigste beschränken	***engl.*** *limit, limited, limitation* ***span.*** *limitar, límite, limitado, limitación* ***ital.*** *limitare, limite, limitato, limitazione*
~ les dégâts	das schlimmste verhüten	
limite *f*	Grenze, Limit	
à la ~	äußerstenfalls, notfalls	
il y a des ~s à tout	alles hat seine Grenzen	
limité, e *adj* (à qc)	(auf etw.) begrenzt, beschränkt	
limitation *f*	Beschränkung, Begrenzung	
urgence *f*	Dringlichkeit	• Les pouvoirs publics ont pris **des mesures d'urgence** pour limiter le pic de pollution.
prendre des mesures *f pl* d'~	Sofortmaßnahmen ergreifen	
de toute ~ *adv*	schnellstens	
prendre une décision dans l'~	eine Entscheidung in Eile, unverzüglich treffen	***engl.*** *urgency, urgent* ***span.*** *urgencia, urgente, urgir* ***ital.*** *urgenza, urgente, urgere*
il y a ~	die Sache ist dringend	
urgent, e *adj*	dringend, eilig	
besoin *m* ~ en qc	dringender Bedarf an etw.	
ça urge *(fam.)*	es eilt, ist dringend	
planète *f*		***engl.*** *planet, planetary* ***span.*** *planeta, planetario* ***ital.*** *pianeta, planetario*
planétaire *adj*		

Environnement – 3. Protection de l'environnement

mesure *f*	Maßnahme	• L'efficacité **des mesures visant à** réduire les émissions de CO_2 des véhicules demande une vérification périodique.
des ~s visant à faire qc	Maßnahmen, die darauf abzielen, etw. zu tun	
prendre des ~s (contre)	Maßnahmen ergreifen (gegen)	
par ~ de précaution	vorsichtshalber	
		engl. *measure* ***ital.*** *misura*
préserver qc	etw. bewahren, schützen, erhalten	↔ das Präservativ • Il faut limiter la consommation d'énergie pour **préserver l'environnement**.
~ qn de qc	jn. vor etw. bewahren, schützen	
se ~ de qc	sich vor/gegen etw. schützen	
préservation *f* (de qc)	Bewahrung, Schutz (von etw.)	
		engl. *preserve, preservation* ***span.*** *preservar, preservación* ***ital.*** *preservare, preservazione*
renouvelable *adj*	erneuerbar, regenerativ	↔ nouveau, nouvel(le)
énergies *f pl* ~s	erneuerbare, regenerative Energien	***engl.*** *renewable* ***span.*** *renovable* ***ital.*** *rinnovabile*
soleil *m*	Sonne	***engl.*** *solar* ***span.*** *sol, solar, solear* ***ital.*** *sole, solare, soleggiato*
le ~ se lève	die Sonne geht auf	
le ~ se couche	die Sonne geht unter	
il y a du ~	es ist sonnig	
solaire *adj*	Sonnen-, Solar-	
énergie *f* ~	Sonnenenergie, Solarkraft	
centrale *f* ~	Sonnen-, Solarkraftwerk	
installation *f* ~ thérmique / photovoltaïque	Solaranlage	
ensoleillé, e *adj*	sonnig, sonnenbeschienen, -durchflutet	
jour *m* ~	Sonnentag	
ensoleillement *m*	Sonnenbestrahlung, Sonnenschein	
durée *f* d'~	Sonnenscheindauer	
démarches *f pl*	Schritte	
faire/entreprendre des ~s (pour faire qc)	Schritte unternehmen (um etw. zu tun)	
tenter une ~	einen Vorstoß wagen	
intervention *f*	Einschreiten, Eingreifen	• Les pompiers **sont intervenus** hier soir pour un incendie au lycée Descartes.
qc nécessite l'~ de qn	etw. erfordert das Einschreiten, Eingreifen von jm.	
intervenir dans qc	in etw. einschreiten, eingreifen	
faire ~ qc	etw. einsetzen, zum Einsatz bringen	***engl.*** *intervention, intervene* ***span.*** *intervención, intervenir* ***ital.*** *intervento, intervenire*

conscience *f*	Gewissen	
avoir bonne/mauvaise ~	ein gutes/schlechtes Gewissen haben	
se donner bonne ~	sein Gewissen beschwichtigen	
soulager sa ~	sein Gewissen erleichtern, entlasten	
avoir ~ de qc	sich einer Sache bewusst sein	
perdre ~ de qc	jedes Gefühl für etw. verlieren	
prise *f* de ~	Bewusstwerden, Bewusstwerdung	
prendre ~ de qc	sich einer Sache bewusst werden	
consciencieux, euse *adj*	gewissenhaft, sorgfältig	
conscient, e *adj*	bewusst	
être ~ de qc	einer Sache bewusst sein	

- Les plus gros pollueurs **se sont donné bonne conscience** en minimisant la gravité des dégâts causés par eux.
- La journée de la bioversité vise à faire **prendre conscience** à la population **de** la nécessité d'agir.

engl. *conscience, conscious, conscientious*
span. *conciencia, concienzudo, conciente*
ital. *coscienza, coscienzioso, conscio*

5 Économie – 1. Les conditions de travail

Français	Deutsch
travail *m*	Arbeit
conditions *f pl* de ~	Arbeitsbedingungen
~ au noir	Schwarzarbeit
~ à la chaîne	Fließbandarbeit
temps *m* de ~	Arbeitszeit
réduction *f* du temps de ~	Reduzierung der Arbeitszeit
durée *f* hebdomadaire du ~	Wochenarbeitszeit
prendre des RTT	Überstunden abbauen
travailler (chez)	arbeiten, tätig sein (bei)
~ dur	hart arbeiten
~ au noir	schwarz arbeiten
~ à plein temps/ à temps complet	ganztags, Vollzeit arbeiten
~ à mi-temps/à temps partiel	halbtags arbeiten
travailleur, euse *m f et adj*	I. Arbeiter II. fleißig, arbeitsam

- **RTT** = récupération du temps de travail
- Qu'est-ce que vous **faites comme travail** ? – Je suis médecin.
- Téléphone : « Bonjour, M. Le Tarn est là ? – Non, il **est à son/ au travail**. »
- **Où en es-tu dans ton travail sur** le Paris du XXe siècle ?
- L'école restera ouverte pendant la durée des **travaux**.
- J'**ai pris des RTT** pour avoir un grand week-end.

***span.** trabajo, trabajar, trabajador*

Français	Deutsch
boulot *m (fam.)*	Arbeit, Job
petit ~ *(fam.)*	Gelegenheits-, Nebenjob
vivre de petits ~s *(fam.)*	herumjobben
~ monstre *(fam.)*	Heiden-, Mordsarbeit
profession *f*	Beruf
~ d'avocat	Anwaltsberuf, Beruf eines Anwalts
quelle est votre ~ ?	Was sind Sie von Beruf?
professionnel, le *adj*	Berufs-, beruflich
vie *f* ~le	Berufsleben
activité *f* ~le	Berufs-, Erwerbstätigkeit
formation *f* ~le	Berufsausbildung

- Vous **avez une profession** ? – Non, je suis femme au foyer.

***engl.** profession, professional*
***span.** profesión*
***ital.** professione*

Français	Deutsch
métier *m*	1. Beruf 2. Fach, Gewerbe
~ de rêve	Traumberuf
homme *m* du ~	Fachmann
connaître son ~	sein Fach verstehen, sich in seinem Fach, Beruf auskennen
faire tous les ~s	sich in vielen Berufen versuchen
changer de ~	den Beruf wechseln
choisir un ~	einen Beruf ergreifen
abandonner son ~	seinen Beruf aufgeben
trouver le bon ~	den richtigen Beruf finden

- Vous **faites quel métier** ? – Je suis boulanger.
- Franchement, les politiciens devraient faire quelque chose, après tout, **c'est leur métier**.
- Coiffeur est un **métier très mal payé**.

***ital.** mestiere*

Français	Deutsch
rémunération *f*	Vergütung, Lohn
rémunérer qn	jn. entlohnen, bezahlen
rémunérateur, trice *adj*	lohnend, einträglich

***span.** remuneración, remunerar, remunderador*
***ital.** remunerazione, remunerare, remunerativo*

salaire *m*	Lohn, Gehalt	• **S.M.I.C.** = salaire minimum interprofessionnel de croissance
S.M.I.C. *m*	Mindestlohn	
~ mensuel	Monatslohn, -gehalt	
~ horaire	Stundenlohn	• J'ai un **salaire mensuel de deux mille euros**.
~ de misère	Hungerlohn	
~ d'embauche	Einstiegsgehalt	• J'ai **demandé une augmentation de salaire de 5 %**, mais mon chef a refusé.
~ convenable	ordentliches Gehalt	
augmentation *f* **de ~**	Gehaltserhöhung	
bulletin *m* de ~	Gehaltsabrechnung, Lohnzettel	• Il **touche un salaire** légèrement supérieur au S.M.I.C.
toucher son ~	seinen Lohn, sein Gehalt erhalten	
salarial, e *adj*	Lohn-	
salarié, e *m f*	Arbeitnehmer, Lohn-, Gehaltsempfänger	***engl.*** *salary*
~ moyen	Normalverdiener	***span.*** *salario, asalariado*
salariat *m*	Arbeitnehmerschaft	***ital.*** *salario*
contrat *m*	Vertrag *(geschäftlich)*	↔ Vertrag *politisch* = un traité
~ de travail	Arbeitsvertrag	• Elle a été **embauchée en CDD de** 9 mois à temps partiel.
~ à durée déterminée (CDD)	befristeter Vertrag	
~ à durée indéterminée (CDI)	unbefristeter Vertrag	• **Les salariés en CDI** sont dans une situation plus confortable que **ceux en CDD**.
~ première embauche (CPE)	Erstanstellungsvertrag	***engl.*** *contract, contractual*
être sous ~	unter Vertrag stehen	***span.*** *contrato, contractual, contratante*
signer un ~ avec qn	mit jm. einen Vertrag abschließen	
prolonger un ~	einen Vertrag verlängern	***ital.*** *contratto, contrattuale*
exécuter le ~	einen Vertrag erfüllen	
contractuel, le *adj*	vertraglich	
contractants *m pl*	Vertragspartner	
ouvrier, ère *m f et adj*	I. (Industrie-, Fabrik-)Arbeiter II. Arbeiter-	***span.*** *obrero* ***ital.*** *operaio*
les ~s *m pl*	die Arbeiterschaft	
~ qualifié	Facharbeiter	
~ spécialisé	angelernter Arbeiter	
cadre *m*	Angestellter mit Weisungsbefugnis	***ital.*** *quadro*
~ supérieur	leitender Angestellter, Führungskraft	
~ moyen	mittlerer Angestellter, mittlere Führungskraft	
les jeunes ~s	Führungsnachwuchs	
fonctionnaire *m f*	Beamter	***span.*** *funcionario*
les ~s *m pl*	Beamtenschaft, Beamtentum	***ital.*** *funzionario*
fonctionnariser qn	jn. verbeamten	
fonctionnarisation *f*	Verbeamtung	
heure *f*	Stunde	• Elle gagne 12 euros **de l'heure**.
~ supplémentaire	Überstunde	• Notre chef de service m'a demandé de **récupérer mes heures supplémentaires** plutôt de me proposer de me les payer.
récupérer ses ~s supplémentaires	Überstunden abbauen, abfeiern	
c'est l'~ pour moi	ich habe jetzt Feierabend	
horaire *adj*	Stunden-	
~ *m* variable	Gleitzeit, gleitende Arbeitszeit	
~ *m* à la carte *(fam.)*	Gleitzeit, gleitende Arbeitszeit	***engl.*** *hour*
~ *m* de travail fixe	geregelte Arbeitszeit	***span.*** *hora, horario*
		ital. *ora, orario*

Économie – 1. Les conditions de travail

poste *m*	Posten, Stelle	↔ la poste = die Post
~ vaccant	offene, freie Stelle	***engl.*** *post* ***span.*** *puesto* ***ital.*** *posto*
PDG *m*	Geschäftsführer, Vorstandsvorsitzender	• **PDG** = président directeur général
maître, esse *m f*	Meister	***engl.*** *master* ***span.*** *maestro* ***ital.*** *maestro*
~ artisan	Handwerksmeister	
contremaître *m*	Vorarbeiter	
fonction *f* **publique**	öffentlicher Dienst	
dans la ~ publique	im öffentlichen Dienst	
manœuvre *m*	Hilfsarbeiter, Handlanger	↔ la manœuvre = das Manöver ***ital.*** *manovale*
patron, ne *m f*	Arbeitgeber, Chef	***span.*** *patrón, patronal* ***ital.*** *padrone*
jeune ~	erfolgreicher junger Unternehmer	
les grands ~s de l'industrie	die Industriebosse	
fils *m* du ~	Junior	
patronat *m*	Arbeitgeber(-schaft)	
patronal, e *adj*	Arbeitgeber-	
trois-huit *m pl*	Schichtarbeit	• Il a des horaires tournants et **fait les trois-huit** : 22h-6h, 6h-14h, 14h-22h.
faire les ~	Schicht arbeiten	
usine *f*	Fabrik, Werk, Betrieb	
travailler à l'/en ~	in der Fabrik arbeiten	
usinier, ère *adj*	Fabrik-	
usiner qc	etw. maschinell fertigen, fabrikmäßig herstellen	
entreprise *f*	Unternehmen, Firma	***engl.*** *enterprise, entrepreneur* ***span.*** *empresa, empresario*
~ familiale	Familienunternehmen, -betrieb	
petites et moyennes ~s (PME)	Klein- und Mittelbetriebe	
conseiller *m* d'~	Unternehmensberater	
reprendre une ~	ein Unternehmen übernehmen	
entrepreneur, euse *m f*	Unternehmer	
gagner qc	etw. verdienen	***span.*** *ganar* ***ital.*** *guadagnare*
~ sa vie	seinen Lebensunterhalt, Brot verdienen	
~ bien sa vie	gut verdienen	
qualification *f* **(professionnelle)**	berufliche Eignung, Befähigung	***engl.*** *qualification, qualified* ***span.*** *calificación, cualificado* ***ital.*** *qualificazione, qualificato*
qualifié, e *adj*	geeignet, befähigt	
personnel *m* ~	geschultes Personal, Fachkräfte	
revenu *m* (→ 5.2)	Einkommen	
avoir de gros ~s	große Einkünfte haben	
~ par tête	Pro-Kopf-Einkommen	

carrière *f* en début/fin de ~ faire ~ dans qc carriériste *m f* carriérisme *m*	~, Laufbahn am Anfang/Ende der Laufbahn in etw. ~ machen	***engl.*** *career* ***span.*** *carrera* ***ital.*** *carriera, carrierista*
intérim *m* agence *f* d'~ intérimaire *adj* personnel *m* ~ travail *m* ~	Zeitarbeit Zeitarbeitagentur, -firma zeitweilig, vorübergehend Aushilfspersonal Zeitarbeit	↔ Interim, Interimslösung
prime *f* ~ de fin d'année/de Noël ~ de vacances	Prämie, Zulage, Bonus Weihnachtsgeld Urlausgeld	***span.*** *prima* ***ital.*** *premio*
harcèlement *m* **moral** harceler qn au travail	Mobbing jn. am Arbeitsplatz mobben	
période *f* **d'essai** être en ~ d'essai	Probezeit in der Probezeit sein	
ressources *f pl* **humaines**	Personalabteilung	***engl.*** *human resources* ***span.*** *recursos humanos*
direction *f* directeur, trice *m f* diriger une entreprise directoire *m*	Geschäftsleitung, -führung Direktor, Leiter ein Unternehmen führen Vorstand, Geschäftsführung	***span.*** *dirección, director, dirigir* ***ital.*** *direzione, direttore, dirigere*
management *m* manager *m*		***engl.*** *management, manager* ***span.*** *management, mánager* ***ital.*** *management, manager*
indépendance *f* **se mettre/s'installer à son compte** travailler à son compte les travailleurs indépendants journaliste *m* indépendant	Selbständigkeit sich selbständig machen selbständig sein, freiberuflich tätig sein die Selbständigen selbständiger, freier Journalist	• Elle **s'est mise/s'est installée à son compte** l'année dernière. ***engl.*** *independence, independent* ***span.*** *independencia, independiente* ***ital.*** *indipendenza, indipendente*
supérieur, e *m f*	Vorgesetzter	***span.*** *superior* ***ital.*** *superiore*
bureau *m* après le ~	1. Büro 2. Schreibtisch nach Dienstschluss	
entretien *m*	Unterredung	
réunion *f* être en ~	Sitzung, Besprechung in einer Sitzung, Besprechung sein	***span.*** *reunión* ***ital.*** *riunione*

Économie – 2. Le chômage et la candidature

chômage *m*	Arbeitslosigkeit
~ partiel	Kurzarbeit
~ technique	Arbeitslosigkeit aus technischen Gründen *(Streik der Zulieferer etc.)*
~ caché	verdeckte Arbeitslosigkeit
~ croissant	steigende Arbeitslosigkeit
~ temporaire	vorübergehende Arbeitslosigkeit
~ record de x %/millions de personnes	Rekordarbeitslosigkeit von x %/ Millionen Personen
taux *m* de ~	Arbeitslosenquote
le taux de ~ s'élève à x %	die Arbeitslosenquote liegt bei x %
(taux *m* de) ~ élevé	hohe Arbeitslosigkeit
assurance-~ *f*	Arbeitslosenversicherung
allocation (de) ~ *f*	Arbeitslosengeld
allocation *f* de fin de droits	Arbeitslosenhilfe
être au ~	arbeitslos sein
s'inscrire au ~	sich arbeitslos melden
réduire le ~	die Arbeitslosigkeit verringern
résorber le ~	die Arbeitslosigkeit beseitigen
pointer au ~ *(fam.)*	stempeln
être touché, e par le ~	von der Arbeitslosigkeit betroffen sein
il y a beaucoup de ~	es herrscht hohe Arbeitslosigkeit
le ~ dépasse les 5 millions	die Arbeitslosigkeit übersteigt die 5 Millionen
le ~ augmente (à/de x %)	die Arbeitslosigkeit steigt (auf/ um x %)
le ~ baisse (à/de x %)	die Arbeitslosigkeit sinkt (auf/um x %)
le ~ recule (à/de x%)	die Arbeitslosigkeit geht zurück (auf/um x %)
le ~ progresse (à/de x %)	die Arbeitslosigkeit setzt sich fort, steigt weiter an (auf/um x %)
mettre qn au ~ partiel	jn. in Kurzarbeit schicken
chômeur, euse *m f*	Arbeitsloser
~ de longue durée	Langzeitarbeitsloser
chômer	arbeitslos sein, nicht arbeiten
on ne chôme pas *(fam.)*	wir haben ganz schön viel zu tun
Assedic *f pl*	Arbeitslosenversicherung
toucher les ~	Arbeitslosengeld bekommen
qualification *f* **(professionnelle)**	(berufliche) Befähigung, Eignung
qualifié, e *adj*	befähigt, geeignet
ouvrier *m* ~	Facharbeiter
personnel *m* ~	geschultes Personal, Fachkräfte
qualifier qn pour qc	jn. für/zu etw. befähigen
stage *m*	Praktikum
~ professionnel	Berufspraktikum
stagiaire *m f*	Praktikant

- Je voulais **faire une demande d'allocation-chômage**, mais on m'a dit que je n'étais pas encore **inscrite au chômage**.
- Le secteur de l'automobile **est le plus touché par le chômage.**
- Les immigrés **sont** deux fois plus **touchés par le chômage** que le reste de la population active.
- L'entreprise s'est engagée à ne licencier aucun des **salariés touchés par le chômage partiel**.
- Lors de la crise financière, les entreprises **ont mis les ouvriers au chômage partiel**.

- **Assedic** = Associations pour l'Emploi Dans l'Industrie et le Commerce

engl. *qualification, qualified, qualify*
span. *calificación, cualificado, calificar*
ital. *qualificazione, qualificato, qualificare*

ital. *stage*

C.V. *m*	Lebenslauf	• **C.V.** = curriculum vitæ
		engl. *curriculum vitae* ***span.*** *curriculum vitae* ***ital.*** *curriculum vitae*
débouchés *m pl*	Berufsaussichten	
ne pas offrir de ~	keine Berufsaussichten eröffnen	
embaucher qn	jn. ein-, anstellen	• Désolée, **on n'embauche pas.** • J'**ai passé un entretien d'embauche** qui promettait beaucoup, mais au final, je n'ai pas eu le poste.
se faire ~	eine Beschäftigung annehmen	
embauche *f*	Ein-, Anstellung	
chercher de l'~	eine Stelle, Arbeit suchen	
entretien *m* **d'~**	Vorstellungsgespräch	
emploi *m* (→ 5.3)	Beschäftigung, Anstellung	• La tendance générale **sur le marché de l'emploi** reste calme et particulièrement favorable aux jeunes diplômés. • Le gouvernement présentera demain son **plan de relance de l'emploi des jeunes**. • Peugeot a annoncé la **suppression de 5.000 emplois** dans le monde, dont la moitié en France.
plein ~	Vollbeschäftigung	
marché *m* **de l'~**	Arbeits-, Stellenmarkt	
demande *f* d'~	Stellengesuch	
demandeur, euse *m f* d'~	Stellensuchender	
offre *f* d'~	Stellenangebot	
relance *f* **de l'~**	Belebung auf dem Arbeitsmarkt	
suppression *f* **d'~**	Stellen-, Arbeitsplatzabbau	
avoir un ~	eine Stelle haben	
entrer dans un ~	eine Stelle antreten	
chercher un ~	Arbeit, eine Stelle suchen	
être sans ~	arbeitslos sein, keine Anstellung haben	***engl.*** *employment, employ, employee, employer* ***span.*** *empleo, emplear, empleador, empleado*
créer des ~s	Arbeitsplätze schaffen	
employer qn	jn. beschäftigen, Arbeit geben	
être employé, e *adj* (chez)	im Angestelltenverhältnis stehen, angestellt sein (bei)	
employeur, euse *m f*	Arbeitgeber	
employé, e *m f*	Angestellter	
lettre *f*	Brief	***engl.*** *letter* ***ital.*** *lettera*
~ de motivation	Anschreiben, Bewerbungsschreiben	
~ recommandée	Einschreiben	
recevoir une ~	einen Brief bekommen, erhalten	
poster une ~	einen Brief einwerfen	
poster une ~ à la poste	einen Brief auf der Post aufgeben	
revenu *m* (→ 5.1)	Einkommen	• **R.M.I.** = Revenu Minimum d'Insertion
RMI *m*	Sozialhilfe	
RMIste *m f*	Sozialhilfeempfänger	
délai *m* **de préavis**	Kündigungsfrist	***ital.*** *periodo di preavviso*
licencier qn	jn. entlassen, kündigen	***span.*** *licenciar* ***ital.*** *licenziare, licenziamento*
~ qn sans préavis	jn. fristlos entlassen	
licenciement *m*	Entlassung, Kündigung	

5 Économie – 2. Le chômage et la candidature

personnel *m*	Personal, Belegschaft	• La **réduction du personnel** constitue souvent une mesure d'économie pour les entreprises. • Dans certains domaines, le **besoin en personnel qualifié** se fait de plus en plus sentir.
~ auxiliaire	Aushilfspersonal	
réduire le ~	Personal abbauen	
manque *m* de ~	Personalmangel	
compression *f* de ~	Personalabbau	
besoin *m* **en ~**	Personalbedarf	
		engl. *personnel* ***span.*** *personal* ***ital.*** *personale*
cotisation *f* **à qc**	Beitragszahlung	
cotiser à qc	an etw. einen Beitrag zahlen, entrichten	
cotisant, e *m f*	Beitragszahler	
ANPE *f*	nationale Agentur für Arbeit *(zentrale Arbeitsvermittlungsstelle Frankreichs)*	• **ANPE** = Agence nationale pour l'Emploi
être inscrit, e à l'°~	beim Arbeitsamt gemeldet sein	
formation *f*	(Aus-)Bildung	• J'ai **fait une formation de** secrétaire médicale / **en** secrétariat médical.
~ professionnelle	Berufs(aus)bildung	
~ continue	Weiterbildung	
faire/suivre une ~	eine Ausbildung, Schulung machen	***span.*** *formación, formador, formar* ***ital.*** *formazione*
formateur, trice *m f*	Ausbilder, Trainee, Supervisor	
former qn	jn. ausbilden	
recyclage *m*	Umschulung	***span.*** *reciclaje, reciclar*
se recycler dans qc	auf etw. umschulen, sich umschulen lassen	
reconversion *f*	Umschulung, Umorientierung	***span.*** *reconversión, reconvertirse*
se reconvertir dans qc	auf etw. umschulen	
retraite *f* (→ 7.9)	1. Rente, Ruhestand 2. (Alters-)Rente, Pension *(Geld)*	
à la/en ~	im Ruhestand, pensioniert	
mise *f* à la ~	Versetzung in den Ruhestand	
mettre qn à la/en ~	jn. in den Ruhestand versetzen, pensionieren	
partir à la ~/prendre sa ~	in den Ruhestand treten, gehen	
âge *m* de la ~	Rentenalter	
retraité, e *m f et adj*	I. Rentner, Ruheständler II. im Ruhestand	
préretraite *f*	Frührente, Vorruhestand	
préretraité, e *m f*	Frührentner	
recrutement *m*	Rekrutierung, Einstellung	↔ der Rekrut = la recrue
cabinet *m* de ~	Personalvermittlungsbüro	
arrêt *m* du ~	Einstellungsstopp	***engl.*** *recruitment, recruit*
recruter qn	jn. rekrutieren, einstellen	
recruteur *m*	(Mitglied)Werber	
candidature *f*	Bewerbung	***engl.*** *candidature, candidate* ***span.*** *candidatura, candidato* ***ital.*** *candidatura, candidato*
poser sa ~ à un poste	sich um eine Stelle bewerben	
candidat, e *m f* à un poste	Bewerber um eine Stelle	
présélectionner les ~s	die Kandidaten in die engere Wahl nehmen	

réponse *f* **négative**	Absage *(nur Bewerbung)*	***span.*** *negativa*
~ positive	Zusage	***ital.*** *risposta negativa*
donner une ~ négative à qn	jm. absagen *(nur Bewerbung)*	
recevoir une ~ négative	eine Absage bekommen	
annonce *f* (→ 7.2)	Anzeige, Annonce	***span.*** *anuncio, anunciador*
petites ~s	Anzeigenteil *(Rubrik)*	***ital.*** *annuncio*
annonceur *m*	Inserent	
indemnité *f*	Abfindung, Entschädigung	***engl.*** *indemnity*
~ parlemantaire	Diäten	***span.*** *indemnización, indemnizar*
~ kilométrique	Kilometergeld	***ital.*** *indennizzo, indennizzare*
indemniser qn de qc	jn. für etw. entschädigen, jm. für etw. Schadensersatz leisten	
indemnisable *adj*	entschädigungsberechtigt	
cessation *f* d'activité progressive	Altersteilzeit	
poste *m*	Posten, Stelle	↔ la poste = die Post
~ vaccant	offene, freie Stelle	
postuler à/pour un ~	sich um/für eine Stelle bewerben	***engl.*** *post*
supprimer des ~s	Stellen abbauen	***span.*** *puesto*
suppression *f* de ~s	Stellenabbau	***ital.*** *posto*

5 Économie – 3. Les syndicats et la grève

Français	Deutsch	Beispiele / Sprachvergleich
syndicat *m*	Gewerkschaft	• De nombreux ouvriers sont **organisés en syndicat**. • Sur un effectif total de 120 ouvriers, 70 **se sont syndiqués à** la CGT.
syndiqué, e *adj et m f*	I. gewerkschaftlich organisiert II. Gewerkschaftler	
syndical, e *adj*	gewerkschaftlich, Gewerkschafts-	
délégué *m* ~	Gewerkschaftsvertreter	
syndicalisme *m*	Gewerkschaftsbewegung	
faire du ~	aktives Mitglied einer Gewerkschaft sein	***span.*** *sindicato, sindicalista, sindical, sindicalismo* ***ital.*** *sindacato, sindacalista, sindacale, sindacalismo*
syndicalisation *f*	gewerkschaftliche Organisierung	
se syndiquer	sich gewerkschaftlich organisieren, zusammenschließen	
grève *f*	Streik, Arbeitsniederlegung	• Les syndicats les plus importants **ont annoncé une grève générale** pour jeudi prochain. • Les ouvriers **en grève** ont occupé l'usine.
~ générale	Generalstreik	
~ de la faim	Hungerstreik	
~ sur le tas	Sitzstreik	
~ d'avertissement	Warnstreik	
faire (la) ~	streiken	
être en ~	sich im Ausstand befinden, streiken	
se préparer à la ~	sich zum Streik rüsten	
appeler à la ~	zum Streik aufrufen	
briser une ~	einen Streik brechen	
représenter qn	jn. repräsentieren, vertreten	***engl.*** *represent, representation, representative* ***span.*** *representar, representación, representante* ***ital.*** *rappresentare, rappresentanza, rappresentante*
représentation *f*	Repräsentation, Vertretung	
représentant, e *m f*	Repräsentant, Vertreter	
emploi *m* (→ 5.2)	Beschäftigung, Anstellung	***engl.*** *employment, employ, employee, employer* ***span.*** *empleo, emplear, empleador, empleado*
suppression *f* d'~	Stellen-, Arbeitsplatzabbau	
employer qn	jn. beschäftigen, Arbeit geben	
être employé, e *adj* (chez)	im Angestelltenverhältnis stehen, angestellt sein (bei)	
employeur, euse *m f*	Arbeitgeber	
employé, e *m f*	Angestellter	
intérêts *m pl*	Interessen	• Les **intérêts des ouvriers sont défendus par** les syndicats. • Il faut mettre fin à la grève générale, **c'est dans l'intérêt de tout le monde**.
défendre les ~s de qn	js. Interessen vertreten	
les ~s réciproques	die beiderseitigen Interessen	
dans l'~ public	im öffentlichen Interesse	
c'est dans ton ~ de faire qc	es liegt in deinem Interesse etw. zu tun	
groupement *m* d'~s	Interessenverband	***engl.*** *interests* ***span.*** *intereses* ***ital.*** *interessi*
~s contraires	Interessengegensatz	
~ particuliers	Einzelinteresse	
lobby *m*		***engl.*** *lobby* ***span.*** *lobby*

négocier qc	etw. verhandeln	• Les syndicats **ont négocié les 35 heures avec** le patronat. • Les organisations syndicales **ont engagé** avec les organisations patronales **des négociations sur** l'augmentation des salaires. • Les **négociations se sont poursuivies** dans la soirée sans aboutir à un accord.
~ avec qn	mit jm. verhandeln	
~ un accord	ein Abkommen aushandeln, über ein Abkommen verhandeln	
négociation *f*	Verhandlung	
~s salariales	Lohnverhandlungen	
engager/entamer des ~s avec qn	mit jm. Verhandlungen aufnehmen	
être en ~ avec qn	mit jm. in Verhandlung stehen	
mener des ~s	Verhandlungen führen	
les ~s se sont poursuivies	die Verhandlungen wurden fortgesetzt, fortgeführt	
négociateur, trice *m f*	Unterhändler	***engl.*** *negotiate, negotiation, negotiator* ***span.*** *negociar, negociación, negociador* ***ital.*** *negoziare, negoziato, negoziatore*
augmentation *f* **de qc**	Erhöhung von etw.	• Il **a été augmenté de** 100 €.
augmenter qc	etw. erhöhen	
~ qn	js. Lohn, Gehalt erhöhen	***engl.*** *augment, augmentation* ***span.*** *aumento, aumentar* ***ital.*** *aumento, aumentare*
travail *m* (→ 5.1)	Arbeit	***span.*** *trabajo*
arrêter le ~	die Arbeit niederlegen	
temps *m* de ~	Arbeitszeit	
qc est déduit du temps de ~	etw. geht von der Arbeitszeit ab	
conditions *f pl* de ~	Arbeitsbedingungen	
amélioration *f* **de qc**	Verbesserung von etw.	***engl.*** *ameliorate, amelioration* ***span.*** *mejoramiento, mejorar* ***ital.*** *miglioramento, migliorare*
améliorer qc	etw. verbessern	
sécurité *m*	Sicherheit	↔ assurer, assurance, rassurer • On ne va pas l'attendre, **je suis sûr qu'**il **est** en retard/**je ne suis pas sûr** qu'il **soit** à l'heure. • **Tu es sûre de** ce que tu dis ? Cela me semble un peu bizarre. • Olivier-Sylvain a raté son bac – Bah écoute, **j'en étais quasiment sûr**.
~ du travail	Arbeitsschutz	
en ~	in Sicherheit	
s'imaginer en ~	sich in Sicherheit wähnen	
sûr, e *adj*	sicher	
c'est ~ et certain	das ist ganz sicher, bombensicher	
être ~ de qc	einer Sache sicher, gewiss sein	
être ~ de soi	selbstsicher, selbstbewusst sein	
j'en étais ~	ich hab's ja gewusst	
sécuriser qn	jm. ein Gefühl der Sicherheit geben	***engl.*** *security, secure, sure* ***span.*** *seguridad, seguro* ***ital.*** *sicurezza, sicuro*
sécurisant, e *adj*	ein Gefühl der Sicherheit verleihend	
revendication *f* **de qc**	Forderung, Anspruch nach/auf etw.	• Les syndicats **n'ont pu faire valoir aucune revendication**.
~s salariales	Lohn-, Gehaltsforderungen	
répondre à une ~	einer Forderung nachgeben, -kommen	***ital.*** *rivendicazione*
faire valoir une ~	eine Forderung durchsetzen	
revendiquer qc	etw. fordern, verlangen	
~ qc avec fermeté	etw. mit Nachdruck fordern	
revendicateur, trice *adj*	fordernd	
revendicatif, ve *adj*	der Geltendmachung von Forderungen dienend	
journée *f* ~ve	Aktionstag	

Économie – 3. Les syndicats et la grève

adhérent, e *m f*	Mitglied	• Pour **adhérer à un syndicat**, il est nécessaire de faire **une demande d'adhésion**.
adhérer à un syndicat	in eine Gewerkschaft eintreten, bei-	
adhésion *f* (à qc)	Beitritt	***engl.*** *adherent* ***span.*** *adherirse, adhesión* ***ital.*** *aderire, adesione*
manifestation *f* (manif *f* *(fam.)*) **contre qc**	Demonstration, Kundgebung gegen etw.	↔ la démonstration = Beweis (-führung), Vorführung
la ~ s'est déroulée dans le calme	die Demonstration verlief ruhig	***span.*** *manifestación, manifestarse, manifestante* ***ital.*** *manifestazione, manifestare, manifestante*
manifester contre qc	gegen etw. demonstrieren	
manifestant, e *m f*	Demonstrant	
lutter contre/pour qc/qn	gegen/für/um etw./jn. kämpfen	• La lutte **s'annonce longue/ rude/dure/implacable/ chaude/serrée/féroce**... • Les syndicats **mènent une lutte exemplaire pour** l'emploi.
lutte *f* contre/pour qc/qn	Kampf gegen/für/um etw./jn.	
~ des classes	Klassenkampf	
~ acharnée	erbitterter Kampf	
~ violente	heftiger Kampf	
appeler à la ~	zum Kampf aufrufen	
engager la ~	den Kampf aufnehmen	
mener la ~ contre/pour qc/qn	gegen/für etw./jn. (be-)kämpfen, den Kampf führen	***span.*** *luchar, lucha, luchador* ***ital.*** *lottare, lotta, lottatore*
ne pas abandonner la ~	den Kampf nicht aufgeben	
la ~ s'annonce + ADJ.	der Kampf fängt ADJ. an, kündigt sich ADJ. an	
lutteur, euse *m f*	Kämpfer	
mobilisation *f*		***engl.*** *mobilization, mobilize* ***span.*** *movilización, movilizar* ***ital.*** *mobilizzazione, mobilizzare*
se mobiliser		
solidarité *f* **avec qn**		***engl.*** *solidarity* ***span.*** *solidaridad, solidario, solidarizarse* ***ital.*** *solidarietà, solidale, solidarizzare*
solidaire *adj* de qn		
se sentir ~ de qn	sich mit jm. ~ verbunden fühlen	
se solidariser avec qn		
partenaires *m pl* **sociaux**	Tarifpartner	• Le gouvernement propose **aux partenaires sociaux** des réunions bilatérales pour mener à bien la réforme engagée.
précaire *adj*	prekär, unsicher, heikel *(Situation, Arbeit)*	***engl.*** *precarious* ***span.*** *precario, precariedad* ***ital.*** *precario, precarietà*
précarité *f*	Prekarität, Unsicherheit	
vivre dans la ~	in sozialer Unsicherheit leben	
entreprise *f* (→ 5.1)	Unternehmen, Firma	***engl.*** *enterprise, entrepreneur* ***span.*** *empresa, empresario*
comité *m* d'~ (CE)	Betriebsrat	
entrepreneur, euse *m f*	Unternehmer	

gestion *f*	Leitung, Verwaltung	***span.*** *gestión, gerente, gestionar, cogestión, cogestionar* ***ital.*** *gestione, gestore, gerente, gestire, cogestione, cogestire*
~ d'entreprise	Betriebsleitung, -führung	
gestionnaire *adj et m f*	I. Geschäftsführungs-, Verwaltungs- II. Geschäftsführer, Verwalter	
gérer qc	etw. führen, verwalten	
gérant, e *m f*	Geschäftsführer, Pächter	
~ de succursale	Filialleiter	
cogestion *f*	Mitbestimmung	
droit *m* de ~	Mitbestimmungsrecht	
cogérer qc	in etw. mitbestimmen, etw. mitverwalten	
personnel *m*	Personal, Belegschaft	***engl.*** *personnel* ***span.*** *personal* ***ital.*** *personale*
délégué *m* du ~	Personal-, Arbeitnehmervertreter	
patron, ne *m f* (→ 5.1)	Arbeitgeber, Chef	***span.*** *patrón, patronal* ***ital.*** *padrone*
patronat *m*	Arbeitgeber(-schaft)	
relations *f pl* ~-syndicats	Arbeitsverhältnisse *(zw. Arbeitgebern und Gewerkschaften)*	
patronal, e *adj*	Arbeitgeber-	
salaire *m* (→ 5.1)	Lohn, Gehalt	• **S.M.I.C.** = salaire minimum interprofessionnel de croissance
S.M.I.C. *m*	Mindestlohn	
~ mensuel	Monatslohn, -gehalt	
~ horaire	Stundenlohn	
salarial, e *adj*	Lohn-	***engl.*** *salary* ***span.*** *salario, asalariado* ***ital.*** *salario*
salarié, e *m f*	Arbeitnehmer, Lohn-, Gehaltsempfänger	
~ moyen	Normalverdiener	
salariat *m*	Arbeitnehmerschaft	
conflit *m*		• Les syndicats **sont entrés en conflit avec** le patronariat au sujet des salaires. • La réforme des 35 heures **a créé un conflit social important** entre les partenaires sociaux. • **Un conflit violent oppose** les organisations syndicales et patronales.
~s sociaux	Arbeitskämpfe, Tarif~	
~ larvé	schwelender ~	
mettre fin à un ~	einen ~ beilegen	
entrer en ~ avec qn	mit jm. in ~ geraten	
créer un ~	einen ~ hervorrufen	
déclencher un ~	einen ~ auslösen	
régler un ~	einen ~ beilegen	
un ~ éclate	ein ~ tritt offen zu Tage	
un ~ surgit	ein ~ tritt auf	
le ~ oppose x et y	der ~ macht x und y zu Gegnern, Widersachern, konfrontiert x mit y	***engl.*** *conflict* ***span.*** *conflicto* ***ital.*** *conflitto*
disposition *f*	Bestimmung, Verfügung	***span.*** *disposición* ***ital.*** *disposizione*
~s tarifaires	Tarifbestimmung(en)	

Économie – 4. La mondialisation

économie *f*	Wirtschaft
~ agricole	Agrarwirtschaft
~ libérale	freie (Markt-)Wirtschaft
~ solide	solide Wirtschaft
~ vigoureuse	kräftige Wirtschaft
~ florissante	florierende Wirtschaft
~ de marché	Marktwirtschaft
~ en expansion	expandierende Wirtschaft
redresser/relancer l'~	die Wirtschaft wiederbeleben
stimuler l'~	die Wirtschaft ankurbeln
revigorer l'~	die Wirtschaft kräftigen
plonger l'~ dans la crise	die Wirtschaft in die Krise stürzen
l'~ connaît une croissance ADJ. **/ de x %**	die Wirtschaft wächst ADJ. / um X %
l'~ s'accélère	die Wirtschaft zieht an
l'~ redémarre	die Wirtschaft erholt sich, zieht wieder an
l'~ ralentit	die Wirtschaft lässt nach, flaut ab
l'~ est en récession	die Wirtschaft geht zurück, ist rückläufig
l'~ se dégrade	die Wirtschaft verschlechtert sich
l'~ s'essouffle	die Wirtschaft erlahmt, geht die Luft aus
économique *adj*	Wirtschafts-, wirtschaftlich
économiste *m f*	Wirtschaftswissenschaftler
économe *m f*	Verwalter

- Le Président de la République a exprimé clairement sa volonté de vouloir **bâtir une économie solide**.
- Le Premier ministre a annoncé une série de mesures pour **stimuler l'économie**.
- L'effondrement du secteur bancaire **a plongé l'économie dans une forte récession**.
- **L'économie a connu une croissance lente/accélérée/dynamique/annuelle de 2,5 %.**
- L'**économie a ralenti de** - 1,3 % au premier trimestre.

engl. *economy, economic, economics, economist*
span. *economía, económico, economista*
ital. *economia, economico, economista*

mondialisation *f*	Globalisierung
mondialiser qc	etw. globalisieren
mondialiste *m f et adj*	I. Globalisierer II. Globalisierungs-
altermondialiste *m f et adj*	I. Globalisierungsgegner II. gegen die Globalisierung

↔ le monde = die Welt
mondial, e = weltweit

span. *mundialización*

marché *m*	Markt
~ aux puces/aux fleurs	Flohmarkt/Blumenmarkt
le °~ commun	der Gemeinsame Markt, die EG
le grand ~	der europäische Binnenmarkt
lancer un produit sur le ~	ein Produkt auf den Markt bringen
retirer un produit du ~	ein Produkt vom Markt nehmen
conquérir le ~ de qc	den Markt von etw. erschließen
bon ~ *adv (invariable)*	billig
marchandise *f*	Ware
remballer sa ~ *(fam.)*	auf seiner Ware sitzen bleiben
marchand, e *m f et adj*	I. Händler II. Handel-
~ en/de gros	Großhändler
marchander qc	um etw. handeln, feilschen
marchandage *m* de qc	Handel, Feilschen um etw.

- Connaissez-vous un **restaurant bon marché** dans le coin ?
- L'année dernière, les cigarettes étaient encore **meilleur marché**.
- Un nouveau médicament contre le cancer **a été retiré du marché**.
- Peugeot **se retire du marché** automobile japonais.

engl. *market, merchant, merchandise*
span. *mercado, mercancía, mercader*
ital. *mercato, mercanzia, mercante, mercanteggiare, mercanteggiamento*

secteur *m*	Wirtschaftssektor, Bereich	• Il y a plus d'emploi **dans le (secteur) tertiaire** que **dans le (secteur) primaire**.
~ primaire	Agrarwirtschaft und Bergbau, primärer Sektor	
~ secondaire	industrieller, sekundärer Sektor	
~ tertiaire	Dienstleistungs-, tertiärer Sektor	***engl.*** *sector*
~ privé	Privatwirtschaft	***span.*** *sector*
~ public	Staatswirtschaft	***ital.*** *settore*
~ artisanal	gewerblicher Sektor	
investisseur *m*	Investor, Anleger	***engl.*** *investor, invest, investment*
investir dans qc	in etw. investieren, anlegen	***span.*** *inversor, invertir, inversión*
investissement *m* dans qc	Investition, Anlage in etw.	***ital.*** *investitore, investire, investimento*
réaliser un ~	eine Investition tätigen	
fonder qc	etw. gründen	***engl.*** *found, foundation, founder*
fondateur, trice *m f*	Gründer	***span.*** *fundar, fundador, fundación*
fondation *f*	Gründung	***ital.*** *fondare, fondatore, fondazione*
commerce *m*	1. Handel 2. Geschäft, Laden	• Ce produit est tout récent, il n'est pas encore **dans le commerce**.
~ extérieur	Außenhandel	• Où est-ce que tu as eu ton nouvel appareil photo ? Ça **se trouve dans le commerce**.
~ intérieur	Binnenhandel	
~ équitable	fairer Handel	
~ de détail	Einzelhandel	
~ de gros	Großhandel	• Mes parents **tiennent un petit commerce** au coin de la rue.
dans le ~ de détail/gros	im Einzel-/Großhandel	
être dans le ~	im Handel tätig sein	• La maison Brossard **fait le commerce de** tous les vins du Sud.
faire du ~ avec qn	mit jm. Handel treiben	
faire le ~ de qc	mit etw. handeln	
tenir un ~	ein Geschäft haben, führen	• **Le petit commerce** subit une forte concurrence des supermarchés.
le petit ~	die kleinen Kaufleute, der Einzelhandel	
employé, e *m f* de ~	kaufmännisch Angestellter	• Demain, c'est un jour férié et tous **les commerçants** seront fermés.
commerçant, e *m f et adj*	I. Kaufmann II. Handels-, Geschäfts-	
les petits ~s	die kleinen Kaufleute, Einzelhändler	***engl.*** *commerce, commercial, commercialism, commercialize, commercialization*
rue *f* ~e	Geschäftsstraße	
commercer avec qn	mit jm. Handel treiben	***span.*** *comercio, comerciante, comerciar, commercial, comercializar, comercialización*
commercial, e *adj*	Handels-, kaufmännisch, kommerziell	
relations *f pl* ~es	Handelsbeziehungen	***ital.*** *commercio, commerciante, commerciare, commerciale, commercializzare, commercializzazione*
entretenir des relations ~es avec qn	mit jm. Handelsbeziehungen unterhalten	
gros succès *m* ~	Verkaufsschlager	
commercialiser qc	etw. vermarkten, kommerzialisieren	
commercialisation *f*	Vermarktung, Kommerzialisierung	

clientèle *f*	Kundschaft
fidéliser la ~	die Kundschaft (an sich) binden
se créer une ~	sich einen Kundenstamm aufbauen
développer la ~	den Kundenstamm erweitern
suivi *m* de la ~	Kundenbetreuung
client, e *m f*	Kunde
~ fidèle	Stammkunde
~ satisfait	zufriedener Kunde
~ insatisfait	unzufriedener Kunde
prospecter de nouveaux ~s	Neukunden werben, akquirieren

- On espère que les nouvelles modalités de paiement **fidéliseront la clientèle**.
- La compagnie Falk & fils **a développé sa clientèle** de 5 % dans les pays germanophones.

engl. *clientele, client*
span. *clientela, cliente*
ital. *clientela, cliente*

fournisseur *m*	Lieferant
fournir qc à qn	jm. etw. liefern, besorgen
~ qn en qc	jm. mit etw. beliefern, versorgen
fourniture *f*	Lieferung

- Vous avez de belles choses, chez qui **vous fournissez-vous** ? / qui est votre **fournisseur** ?
- On **a fourni** une centaine de tables à l'entreprise Dupont.
- Deux fermes **nous fournissent en** légumes frais.

ital. *fornitore, fornire, fornitura*

livrer qc à qn	jm. etw. liefern, anliefern
~ qc à domicile	etw. ins Haus liefern, zustellen
livreur *m*	Auslieferer, Ausfahrer
livraison *f*	Lieferung, Anlieferung
~ à domicile	Lieferung ins Haus
~ contre remboursement	Lieferung gegen Nachnahme
livrable/disponible *adj*	lieferbar

- On vous **livrera** dès que l'article sera **disponible**.
- Vous devez **payer à la livraison**.

engl. *deliver, deliverer, delivery, deliverable*

acheter qc	etw. kaufen
~ qc à qn	1. jm. etw. kaufen 2. jm. etw. abkaufen
~ qc chez qn	etw. bei jm. kaufen
~ qc (pour) X €	etw. für X € kaufen
inciter les gens à ~	die Kauflust steigern
proposer d'~ qc	etw. zum Kauf anbieten
acheteur, euse *m f*	Käufer, Abnehmer
achetable *adj*	käuflich
achat *m*	Kauf, Einkauf, Ankauf
pouvoir *m* d'~	Kaufkraft

vendre qc à qn	jm. etw. verkaufen
~ qc (à) X €	etw. für X € verkaufen
à ~	zu verkaufen *(Plakat, Anzeige)*
vendeur, euse *m f*	Verkäufer
je ne suis pas ~	ich verkaufe (es) nicht
vendable *adj*	verkäuflich
vente *f*	Verkauf, Vertrieb
~ aux enchères	Versteigerung
~ à tempérament	Ratenkauf
~ en gros	Großvertrieb
~ par correspondance	Versandhandel
en ~ chez/dans	erhältlich bei/in
mettre qc en ~	etw. zum Verkauf bringen, anbieten
retirer qc de la ~	etw. aus dem Verkauf nehmen
doper la ~	die Verkaufszahlen steigern

- Il voulait acheter ma voiture, mais **je ne suis pas vendeuse**.
- Nivea **a retiré de la vente** une crème qui provoque de fortes irritations cutanées (= de la peau).
- Internet **dope** sans doute **la vente** à distance.

span. *vender, vendedor, vendible, venta*
ital. *vendere, venditore, vendibile, vendita*

offre *f*	Angebot
~ publique d'achat (O.P.A.)	Übernahmeangebot
~ limitée	begrenztes, knappes Angebot
faire une ~	ein Angebot abgeben, erstellen
profiter d'une ~	ein Angebot wahrnehmen
offrir qc à qn pour qc	jm. etw. für etw. anbieten
offreur *m*	Anbieter *(eines Produkts)*
offrant *m*	Bietender
le plus ~	der Meist-, Höchstbietende

- Peugeot **a lancé une offre publique d'achat sur** Renault.

engl. *offer*
span. *oferta, ofrecer, ofrecedor, oferente*
ital. *offerta, offrire, offerente*

demande *f* **de qc**	Nachfrage nach etw.
~ élevée	lebhafte, rege Nachfrage
~ croissante	steigende Nachfrage
animer la ~	die Nachfrage beleben
la ~ excède l'offre	die Nachfrage übersteigt das Angebot
la ~ s'est accélérée	die Nachfrage ist angezogen
la ~ augmente	die Nachfrage steigt
la ~ baisse	die Nachfrage geht zurück
la ~ ralentit	die Nachfrage lässt nach, flaut ab
être demandé, e	nachgefragt, begehrt sein

- Apple **a enregistré une demande croissante** pour son iPod au premier trimestre.

engl. *demand*
span. *demanda*
ital. *domanda*

stagnation *f*	
stagner	

engl. *stagnation, stagnate*
ital. *stagnazione, stagnare*

essor *m*	Aufschwung, Boom
en plein ~	in vollem Aufschwung, aufstrebend
prendre un ~	einen Aufschwung erfahren

- Les produits bio sont un marché **en plein essor**.

récession *f*	
une ~ se profile	eine ~ zeichnet sich ab
la ~ se poursuit	die ~ setzt sich fort
la ~ s'installe en France/dans l'industrie	Frankreich/die Industrie gerät in eine ~; die ~ erfasst Frankreich/die Industrie

- « **Une récession se profile** dès cette année en France », estime O.-S. Le Tarn, économiste qui prévoit une baisse de 0,2 % du PIB.
- La **récession s'installe dans l'industrie automobile** et les licenciements ne vont pas tarder à se multiplier.

engl. *recession*
span. *recesión*
ital. *recessione*

régression *f*	Rückgang, Abschwung
être en (voie de) ~	im Rückgang, rückläufig sein
qc se traduit par une ~	etw. äußert sich durch einen Abschwung, etw. schlägt sich in einem Abschwung nieder
régresser	zurückgehen
régressif, ve *adj*	rückläufig, regressiv

- La crise économique **se traduit par une grave régression.**

engl. *regression, regress, regressive*
span. *regresión, regresivo*
ial. regressione, regredire, regressivo

société *f*	Gesellschaft
~ anonyme (= SA)	Aktiengesellschaft
~ à responsabilité limitée (= SARL)	Gesellschaft mit begrenzter Haftung, GmbH
sociétaire *m f*	Gesellschafter
siège *m* social	Firmen-, Geschäftssitz

span. *sociedad, socio*
ital. *società, socio*

compétition *f*	Wettbewerb, Konkurrenzkampf
~ acharnée	erbitterter, unerbittlicher Konkurrenzkampf
se retrouver en ~ avec qn	sich mit jm. im Konkurrenzkampf befinden
faire face à la ~	dem Wettbewerb die Stirn bieten
compétitivité *f*	Wettbewerbs-, Konkurrenzfähigkeit
renforcer la ~	die Konkurrenzfähigkeit stärken
compétitif, ve *adj*	wettbewerbs-, konkurrenzfähig

- Apple et Microsoft **se retrouvent en compétition** sur le marché de l'ordinateur.

engl. *competition, competitiveness, competitive*
span. *competición, competitividad, competitivo*
ital. *competizione, competitività, competitivo*

concurrence *f*	Konkurrenz, Wettbewerb
libre ~	freier Wettbewerb
~ déloyale	unlauterer Wettbewerb
entrer en ~ avec qn	mit jm. in Wettbewerb treten
être en ~ avec qn	mit jm. in Konkurrenz stehen
soutenir la ~	mit der Konkurrenz Schritt halten, konkurrenzfähig sein
se démarquer de la ~	sich von der Konkurrenz absetzen
écraser la ~	die Konkurrenz ausschalten, verdrängen
fausser la ~	den Wettbewerb verfälschen
Conseil *m* de la ~	Kartellamt
concurrent, e *adj et m f*	I. konkurrierend, Konkurrenz- II. Konkurrent, Wettbewerber
concurrentiel, le *adj*	konkurrierend, Konkurrenz-
prix *m pl* ~s	konkurrenzfähige Preise
concurrencer qn	jm. konkurrieren, Konkurrenz machen

- Pour **soutenir la concurrence**, il faut que **nous nous démarquions** par de nouveaux produits.

ital. *concorrenza, concorrente, concorrere*

croissance *f* **de X %**	Wachstum von X %
~ durable	anhaltendes, nachhaltiges Wachstum
~ nulle	Nullwachstum
~ continue	kontinuierliches Wachstum
~ solide	solides Wachstum
~ accélérée	beschleunigtes Wachstum
~ vigoureuse	kräftiges Wachstum
~ fulgurante	rasantes Wachstum
~ en perte de vitesse	nachlassendes, rückläufiges Wachstum
~ faible/molle	schwaches Wachstum
~ en berne	schleppendes Wachstum
générer une ~	ein Wachstum erzeugen
connaître une ~	wachsen, ein Wachstum erfahren
enregistrer une ~ de X %	ein Wachstum von X % verzeichnen
tabler sur une ~ de X %	mit einem Wachstum von X % rechnen
renforcer la ~	das Wachstum stärken
stimuler la ~	das Wachstum ankurbeln
enregistrer une ~ ADJ./de X %	ein ADJ. Wachstum/von X % verzeichnen
la ~ rebondit à X %	das Wachstum steigt auf X % an
la ~ s'accélère	das Wachstum zieht an
la ~ est supérieure à X %	das Wachstum liegt über X %
la ~ est inférieure à X %	das Wachstum liegt unter X %
la ~ (se) ralentit	das Wachstum lässt nach, geht zurück

↔ en berne = *wörtlich :* auf Halbmast
- La France **a enregistré une croissance nulle** au deuxième trimestre.
- Journal : Hautes technologies – **Europe en perte de vitesse**.
- La croissance du marché automobile est **en perte de vitesse**.
- Le ministre de l'Économie prévoit une **croissance molle** pour 2012.
- Une **croissance en berne** menace l'équilibre du budget public.
- Le gouvernement **table sur une croissance** du PIB français de 1,7 % en 2012.

span. *crecimiento*
ital. *crescita*

conjoncture *f*	Konjunktur, Wirtschaftslage
~ défavorable	schlechte Konjunktur
~ à la *hausse	steigende Konjunktur
~ à la baisse	rückläufige Konjunktur
~ morose	flaue Konjunktur
relancer la ~	die Konjunktur ankurbeln
freiner la ~	die Konjunktur dämpfen
la ~ s'améliore	die Konjunktur bessert sich
la ~ se dégrade	die Konjunktur verschlechtert sich
la ~ se redresse	die Konjunktur erholt sich
la ~ faiblit	die Konjunktur lässt nach
la ~ se retourne	die Konjunktur dreht
x affecte la ~	x erschüttert, trifft die Konjunktur
conjoncturel, le *adj*	konjunkturell, konjunkturbedingt
conjoncturiste *m f*	Konjunkturexperte

- **Dans la conjoncture actuelle**, ça va être difficile de trouver un emploi.
- La **crise financière a affecté la conjoncture** mondiale.

span. *coyuntura, coyuntural*
ital. *congiuntura, congiunturale*

trou *m* **d'air**	Konjunkturdelle
bénéfice *m* (bénef *fam.*)	Gewinn, Ertrag
~ escompté	erhoffter Gewinn
~ imposable	steuerpflichtiger Gewinn
de gros ~s	saftige Gewinne
faire/réaliser/dégager un ~	einen Gewinn erzielen
produire des ~s	Gewinn abwerfen
engranger des ~s	Gewinne einfahren
être en ~	in den schwarzen Zahlen sein
le ~ par action ressort à X €	der Gewinn pro Aktie liegt bei X €
bénéficiaire *adj*	gewinnbringend, Gewinn-
être ~	mit Gewinn arbeiten, Gewinn erwirtschaften
marge *f* de ~	Gewinnspanne, Marge

→ bénéficier de qc
- Comment expliquer que les entreprises suppriment des postes, alors qu'ils **engrangent de gros bénéfices** ?

span. *beneficio, beneficiario*
ital. *beneficio, beneficiario*

bilan *m*	Bilanz, Abschluss
établir/dresser un ~ *(aussi fig.)*	eine Bilanz aufstellen
faire le ~ de qc	die Bilanz aus etw. ziehen
déposer le ~	Konkurs anmelden
déficit *m*	Defizit
~ budgétaire	Haushaltsdefizit
être en ~	ein Defizit aufweisen, in den roten Zahlen stehen
déficitaire *adj*	mit Verlust abschließend, verlustreich

engl. *deficit*
span. *déficit, deficitario*
ital. *deficit, deficitario*

dépense *f*	Ausgabe, Aufwendung
~s publiques	öffentliche Ausgaben, Staats-
faire une grosse ~	viel Geld ausgeben
dépenser de l'argent	Geld ausgeben, aufwenden
~ sans compter	Geld mit vollen Händen ausgeben
dépensier, ère *adj et m f*	I. verschwenderisch II. Verschwender

- Je te donne de l'argent, mais tu ne vas pas le **dépenser en** cigarettes.

frais *m pl*	Kosten, Unkosten, Ausgaben	• Que penser des ministres qui partent en vacances **aux frais de la princesse** ? • L'entreprise est loin de **faire ses frais**.
~ de déplacement	Reisekosten	
~ d'entretien	Instandhaltungskosten	
~ d'exploitation	Betriebskosten	
aux ~ de la princesse *(fam.)*	auf Staats-, Betriebskosten	
tous ~ compris	einschließlich aller Unkosten	
qc fait des ~	etw. verursacht Kosten	
faire ses ~ *(fam.)*	seine Kosten decken	
se mettre en ~	sich in Unkosten stürzen	
supporter les ~ de qc	für etw. die Kosten tragen	
entraîner des ~	mit Kosten verbunden sein, verursachen	
les ~ s'élèvent à X €	die Kosten belaufen sich auf X €	
privatisation *f*		***engl.*** *privatize, privatization* ***span.*** *privatización, privatizar* ***ital.*** *privatizzazione, privatizzare*
privatiser qc		
production *f*		• **PIB** = produit intérieur brut • **PNB** = produit national brut
produire qc		
produit *m*		
PIB *m*	Bruttoinlands~	***engl.*** *production, produce, product, producer, productive, productivity* ***span.*** *producción, producir, producto, productor, productivo, productividad* ***ital.*** *produzione, produrre, prodotto, produttore, produttivo, produttività*
PNB *m*	Bruttosozial~	
producteur, trice *m f et adj*	I. II.	
productif, ve *adj*		
productivité *f*		
profit *m*		↔ profiter de qc
profitable *adj*		***engl.*** *profit, profitable* ***ital.*** *profitto*
profiteur, euse *m f*		
industrie *f*		***engl.*** *industry, industrial, industrialize, industrialization* ***span.*** *industria, industrial, industrializar, industrialización* ***ital.*** *industria, industriale, industrializzare, industrializzazione*
~ lourde	Schwer~	
industriel, le *adj et m f*	I. II.	
industrialiser qc		
industrialisation *f*		
prospérité *f*	Wohlstand, Prosperität	***engl.*** *prosperity, prosper, prosperous* ***span.*** *prosperidad, prosperar, próspero* ***ital.*** *prosperità, prosperare, prospero*
être en pleine ~	eine Hochkonjunktur erleben	
prospérer	blühen, florieren, prosperieren	
prospère *adj*	blühend, florierend, prosperierend	
rentabilité *f*		***span.*** *rentabilidad, rentable, rentabilizar*
rentable *adj*		
rentabiliser qc		
restructuration		***engl.*** *restructuring, restructure* ***span.*** *reestructuración, reestructurar* ***ital.*** *ristrutturazione, ristrutturare*
restructurer qc		

faillite *f*	Konkurs, Bankrott	***ital.*** *fallimento*
être en ~	bankrott, pleite sein	
faire ~	Bankrott, Pleite machen	
chiffre *m* **d'affaires**	Umsatz	***ital.*** *cifra d'affari*
augmenter le ~ d'affaires	den Umsatz steigern	
le ~ d'affaires baisse/est en baisse	der Umsatz geht zurück, sinkt	
réaliser un ~ d'affaires de X €	einen Umsatz von X € machen	
Bourse *f*	Börse	• Wall Street **a clôturé en hausse de** 0,75 % à 9.243 points. • La Bourse **a apprécié l'annonce** de 35 000 licenciements/**les résultats** du premier trimestre de Peugeot. • La Bourse **a apprécié que** le parti de gauche n'ait pas remporté les élections législatives. • La Bourse **a anticipé la reprise** de l'écomomie mondiale.
cotation *f* en °~	Börsennotierung	
chute *f* de la °~	Börsensturz	
introduction *f* à la °~	Börsengang, Einführung an der Börse	
s'introduire/entrer en °~	an die Börse gehen	
être coté, e en °~	an der Börse gehandelt werden	
spéculer à la °~	an der Börse spekulieren	
revigorer la °~	die Börse kräftigen	
placer de l'argent en °~	Geld an der Börse anlegen	
la °~ monte/est à la *hausse	die Börse steigt	
la °~ baisse/est à la baisse	die Börse sinkt, fällt	
la °~ plonge	die Börse sinkt, fällt	***span.*** *Bolsa* ***ital.*** *Borsa*
la °~ clôture en hausse	die Börse schließt freundlich	
la °~ s'effondre	die Börse bricht zusammen	
la °~ est volatile	die Börse schwankt, ist unbeständig	
la °~ se redresse	die Börse erholt sich	
la °~ est en chute libre	die Börse ist auf Talfahrt	
la °~ a apprécié qc/que	die Börse hat etw. freundlich aufgenommen/dass	
la °~ a anticipé qc	die Börse hat etw. vorweggenommen	
boursier, ère *adj et m f*	I. Börsen- II. Börsenmakler	
cours *m* ~	Börsenkurs	
code *m* ~	Wertpapierkennnummer, WKN	
tuyau *m* ~	Börsentipp	
boursicoter	kleine Börsengeschäfte machen, ein wenig an der Börse spekulieren	
boursicotage *m*	kleine Börsengeschäfte	
libre-échange *m*	Freihandel	↔ un échange, échanger
libre-échangiste *adj et m f*	I. Freihandels- II. Anhänger des Freihandels	
libéralisation *f*		↔ libre, liberté, libération, libérer
libéraliser qc		***span.*** *liberalización, liberalizar, liberalismo* ***ital.*** *iberalizzazione, liberalizzare, liberalismo*
libéralisme *m*		

5 Économie – 4. La mondialisation

monopole *m*		***engl.*** *monopoly, monopolize, monopolist, monoplistic* ***span.*** *monopolio, monopolizar, monopolización, monopolista* ***ital.*** *monopolio, monopolizzare, monopolizzazione, monopolista*
détenir un ~	eine ~stellung innehaben	
avoir le ~ de qc	das ~ für/auf etw. haben	
monopoliser qc		
monopolisation *f*		
monopoliste *adj et m f*	I. II.	
subvention *f*		***engl.*** *subvention* ***span.*** *subvención, subvencionar* ***ital.*** *sovvenzione, sovvenzionare*
subventionner qc		
capital *m*		***engl.*** *capital, capitalization, capitalism, capitalist, capitalize, capitalistic* ***span.*** *capital, capitalización, capitalizar, capitalismo, capitalista, capitalizable* ***ital.*** *capitale, capitalizzazione, capitalizzare, capitalismo, capitalista*
fournir des capitaux	~ aufbringen	
procurer des capitaux	~ beschaffen	
riche *adj* en capitaux	~kräftig	
mouvement *m* des capitaux	~fluss, Geldfluss	
fuite *f* des capitaux	~flucht	
capitalisation *f*		
capitaliser qc		
capitalisme *m*		
capitaliste *adj et m f*	I. II.	
capitalisable *adj*		
expansion *f*		***engl.*** *expansion, expand, expansionism, expansionist, expansive* ***span.*** *expansión, expansivo, expansionismo* ***ital.*** *espansione, espansivo, espansionismo, espansionistico*
être en ~	expandieren	
expansif, ve *adj*		
expansionnisme *m*		
expansionniste *adj*		
délocalisation *f*	Aus-, Verlagerung	↔ lokal
délocaliser qc	etw. aus-, verlagern	***span.*** *dislocación, deslocalizar* ***ital.*** *dislocamento, dislocare*
rationalisation *f*		***engl.*** *rationalize, rationalization* ***span.*** *racionalización, racionalizar* ***ital.*** *razionalizzazione, razionalizzare*
rationaliser qc		

couple *m*	Paar, Ehe-	***engl.*** *couple*
le ~ franco-allemand	das dt.-frz. Paar, die dt.-frz. Partnerschaft	***ital.*** *coppia*
former un ~	ein Paar bilden, abgeben	
revendication *f* **(de qc)**	Forderung, Anspruch (auf etw.)	• Les entreprises **refusent/rejettent les revendications salariales** des ouvriers en prenant comme prétexte la crise financière violente.
~s territoriales	Gebietsforderungen, -ansprüche	
la ~ vise à qc/à faire qc	die Forderung zielt auf etw. ab/darauf ab, etw. zu tun	
adresser une ~ à qn	an jn. eine Forderung richten	
refuser/rejeter une ~	eine Forderung ab-, zurückweisen	***span.*** *reivindicación, reivindicar, reivindicador*
revendiquer qc	etw. fordern, verlangen, beanspruchen	***ital.*** *rivendicazione, rivendicare, rivendicativo*
~ une compensation	einen Ausgleich fordern, verlangen	
revendicateur, trice *adj*	fordernd	
Rhin *m*	Rhein	• Il y a outre-Rhin environ 160.000 Français expatriés.
outre-Rhin	auf der anderen Seite des Rheins *(=Deutschland)*	
rhénan, e *adj*	rheinisch	***engl.*** *Rhine, Rhenish* ***span.*** *Rin* ***ital.*** *Reno, renano*
guerre *f* (→ 3.1)	Krieg	• **Dans l'entre-deux-guerres**, la crise économique de 29 a touché toute l'Europe.
~ franco-allemande	dt.-frz. Krieg	
Première/Seconde °~ mondiale	1./2. Weltkrieg	
pendant la Seconde°~ mondiale	im 2. Weltkrieg	***span.*** *guerra* ***ital.*** *guerra*
~ de mouvement	Bewegungskrieg	
~ de positions	Stellungskrieg	
entre-deux-~s *m*	Zwischenkriegszeit (1. – 2. Weltkrieg)	
la drôle de ~	die ersten ereignislosen Monate des 2. Weltkrieges	
~ froide	Kalter Krieg	
humilier qn	jn. demütigen, erniedrigen	***engl.*** *humiliate, humiliation, humiliating, humiliated* ***span.*** *humillar, humillación, humillante, humillado* ***ital.*** *umiliare, umiliazione, umiliante, umiliato*
humiliation *f*	Demütigung, Erniedrigung	
subir une ~	eine Demütigung erleiden	
humiliant, e *adj*	demütigend, erniedrigend	
humilié, e *adj*	gedemütigt, erniedrigt	
ressentiment *m*	Ressentiment, Gefühl des Grolls	↔ (res)sentir • À la suite du Traité de Versailles, de nombreux Allemands **ont éprouvé un vif ressentiment envers** les Français.
éprouver du ~ envers/à l'égard de qn	jm. gegenüber Ressentiments haben/hegen	***engl.*** *resentment* ***span.*** *resentimiento* ***ital.*** *risentimento*
rivalité *f*		***engl.*** *rivalry, rival* ***span.*** *rivalidad, rival, rivalizar* ***ital.*** *rivalità, rivale, rivaleggiare*
rival, e *m f et adj*	I. II.	
rivaliser (avec qn de qc)		

nazi, e *m f et adj*	I.	***engl.*** *Nazi, Nazism*
	II.	***span.*** *nazi, nacismo*
nazisme *m*		***ital.*** *nazista, nazismo*
national-socialisme *m*		***engl.*** *National Socialism*
national-socialiste *m f et adj*	I.	***span.*** *nacionalsocialismo, nacionalsocialista*
	II.	***ital.*** *nazionalsocialismo, nazionalsocialista*
rattachement *m* **d'un territoire**	Anschluss, Angliederung eines Gebiets	↔ attacher, attachement
rattacher un territoire à qc	ein Gebiet an etw. anschließen, angliedern	
rapports *m pl*	Beziehungen, Verhältnis *(Personen, Länder)*	• Merkel et Sarkozy **entretiennent-ils de bons rapports amicaux** ou **ont-ils des rapports tendus** ?
~s étroits/amicaux/ cordiaux (entre x et y)	enges/freundschaftliches/ herzliches Verhältnis (zw. x und y)	• **J'ai de bons rapports avec** mes parents.
avoir de bons ~s avec qn	ein gutes Verhältnis zu jm. haben	• La recherche médicale **a établi un rapport étroit entre** la cigarette et le cancer du poumon.
entretenir de bons ~s avec qn	gute Beziehungen zu jm. unterhalten	
créer/établir des ~s avec qn	zu jm. Beziehungen knüpfen, aufbauen	
avoir des ~s tendus avec qn	ein angespanntes Verhältnis zu/ mit jm. haben	***engl.*** *rapport*
établir un ~ (entre qc et qc)	eine Beziehung herstellen (zwischen etw. und etw.)	***ital.*** *rapporto*
rapport *m* **de force**	Kräfteverhältnis	***ital.*** *rapporto di forze*
~ de force économique/ militaire/ politique	wirtschaftliches/militärisches/ politisches Kräfteverhältnis	
créer un ~ de force	ein Kräfteverhältnis schaffen	
inverser le ~ de force	das Kräfteverhältnis umkehren	
rapprochement *m* **(avec qn)**	Annäherung, Verständigung (mit jm.)	↔ proche, approcher
~culturel/économique/ politique	kulturelle/wirtschaftliche/ politische Annäherung, Verständigung	• **Le rapprochement franco-allemand** connaît un premier point fort en 1963 avec le Traité de l'Élysée.
engager un ~	eine Annäherung, Verständigung beginnen, einleiten	• En 1971, Willy Brandt a obtenu le prix Nobel de la paix pour sa **politique de rapprochement** entre l'Allemagne de l'Ouest et les pays communistes de l'Est.
faire un ~ (avec/entre qc)	einen Zusammenhang, Verbindung herstellen (mit/ zwischen etw.)	• Lorsque des cimetières juifs ont été dévastés en France, certains n'ont pas pu s'empêcher de **faire le rapprochement avec** l'Allemagne nazie.
rapprocher des personnes	Leute einander näher bringen, zusammenbringen	
se ~	sich annähern, sich näher kommen	
se ~ de qn	jm. näher kommen, sich jm. annähern	
traité *m*	Vertrag	• **Le Traité de l'Élysée** signé le 22 janvier 1963 donne naissance au couple franco-allemand.
~ bilatéral	bilateraler Vertrag	
conclure un ~ bilatéral	einen bilateralen Vertrag schließen	
°~ de l'Élysée	dt.-frz. Freundschaftsvertrag	***engl.*** *treaty*
		span. *tratado*
		ital. *trattato*

RDA *f* en ~ l'ancienne ~ dans l'ancienne ~	DDR in der DDR die ehemalige DDR in der ehemaligen DDR	↔ République Démocratique Allemande ***engl.*** *GDR = German Democratic Republic* ***span.*** *RDA = República Democrática Alemana* ***ital.*** *RDT = Repubblica Democratica Tedesca*
RFA *f* en ~	BRD in der BRD	↔ République fédérale d'Allemagne ***engl.*** *Federal Republic of Germany* ***span.*** *República Federal Alemana* ***ital.*** *Repubblica Federale di Germania*
réconciliation *f* esprit *m* de ~ **favoriser la ~** sceller la ~ se réconcilier (avec qn)	Ver-, Aussöhnung Versöhnungsbereitschaft die Versöhnung fördern, unterstützen die Versöhnung besiegeln sich ver-, aussöhnen (mit jm.)	↔ konziliant • La fondation de l'OFAJ est certainement une initiative qui **a favorisé la réconciliation entre** les jeunes allemands et français. ***engl.*** *reconciliation, reconcile* ***span.*** *reconciliar, reconciliación* ***ital.*** *riconciliazione, riconciliare*
OFAJ *m*	deutsch-französisches Jugendwerk	• OFAJ = office franco-allemand pour la jeunesse
rencontre *f* faire la ~ de qn organiser une ~ **aller/venir à la ~ de qn** rencontrer qn **~ des difficultés** se ~	Treffen, Begegnung js. Bekanntschaft machen ein Treffen arrangieren jm. entgegengehen/-kommen jn. treffen, begegnen auf Schwierigkeiten stoßen sich treffen, begegnen	• Konrad Adenauer **est allé à la rencontre** du gouvernement français. • Dans les relations franco-allemandes depuis 1945, on **a rencontré quelques difficultés à** se mettre d'accord sur tous les projets. ***span.*** *encontrar, encuentro* ***ital.*** *incontro, incontrare*
échange *m* ~ scolaire **~s commerciaux** **intensifier les ~s** commerciaux **en ~** *adv* **en ~ de qc** *prép* échanger qc (contre qc) ~ quelques mots	(Aus-)Tausch Schüleraustausch Handelsverkehr den Handelsverkehr ausbauen als Gegenleistung, dafür als Gegenleistung für etw. etw. (aus-)tauschen (gegen etw.) ein paar Worte wechseln	• Peu à peu, la France et l'Allemagne **ont intensifié leurs échanges commerciaux**. • Ok, je fais la cuisine et **en échange** tu fais la vaisselle après. • Il m'apprend à jouer de la guitare **en échange de** quelques cours de maths. ***engl.*** *exchange*

exporter qc		***engl.*** *export, exportation, import, importation* ***span.*** *exportar, exportación, importar, importación* ***ital.*** *esportare, esportazione, importare, importazione*
exportation *f*		
export *m*		
importer qc		
importation *f*		
import *m*		
ami, e *m f*	Freund	• Je n'aime pas les profs qui te parlent comme si **on était amis** depuis longtemps. • Rencontres : Maman, célibataire, 3 enfants, cherche à **se lier d'amitié avec** d'autres mamans. • **Je suis ennemie de** ces extrémistes de droite qui n'ont toujours rien compris. • Les extrémistes de droite **sont ennemis de** l'ordre social établi.
~ d'enfance	Jugendfreund	
~ de longue durée	langjähriger Freund	
se faire des ~s	Freunde gewinnen	
être (très) ~ avec qn	mit jm. (eng) befreundet sein	
ce sont de grands ~s	sie sind dicke Freunde	
amitié *f*	Freundschaft	
~ sincère	aufrichtige Freundschaft	
par ~	aus Freundschaft	
se lier d'~ avec qn	sich mit jm. anfreunden, Freundschaft schließen	
prendre qn en ~	jn. lieb gewinnen, ins Herz schließen	
amical, e *adj*	freundschaftlich	
amicalement *adj*	freundschaftlich, mit herzlichem Gruß *(Briefende)*	***engl.*** *amity, enemy, enmity* ***span.*** *amigo, amistad, amistoso, enemigo, enemistad* ***ital.*** *amico, amicizia, amichevole, amichevolmente, nemico, inimicizia*
ennemi, e *m f et adj*	I. Feind, Gegner II. feindlich, gegnerisch	
~ héréditaire	Erbfeind	
~s déclarés	erklärte Feinde	
se faire des ~s	sich Feinde machen, schaffen	
passer à l'~	zum Feind überlaufen	
être ~ de qc/qn	einer Sache/jm. Feind sein	
inimitié *f (rech.)*	Feindschaft	
entente *f*	Verständigung	↔ s'entendre bien/mal avec qn
l'°~ franco-allemande	die dt.-frz. Verständigung	***span.*** *entendimiento* ***ital.*** *entente*
chaîne *f* **de télévision**	Fernsehkanal	***engl.*** *TV channel* ***ital.*** *canale televisivo*
ARTE *f*	ARTE	• **ARTE** = association relative à la télévision européenne • **ARTE**, fondée le 02 octobre 1990, est une chaîne de télévision franco-allemande.
diffuser une émission	eine Sendung ausstrahlen, übertragen	
diffusion *f*	Ausstrahlung, Übertragung	
~ en direct	Live-, Direktübertragung	
unification *f* **(d'un pays)**	(Ver-)Einigung (eines Landes)	↔ die Union ↔ une réunion ; réunir
réunification *f*	Wiedervereinigung	
unifier un pays	ein Land einigen	***engl.*** *unification,reunification, unify, reunify, reunite, unite, united* ***span.*** *unificación, reunificación, unificar, unido, reunido* ***ital.*** *unificazione, riunificazione, unificare, riunificare, unito, riunito*
réunifier qc	etw. wieder vereinigen	
uni, e *adj*	vereint, vereinigt	
réuni, e *adj*	wieder vereinigt, vereint	

mur *m*	Mauer	• La nuit dernière, ma fille de 16 ans **a fait le mur** pour aller chez son copain.
chute *f* du ~ (de Berlin)	Mauerfall (von Berlin)	
faire le ~ *(fam.)*	1. eine Mauer bilden *(Sport)* 2. heimlich, unerlaubt weggehen	
mural, e *adj*	Mauer-, Wand-	***span.*** *muro, mural, amurallar, muralla* ***ital.*** *muro, murario, murare*
murer qc	etw. mauern, ver-, zu-	
muret *m* / murette *f*	niedrige Mauer, Mäuerchen	
muraille *f*	(Stadt-, Befestigungs-)Mauer	
la Grande °~ de Chine	die Chinesische Mauer	
jumelage *m*	Städtepartnerschaft	↔ jumeau/jumelle = Zwilling • La ville de Paris **est jumelée avec** Berlin.
villes *f pl* jumelées	Partnerstädte	***ital.*** *gemellaggio*
filière *f*	Ausbildungs-, Studiengang	
~ bilingue	bilingualer Zweig	
AbiBac *m*	dt.-frz. Abitur	
passer l'~	das dt.-frz. Abitur machen	
méfiance *f* **(envers/à l'égard de)**	Misstrauen (gegenüber)	• Au début, le réarmement allemand **a suscité la méfiance de** la France. • **Méfie-toi**, il y a des voleurs partout dans le métro. • **Méfie-toi**, si tu fais vraiment ça, je ne te parlerai plus.
éveiller la ~ de qn	js. Misstrauen wecken	
susciter la ~ de qn	js. Misstrauen hervorrufen	
avec ~	misstrauisch	
considérer qc avec ~	etw. misstrauisch betrachten	
méfiant, e *adj* (envers/à l'égard de)	misstrauisch (gegenüber)	
rendre qn ~	jn. misstrauisch machen	
se méfier de qc/qn	1. etw./jm. misstrauen 2. sich vor etw./jm. hüten, vorsehen	
fonder qc	etw. (be-)gründen, ins Leben rufen	• L'amitié franco-allemande **est fondée sur** le Traité de l'Elysée de 1963.
fondé, e *adj*	begründet, gerechtfertigt	
être ~ *adj* sur qc	auf etw. beruhen, basieren	
fondation *f*	(Be-)Gründung	***engl.*** *to found, foundation* ***span.*** *fundar, fundación* ***ital.*** *fondare, fondazione*
université *f*		• http://www.dfh-ufa.org/fr
°~ franco-allemande		***engl.*** *university* ***span.*** *universidad* ***ital.*** *università*

Europe *f*		• **Site Internet de l'Union Européenne** : http:// ec.europa.eu/france/ index_fr.htm • **Info concernant l'Europe** : http://www.touteleurope.fr
en °~ de l'Est	in Ost~	
Européen, ne *m f*		
européen, ne *adj*		
Commission *f* ~ne		
Parlement *m* ~		
Banque *f* centrale ~ne		
européaniser qc		***engl.*** *Europe, European* ***span.*** *Europa, europeo* ***ital.*** *Europa, europeo*
s'~		
européanisme *m*	Europäertum, europäischer Charakter	
euroscepticisme *m* [ørosɛptisism(ə)]		
eurosceptique *m f et adj*	I. II.	
Communauté *f* européenne du charbon et de l'acier (CECA)	Europäische Gemeinschaft für Kohle und Stahl, Montanunion	***engl.*** *European Coal and Steal Community* ***span.*** *Comunidad Europea del Carbón y del Acero (CECA)* ***ital.*** *Comunità europea del carbone e dell'acciaio*
Communauté *f* économique européenne (CEE)	europäische Wirtschaftsgemeinschaft	***engl.*** *European Economic Community* ***span.*** *Comunidad Económica Europea* ***ital.*** *Comunità economica europea*
confédération *f*	Staatenbund	***engl.*** *confederation, confederate, confederal* ***span.*** *confederación, confederal, confederarse* ***ital.*** *confederazione, confederale, confederare*
États *m pl* confédérés	verbündete, zusammengeschlossene Staaten	
confédéral, e *adj*	des, eines Staatenbundes	
confédérer	konföderieren, sich durch ein Bündnis vereinigen	
monnaie *f*	Währung	• Je (ne) sais pas si **c'est monnaie courante** ce genre de choses, mais moi je (ne) peux pas m'y faire.
~ nationale	Landeswährung	
~ étrangère	ausländische, fremde Währung	
~ unique	Einheitswährung	
~ forte	harte Währung	
fausse ~	Falschgeld	***span.*** *moneda, monetario* ***ital.*** *moneta (anche: valuta), monetario (anche: valutario)*
c'est ~ courante *(fam.)*	das ist gang und gäbe, so üblich	
monétaire *adj*	Währungs-, Geld-	
union *f* ~	Währungsunion	
marché *m* ~	Geldmarkt	
Traité *m* de Rome	Römische Verträge	• **Le Traité de Maastricht** signé le 07 février 1992 a donné naissance à l'Union européen. De ce fait, on l'appelle également « **traité sur l'Union européenne** ».
~ de Maastricht	Vertrag von Maastricht	***engl.*** *Treaties of Rome* ***span.*** *Tratados de Roma* ***ital.*** *Trattati di Roma*
marché *m* commun européen	gemeinsamer Europäischer Binnenmarkt	***engl.*** *European Single Market* ***span.*** *Mercado Común Europeo* ***ital.*** *mercato comune europeo*

Français	Deutsch	Beispiele / andere Sprachen
liberté de circulation	(Reise-)Freizügigkeit	***span.*** *libertad de circulación* ***ital.*** *libertà di circolazione*
membre *m*	Mitglied, Angehöriger	***engl.*** *member*
État/pays ~	Mitgliedsstaat, Mitgliedsland	***span.*** *miembro* ***ital.*** *membro*
libre-échange *m*	Freihandel	
zone *f* de ~	Freihandelszone	
douane *f*	Zoll	• Avez-vous quelque chose à **déclarer** ?
passer à la ~	durch den Zoll gehen	
déclarer qc à la ~	etw. verzollen	
droit *m* de ~	Zoll *(Gebühr)*	***span.*** *aduana, aduanero*
douanier, ère *m et adj*	I. Zollbeamter II. Zoll-	***ital.*** *dogana, doganiere, doganale*
abolir les restrictions *f pl* ~ères	die Zollbeschränkungen aufheben	
résolution *f*	Beschluss	• Le gouvernement français **s'est résolu à** ne plus faire de référendum sur le traité européen.
adopter une ~	einen Beschluss annehmen	
appliquer les ~s	die Beschlüsse umsetzen, anwenden	
résoudre de faire qc	beschließen, etw. zu tun	
se ~ à faire qc	sich entschließen, etw. zu tun	***engl.*** *resolution, resolve* ***span.*** *resolución, resolver* ***ital.*** *risoluzione, risolvere*
politique *f et adj* (→ 1.2)	I. II.	• La Banque centrale européenne **définit les grandes lignes de la politique monétaire**.
~ agricole	Landwirtschafts~	
définir la ~ monétaire	die Währungspolitik festlegen, bestimmen	
politicien *m*		***engl.*** *politics, politicians* ***span.*** *política, político* ***ital.*** *politica, politico*
stabilité *f*		• Face à la crise financière, faut-il **suspendre le pacte de stabilité et de croissance** ?
~ monétaire	Währungs~	
assurer la ~	die ~ gewährleisten	
maintenir la ~	die ~ aufrechterhalten	
pacte *m* **de ~ et de croissance**	~s- und Wachstumspakt	***engl.*** *stability, monetary stability, stabilize, stabilization, stable*
stabilisation *f*		***span.*** *estabilidad, estabilitación, estabilizar, estable*
stabiliser qc		
stable *adj*		***ital.*** *stabilità, stabilizzazione, stabilizzare, stabile*
monnaie *f* ~	~ Währung	
institution *f*		***engl.*** *institution, institutional, institutionalization, institutionalize*
institutionnel, le *adj*		***span.*** *institución, institucional, institucionalización, institutionalizar*
institutionnalisation *f*		***ital.*** *istituzione, istituzionale, istituzionalizzazione, istituzionalizzare*
institutionnaliser qc		

Conseil *m* **européen**	Europäischer Rat	• Site Internet du **Conseil européen** : http://europa.eu/european-council/index_fr.htm
°~ des ministres	Ministerrat	
		engl. *European Council* ***span.*** *Consejo europeo* ***ital.*** *Consiglio europeo*
cour *f*	Hof	***span.*** *corte* ***ital.*** *corte*
°~ *f* de justice	Gerichtshof	
euro *m* *(pluriel : euros)*		***engl.*** *euro, cent* ***span.*** *euro, céntimo* ***ital.*** *euro, centesimo*
avènement de l'~	Einführung des ~	
zone *f* ~	Eurozone, Euroraum	
centime *m*	(Euro-)Cent	
croissance *f*	Wachstum	• La Chine **connaît une forte croissance** depuis quelques années.
~ économique	Wirtschaftswachstum	
favoriser la ~	das Wachstum fördern, ankurbeln	
connaître une ~ + ADJ	ADJ + wachsen	***span.*** *crecimiento, creciente, crecer* ***ital.*** *crescita, crescente*
être en ~	wachsen, im Wachstum sein	
la ~ s'accélère	das Wachstum zieht an	
la ~ ralentit	das Wachstum verlangsamt sich	
freiner la ~	das Wachstum bremsen, drücken	
favorable à la ~	wachstumsfördernd	
défavorable à la ~	wachstumshemmend	
croissant, e *adj*	wachsend, steigend, zunehmend	
croître en qc *(participe passé : crû, crue)*	an etw. wachsen, zunehmen, sich steigern	
accroître qc	etw. vermehren, vergrößern, steigern	
accroissement *m*	Zunahme, Vergrößerung, Steigerung	
déficit *m*		• Le Conseil européen peut prendre des sanctions, si un État membre **dépasse le critère de déficit public** fixé à 3 % du PIB.
~ public	Staats~, Staatsverschuldung	
~ budgétaire	Haushalts~	
être en ~	ein ~ aufweisen	
déplorer un ~ (de x millions)	ein ~ beklagen (von x Millionen)	
déficitaire *adj*		***engl.*** *deficit* ***span.*** *déficit, deficitario* ***ital.*** *deficit, deficitario*
affaire *f* ~	Verlustgeschäft	
moteur *m*	Motor	***span.*** *motor* ***ital.*** *motore*
compromis *m*		***engl.*** *compromise* ***span.*** *compromiso* ***ital.*** *compromesso*
faire un ~	einen ~ schließen	
prêt, e à faire un ~	~bereit sein	
partenaire *m*	Partner	• Angela Merkel propose un **partenariat privilégié** comme alternative à l'adhésion de la Turquie à l'Union Européenne.
~ social	Tarifpartner	
partenariat *m*	Partnerschaft	
~ privilégié	privilegierte Partnerschaft	
		engl. *partner, partnership* ***span.*** *partenaire* ***ital.*** *partner, partenariato*

souveraineté *f*		***engl.*** *sovereignty* ***span.*** *soberanía* ***ital.*** *sovranità*
État *m* souverain	~ Staat	
élargissement *m* **à l'Est**	Osterweiterung	↔ large = weit, breit
~ de l'Europe	Erweiterung Europas	
élargir qc	etw. erweitern, vergrößern	***engl.*** *enlargement, enlarge* ***ital.*** *allargamento all'est, allargare*
Turquie *f* Turc *m*, Turque *f* turc, turque *adj*		***engl.*** *Turkey, Turk, Turkish* ***span.*** *Turquía, turco* ***ital.*** *Turchia, turco*
entrée *f* **dans l'Union Européenne**	Beitritt zur Europäischen Union	***span.*** *entrada en la Unión Europea* ***ital.*** *entrata nell'Unione Europea*
repousser l'~ de qn dans l'Union	js. Beitritt in die Europäische Union aufschieben	
adhésion *f* **(à qc)**	Beitritt	***engl.*** *adherent* ***span.*** *adhesión, adherente, adherir(se),* ***ital.*** *adesione, aderire*
pays *m* candidat à l'~	Beitrittskandidat	
faire une demande *f* d'~	einen Beitrittsantrag stellen, einreichen	
déclaration *f* d'~	Beitrittserklärung	
négociations *f pl* d'~	Beitrittsverhandlungen	
engager des négociations d'~	Beitrittsverhandlungen aufnehmen	
adhérent, e *m f*	Mitglied	
adhérer à l'UE	der EU beitreten	
espace *m* **Schengen**	Schengenraum	• Le **premier accord Schengen** a été signé le 14 juin 1985.
dans l'~	im Schengenraum	
entrer dans l'~	in den Schengenraum einreisen	***engl.*** *Schengen area* ***span.*** *espacio Schengen* ***ital.*** *spazio di Schengen*
frontière *f*	Grenze	***engl.*** *frontier* ***span.*** *frontera, fronterizo* ***ital.*** *frontiera, frontaliere*
passer la ~	über die Grenze gehen/fahren	
ouverture *f* des ~s	Grenzöffnungen	
frontalier, ère *adj*	Grenz-	
visa *m*		***engl.*** *visa* ***span.*** *visado* ***ital.*** *visto*
obtenir un ~	ein ~ bekommen	
délivrer un ~	ein ~ ausstellen	

La France dans le monde – 3. La francophonie

France *f*	
français, e *m et adj*	
Français, e *m f*	
francophonie *f*	französischsprachige Gemeinschaft, Frankophonie
Francophonie *f*	Gesamtheit des Bundes der Staaten die Französisch verwenden
franco-... *adj*	französisch-...
relations *f pl* franco-allemandes	deutsch-französische Beziehungen
francophone *m f et adj*	I. Französischsprachiger II. französischsprachig
francophile *m f et adj*	I. Frankophiler, Frankreichliebhaber II. frankophil, frankreichliebend
francophobe *m f et adj*	I. Frankophober, Frankreichfeindlicher II. frankophob, frankreichfeindlich
Franconie *f*	Franken
Franconien, ne *m f*	I. Franke
franconien, ne *m f*	II. fränkisch

- **Site Internet de la Francophonie** : www.francophonie.org

engl. *France, French, Francophile, francophone, Franconia, Franconian*
span. *Francia, francés, francófono, francófilo, francófobo, Franconía, franco*
ital. *Francia, francese, francofono, francofilo, francofobo, Franconia, franco*

espace *m*	Raum *(nicht im Sinne von „Zimmer")*
~ linguistique	Sprachraum
dans l'~ francophone	im französischsprachigen Raum

span. *espacio*
ital. *spazio*

communauté *f*	Gemeinschaft
~ d'intérêts	Interessengemeinschaft
former une ~ d'intérêts	eine Interessengemeinschaft bilden
commun, e *adj*	gemeinsam, Gemeinschafts-
en ~ *adj et adv*	gemeinsam, zusammen, Gemeinschafts-
travailler en ~	gemeinsam, zusammen arbeit
travail *m* en ~	Gemeinschaftsarbeit
avoir un point ~ avec qn	mit jm. etw. gemeinsam haben

↔ la commune, communal
- Pas la peine de me comparer à lui, on n'a **rien en commun**.
- Le voyage scolaire a été préparé **en commun** par toute la classe.

engl. *community, common*
span. *comunidad, común*
ital. *comunità, comune*

monde *m*	Welt
dans le ~ entier	in der ganzen Welt
parcourir le ~	die Welt bereisen
aller avec qn au bout du ~	mit jm. durch Dick und Dünn gehen
tout le ~	jeder, alle
Monsieur Tout-le-~	der Otto Normalverbraucher
Tiers-Monde *m*	dritte Welt
dans le Tiers-~	in der dritten Welt
tiers-mondiste *adj*	sich mit der dritten Welt solidarisierend
Quart-Monde *m*	vierte Welt
mondial, e *adj*	Welt-, weltweit
mondialisation *f*	Globalisierung

- Bien qu'elle soit chancelière, Angela Merkel fait ses courses au supermarché comme **Madame Tout-le-monde.**

span. *mundo, mundial, tercer mundo, cuarto mundo*
ital. *mondo, mondiale, Terzo mondo, Quarto mondo*

ONU *f* **(Organisation des Nations Unies)**	UNO	• **Site Internet de l'ONU** : www.onu.fr ***engl.*** *UNO (United Nations Organization)* ***span.*** *ONU (Organización de las Naciones Unidas)* ***ital.*** *ONU (Organizzazione delle Nazioni Unite)*
OIF *f* **(Organisation internationale de la Francophonie)**	internationale Organisation, Instanz der Frankophonie	• Abdou Diouf, ancien président du Sénégal, est le secrétaire général actuel de l'**OIF**.
sommet *m*	Gipfel(treffen)	***engl.*** *summit* ***ital.*** *sommità*
promouvoir qc promotion *f*	etw. fördern Förderung	***engl.*** *promote, promotion* ***span.*** *promover, promoción* ***ital.*** *promuovere, promozione*
TV 5 Monde	frankophone Fernsehstation	
journée internationale de la Francophonie	internationaler Tag der Frankophonie	• La **journée internationale de la Francophonie** a lieu tous les 20 mars.
d'outre-mer *adj* département *m* ~ (= D.O.M.) territoire *m* ~ (= T.O.M.) collectivité *f* ~ (=C.O.M.)	Übersee-, in Übersee überseeisches Departement überseeisches Territorium überseeische Gebietskörperschaft	• **Les départements et régions d'outre-mer** (la Réunion, la Guyane, la Martinique, la Guadeloupe) ont le même statut que les départements et les régions de la France métropolitaine et font partie de l'Union Européenne. ***span.*** *ultramar* ***ital.*** *oltremare*
coopération *f* en ~ avec qn **renforcer la ~** coopératif, ve *adj* coopérateur, trice *m f* coopérer à qc coopérant, e *m f*	 die Zusammenarbeit intensivieren, weiter ausbauen an etw. mitarbeiten, mitwirken Entwicklungshelfer	• Les États francophones tendent à **renforcer leur coopération** sur les plans économique, culturel et scientifique. ***engl.*** *cooperation, cooperative, cooperator, cooperate* ***span.*** *cooperación, cooperativo, cooperativista, cooperar* ***ital.*** *cooperazione, cooperativo, cooperatore, cooperare*
relations *f pl* être en ~(s) avec qn entrer en ~(s) avec qn mettre qn en ~(s) avec qn **entretenir des ~s avec qn** avoir de bonnes ~ avec qn	Beziehungen, Verbindung(en) mit jm. in Verbindung stehen, zu jm. Beziehungen haben mit jm. in Verbindung treten, zu jm. Beziehungen aufnehmen Beziehungen, eine Verbindung zw. jm. und jm. herstellen Beziehungen zu jm. unterhalten ein gutes Verhältnis zu jm. haben	• La France **entretient des relations économiques privilégiées avec** ses anciennes colonies. ***engl.*** *relation* ***span.*** *relación* ***ital.*** *relazione*

colonie *f* (→ 3.3)		***engl.*** *colony, decolonize, decolonization*
fonder des ~s	~ gründen	***span.*** *colonia, descolonización, descolonizar*
décolonisation *f*		***ital.*** *colonia, decolonizzazione, decolonizzare*
décoloniser un pays	ein Land ~	
aide *f*	Hilfe, Beistand	↔ finanziell = financier, ère !
~ financière	finanzielle Hilfe	• Vous pouvez faire la traduction **à l'aide d**'un dictionnaire.
accorder une ~ financière à qn	jm. finanzielle Hilfe gewähren	• J'ai préparé mon exposé **avec l'aide de** mon grand frère.
à l'~ de qc	mithilfe von, mittels etw. *(Sachen)*	• Elle **est venue en aide à** un enfant qui était tombé dans la piscine.
avec l'~ de qn	mit js. Hilfe, Unterstützung *(Person)*	
appeler (qn) à l'~	(jn.) um Hilfe rufen	
apporter son ~ à qn	jm. Hilfe, Beistand leisten	
venir en ~ à qn	jm. zur Hilfe kommen	
aide *m f*	Helfer, Gehilfe	***engl.*** *aid*
aider qn à faire qc	jm. helfen etw. zu tun	***span.*** *ayuda, ayudar*
~ qn dans qc	jm. bei/in etw. helfen	***ital.*** *aiuto, aiutante, aiutare*
~ à qc	zu etw. beitragen, einer Sache dienlich/förderlich sein	
s'entraider	sich gegenseitig helfen	
pays *m* (→ 2.1)	I. Land II. Heimat, Vaterland	***span.*** *país* ***ital.*** *paese*
~ en (voie de) développement	Entwicklungsland	
imposer qc à qn	jm. etw. aufzwingen, auferlegen	***engl.*** *impose*
s'~ qc (de faire qc)	sich etw. auferlegen, zur Pflicht machen (etw. zu tun)	***span.*** *imponer* ***ital.*** *imporre*
passé *m*	Vergangenheit	***engl.*** *past*
assumer le ~	die Vergangenheit akzeptieren	***span.*** *pasado* ***ital.*** *passato*
racine *f*	Wurzel	***span.*** *raíz*
avoir de profondes ~s dans un pays	in einem Land fest verwurzelt sein	***ital.*** *radice*
prendre ~	Wurzeln schlagen	
identité *f*		***engl.*** *identity, identify, identical, identifiable*
identifier qc/qn		***span.*** *identidad, identificarse, idéntico, identificable*
identique *adj*		***ital.*** *identità, identificare, identico, identificabile*
identifiable *adj*		
continent *m*		***engl.*** *continent, continental*
continental, e *adj*		***span.*** *continente, continental* ***ital.*** *continente, continentale*
expansion *f*	~, Ausdehnung, Ausweitung	***engl.*** *expansion* ***span.*** *expansión* ***ital.*** *espansione*

langue *f*	Sprache	• Tous ceux qui **ont acquis une première langue romane** en profitent pour en apprendre une deuxième.
maîtriser une ~	eine Sprache beherrschen	
maîtrise *f* d'une ~	Beherrschung einer Sprache	
acquérir une ~	eine Sprache erwerben	
acquisition *f* d'une ~	Spracherwerb	
~ maternelle	Muttersprache	***engl.*** *language, monolingual, bilingual, multilingual*
~ officielle	offizielle Sprache, Staats-~	***span.*** *lengua, lenguaje, lingüístico, monolingüe, bilingüe, multilingüe*
~ administrative	Verwaltungssprache	***ital.*** *lingua, linguaggio, monolingue, bilingue, plurilingue*
~ d'enseignement	Unterrichtssprache	
~ de travail	Arbeitssprache	
~ véhiculaire	Verkehrssprache	
~ majoritaire	Mehrheitssprache	
langagier, ère *adj*	sprachlich	
langage *m*	Sprache, Rede-, Sprechweise	
~ populaire	Volkssprache, Volksmund	
monolingue *adj*	einsprachig	
monolinguisme *m*	Einsprachigkeit	
bilingue *adj*	zweisprachig	
bilinguisme *m*	Zweisprachigkeit	
multilingue *adj*	mehrsprachig	
multilinguisme *m*	Mehrsprachigkeit	
Suisse *f*	Schweiz	***engl.*** *Switzerland, Swiss*
en ~ romande	in der französischsprachigen Schweiz	***span.*** *Suiza, suizo* ***ital.*** *Svizzera, svizzero*
Suisse *m*, Suissesse *f*	Schweizer	
suisse *adj* *(invariable)*	schweizerisch	
Wallonie *f*	Wallonie	***engl.*** *Wallonia, Walloon*
Wallon, ne *m f*	Wallone	***span.*** *valón, valona*
wallon, ne *adj*	wallonisch	
statut *m*	Status, Stellung	***engl.*** *status* ***span.*** *estatus* ***ital.*** *stato*
communication *f*		***engl.*** *communication, communicative, communicate*
engager la ~ avec qn	mit jm. ein Gespräch beginnen	***span.*** *comunicación, comunicar, comunicativo*
communicatif, ve *adj*		***ital.*** *comunicazione, comunicativo, comunicare*
communiquer avec qn		
enrichissement *m*	Bereicherung	→ riche, la richesse
expérience *f* enrichissante	bereichernde, Gewinn bringende Erfahrung	***engl.*** *enrichment, enrich*
enrichir qc de qc	etw. um etw. bereichern	***span.*** *enriquecimiento, enriquecer*
~ son vocabulaire	seinen Wortschatz erweitern	***ital.*** *arricchimento, arricchire*
rayonnement *m*	Ausstrahlung, Wirkung, Verbreitung *(Person, Gesellschaft, Sprache)*	↔ le rayon = (Licht-)strahl • La Francophonie est soucieuse d'assurer la présence et **le rayonnement du français** dans le monde entier.
rayonner	ausstrahlen, verbreitet sein, wirken	
il rayonne de joie	er strahlt vor Freude	
usage *m*	Gebrauch, Verwendung	***engl.*** *usage, use, user*
~ du français	Sprachgebrauch des Französischen	***span.*** *uso, usuario* ***ital.*** *uso, utente*
l'~ du français recule	der Sprachgebrauch des Französischen geht zurück, nimmt ab	
usager *m*	Nutzer, Benutzer	

La France dans le monde – 3. La francophonie

diversité *f*	Vielfalt, Verschiedenheit	***engl.*** *diversity, diverse, diversify*
divers, e *adj*	1. vielfältig, verschiedenartig 2. divers, unterschiedlich	***span.*** *diversidad, diverso, diversificar*
diversifier qc	etw. vielseitiger machen, abwechslungsreicher gestalten	***ital.*** *diversità, diverso, diversificare*
diversifié, e *adj*	vielfältig, divers, verschieden	
parler (le) français	französisch sprechen	***ital.*** *parlare, parlante*
~ à/avec qn	mit jm. sprechen, reden	
~ de qc	von jm., über jn. sprechen, reden	
beau parleur *m*	Schönredner, Schwätzer	
locuteur, trice *m f*	Sprecher	
~ natif	Muttersprachler	
Québec *m*	Quebec *(Stadt und Provinz)*	***engl.*** *Quebec*
au ~	in Quebec *(Provinz)*	***span.*** *Quebec, quebequense/qués*
à ~	in Quebec *(Stadt)*	***ital.*** *Quebec*
québécois, e *adj*	von Quebec	
Québécois, e *m f*	Quebecer *(Stadt und Provinz)*	
Maghreb *m*	Maghreb	***engl.*** *Maghrib/Maghreb*
maghrébin, e *adj*	des Maghreb, maghrebinisch	
Maghrébin, e *m f*	Nordafrikaner	
Afrique *f*		***engl.*** *Africa, African*
africain, e *adj*		***span.*** *Africa, africano*
Africain, e *m f*		***ital.*** *Africa, africano*
Algérie *f*		***engl.*** *Algeria, Algerian*
algérien, ne *adj*		***span.*** *Argelia, argelino*
Algérien, ne *m f*		***ital.*** *Algeria, algerino*

élève *m f*	Schüler *(alle Schularten)*
~ appliqué, e	fleißiger Schüler
~ dissipé, e	undisziplinierter Schüler

école *f*	Schule
~ maternelle	Kindergarten, Vorschule
~ primaire	Grundschule
~ publique	staatliche Schule
~ privée	Privatschule
~ libre	Konfessionsschule
grande ~	Elitehochschule
aller à l'~	in die/zur Schule gehen
sécher l'~	die Schule schwänzen, blau machen
renvoyer qn de l'~	jn. von der Schule verweisen
manquer qc à l'~	etw. in der Schule versäumen
manquer l'~	in der Schule fehlen
écolier, ère *m f*	Grundschüler
scolaire *adj*	Schul-, schulisch
système *m* **~**	Schulsystem
année *f* ~	Schuljahr
programme *m* **~**	Lehrplan
établissement *m* ~	Unterrichts-, Bildungsanstalt
être en échec *m* **~**	in der Schule versagen
scolarité *f*	Schulzeit
~ obligatoire	Pflichtschulzeit
scolarisation *f*	Einschulung
scolariser qn	jn. einschulen
scolarisable *adj*	schulreif

- L'**école publique** est laïque et gratuite. En revanche, la majorité des **écoles privées** sont gérées par l'Église catholique et l'on parle aussi d'**écoles libres**.
- Contrairement à l'Allemagne, le **système scolaire français** est centralisé. De ce fait, les **programmes scolaires** ainsi que les épreuves du bac sont identiques dans toute la France.
- Il a été malade pendant deux semaines. Maintenant, il doit **rattraper tout ce qu'il a manqué à l'école**.
- Parfois, les **élèves en échec** voient l'école comme une punition.

engl. *school*
span. *esucela, escolar, escolaridad, escolarización, escolarizar*
ital. *scuola, scolaro, scolastico*

doigt *m*	Finger
lever le ~	sich melden, aufzeigen

ital. *dito*

cours *m*	1. Unterrichtsstunde 2. Kurs
~ préparatoire (= CP)	erste Grundschulklasse
~ élémentaire (= CE)	2. + 3. Grundschulklasse
~ moyen (= CM)	4. + 5. Grundschulklasse
~ renforcé/spécialité *f*	Leistungskurs
~ de base	Grundkurs
~ particulier/~ de rattrapage	Nachhilfe
donner des ~	unterrichten, Unterricht geben
faire un ~	eine Stunde geben, halten
avoir ~	Unterricht haben
suivre le ~	dem Unterricht folgen
en ~	im Unterricht
prendre des ~ particuliers / de rattrapage	Nachhilfe nehmen

↔ la cour = der Hof
↔ les courses = die Einkäufe
- Le prof d'histoire nous **a fait un cours intéressant** sur Napoléon.
- **J'ai cours** jusqu'à seize heures.
- Cet après-midi, j'**ai quatre heures de cours**.

engl. *course (nur 2.)*
ital. *corso (nur 2.)*

Société – 1. Le système scolaire français

classe *f*		• En France, les **classes** se comptent en sens inverse : 6e – 3e = collège ; 2nde – première – terminale = lycée • Tu es **en quelle classe** ? **En** cinquième.
salle *f* de ~	~zimmer	
délégué, e *m f* de ~	~sprecher	
conseil *m* de ~	Klassen-, Notenkonferenz	
redoubler une ~	eine ~ wiederholen	
apprendre qc en ~	etw. in der Schule lernen	
		engl. *class* ***span.*** *clase* ***ital.*** *classe*
laïc / laïque *adj*	bekenntnisneutral, -frei, konfessionslos	***span.*** *laico, laicización, laicizar, laicismo, laicidad* ***ital.*** *laico, laicizzazione, laicizzare, laicismo, laicità*
laïcisation *f*	Befreiung von religiöser, kirchlicher Bindung	
laïciser qc	etw. entkonfessionalisieren, bekenntnisneutral gestalten	
laïcisme *m*	Laizismus	
laïcité *f*	religiöse, bekenntnismäßige Neutralität des Staates, Trennung von Staat und Kirche	
classe *f* **préparatoire** (= prépa *fam.*)	zweijähriger Vorbereitungskurs für die Aufnahmeprüfung an den frz. Elitehochschulen (Grandes Écoles)	• J'**ai fait une prépa** et je te jure qu'il n'y a rien de pire. J'ai bossé à fond pendant deux ans.
être en prépa	in der „prépa" sein, eine „prépa" machen	
avoir fait une prépa	eine „prépa" besucht haben	
tableau *m*	Tafel	• Notre prof de maths **m'a fait passer au tableau** pour corriger les devoirs.
aller/passer au ~	an die Tafel kommen, abgefragt werden	
écrire qc au ~	etw. an die Tafel schreiben	
effacer le ~	die Tafel wischen	
interroger qn (sur qc)	jn. (über etw.) abfragen	***ital.*** *interrogare, interrogazione*
interrogation *f*	Abfrage	
devoir *m*	Schulaufgabe, Klassenarbeit	
~ sur table	Klausur	
devoirs *m pl*	Hausaufgaben	• Vous **avez des devoirs** pour demain ?
~(s) supplémentaire(s)	Strafarbeit, Zusatzaufgabe	
faire ses ~s	die/seine Hausaufgaben machen	
comme ~s	als Hausaufgabe	***span.*** *deberes*
contrôle *m*	Schulaufgabe, Klassenarbeit	
~ surprise	Extemporale, Stegreifaufgabe, unangekündigter Kurztest	

enseigner qc à qn	jm. etw. unterrichten, beibringen
~ le français	Französisch unterrichten, geben
enseignement *m*	1. Unterrichten 2. Schul-, Unterrichtswesen
~ public	staatliches Schulwesen
~ privé	Privatschulwesen
~ primaire/élémentaire	Grundschule
~ secondaire	Sekundarschulwesen
~ supérieur	Hochschulwesen
~ religieux	Religionsunterricht
~ de soutien	Förderunterricht
être dans l'~	im Schuldienst sein
enseignant, e *m f*	Lehrkraft, Lehrer

- L'**enseignement primaire** comprend trois cycles : le cours préparatoire (CP), les cours élémentaires (CE1 et CE2) et les cours moyens (CM1 et CM2).
- L'**enseignement secondaire** comprend le collège et le lycée.
- Quant à l'**enseignement supérieur**, l'on peut s'inscrire à l'université ou à l'IUT. On peut également tenter un des concours d'entrée des Grandes Écoles après un ou deux ans de classes préparatoires.

span. *enseñar, enseñanza*
ital. *insegnare, insegnamento, insegnante*

professeur *m f* (prof *fam.*)	1. Lehrer 2. Hochschullehrer, Dozent
~ de français	Französischlehrer
~ principal	Klassenlehrer
~ de lycée	Gymnasiallehrer
~ des écoles	Grundschullehrer
salle *f* des ~s	Lehrerzimmer
professorat *m*	höheres Lehramt, Lehrberuf

engl. *professor (nur 2.)*
span. *profesor, profesorado*
ital. *professore, professorato*

surveillant, e *m f*	Aufsichtsperson, Verantwortlicher für Ordnung und Disziplin
surveiller qn/qc	jn./etw. beaufsichtigen, die Aufsicht führen
surveillance *f*	Aufsicht, Beaufsichtigung
sans ~	unbeaufsichtigt

ital. *sorvegliante, sorvegliare, sorveglianza*

éducation *f*	1. Erziehung 2. Bildung
~ physique et sportive (= E.P.S.)	Sportunterricht
~ politique	politische Bildung
~ civique	Sozialkundeunterricht
~ sexuelle	Sexualkunde
~ des adultes	Erwachsenenbildung
système *m* d'~	Bildungssystem
avoir de l'~	gut erzogen sein
avoir reçu, e une bonne ~	eine gute Erziehung genossen haben
éducatif, ve *adj*	1. erzieherisch 2. bildend, pädagogisch (wertvoll)
film *m* ~	Lehrfilm
éducateur, trice *m f*	Erzieher
éducable *adj*	erziehbar
éduquer qn	jn. erziehen

engl. *education, educative, educator*
span. *educación, educar, educativo, educacional, educador, educable*
ital. *educazione, educativo, educatore, educabile, educare*

épreuve *f* **écrite/orale**	schriftliche/mündliche Prüfung
mettre qn à l'~	jn. auf die Probe stellen

7 Société – 1. Le système scolaire français

examen *m* (exam *fam.*)	Prüfung, Klausur	• Comme il **avait planté plusieurs examens**, il a dû **se présenter à l´examen de rattrapage/se présenter aux rattrapages**. • Youpi, je **suis reçue** au bac. • Phuu, il me reste **les maths à bosser** et je n'y comprends rien.
~ d'entrée	Aufnahmeprüfung	
~ de rattrapage	Versetzungs-, Nachprüfung	
passer un ~	eine Prüfung machen, ablegen	
échouer à un ~	bei einer Prüfung durchfallen	
réussir un ~/**être reçu, e** à un ~	eine Prüfung bestehen	
planter un ~ *(fam.)*	eine Prüfung in den Sand setzen	
bosser un ~ *(fam.)*	für eine Prüfung büffeln	
examinateur, trice *m f*	Prüfer	
examiner qc	etw. prüfen, untersuchen	***engl.*** *exam, examiner, examine* ***span.*** *examen, examinar, examinante* ***ital.*** *esame, esaminatore, esaminare*
baccalauréat *m* (bac *fam.*)	Abitur	• Pour **passer le bac**, l'on choisit une des sections proposées : **bac scientifique (bac S)**, **bac littéraire (bac L)** ou **bac économique et social (bac ES)**.
~ professionnel (bac pro *fam.*)	Fachabitur	
passer le/son ~	das Abitur machen	
rater/louper son ~	durch das Abitur fallen	
avoir son ~ avec mention « très bien »	das Abitur mit „sehr gut" bestehen	
bac + 3	Abitur und 3-jährige Ausbildung/ Studium	***span.*** *bachillerato*
candidat, e *m f* au ~	Abiturient *(vor der Prüfung)*	
bachelier, ère *m f*	Abiturient *(nach Bestehen)*	
section *f*	Fachrichtung, Zug	• L'école maternelle en France est divisée en **petite, moyenne et grande section**.
lecture *f*	1. Lesen 2. Lektüre	***span.*** *lectura, lector, leer, legible, leíble, ilegible* ***ital.*** *lettura, lettore, leggere, leggibile, illeggibile*
faire la ~ à qn	jm. vorlesen	
lecteur, trice *m f*	1. Leser 2. Vorleser	
lire qc	etw. lesen	
~ qc à qn	jm. etw. vorlesen	
~ qc à haute voix	etw. laut vorlesen	
~ pour soi/en silence	still lesen	
lisible *adj*	lesbar, leserlich	
illisible *adj*	unlesbar, unleserlich	
cycle *m*	Stufe, Abschnitt	***span.*** *ciclo* ***ital.*** *ciclo*
premier ~	Grundstudium	
second ~	Hauptstudium	
troisième ~	Aufbau-/Promotionsstudium	
matière *f*	Unterrichtsfach	***ital.*** *materia*
~ principale	Hauptfach	
~ secondaire	Nebenfach	
~ facultative	Wahlfach	
option *f*	Wahlpflichtfach	***ital.*** *opzione*

calcul *m*	Rechnen	• Je n'ai pas le même résultat que toi, tu es sûre que tes **calculs sont justes** ? • On **a fait le calcul** : ça nous revient moins cher de prendre la voiture que le train.
~ mental	Kopfrechnen	
~ des probabilités	Wahrscheinlichkeitsrechnung	
~ des fractions	Bruchrechnung	
faire une erreur de ~	einen Rechenfehler machen, sich verrechnen	
faire le ~ de qc	etw. be-, ausrechnen	***engl.*** *calculate, calculator* ***span.*** *cálculo, calcular, calculadora, calculable* ***ital.*** *calcolo, calcolare, calcolatrice, calcolabile*
faire à qn le ~ de qc	jm. etw. vorrechnen	
se tromper dans ses ~s *(fig.)*	sich verrechnen, verkalkulieren	
calculer qc	etw. rechnen, be-, aus-	
~ qc de tête	etw. im Kopf ausrechnen	
calculette *f*	Taschenrechner	
calculable *adj*	berechenbar	
histoire *f*	Geschichte	***engl.*** *history, historian, historical* ***span.*** *historia, historiador, histórico* ***ital.*** *storia, storico*
~ moderne	neuere Geschichte	
historien, ne *m f*	Historiker	
historique *adj*	Geschichts-, historisch	
dessin *m*	1. Zeichnen 2. Zeichnung	***engl.*** *design, designer* ***ital.*** *disegno, disegnare, disegnatore*
dessiner qc à qn	jm. etw. zeichnen	
~ qc au crayon	etw. mit dem Bleistift zeichnen	
dessinateur, trice *m f*	Zeichner	
géographie *f* (géo *fam.*)		***engl.*** *geography, geographic, geographer* ***span.*** *geografía, geógrafo, geográfico* ***ital.*** *geografia, geografo, geografico*
géographe *m f*		
géographique *adj*		
chimie *f*		***engl.*** *chemistry, chemical* ***span.*** *química, químico* ***ital.*** *chimica, chimico*
chimiste *m f*		
chimique *adj*		
physique *f et adj*	I. II.	↔ le physique = das Äußere, die äußere Erscheinung
physicien, ne *m f*		***engl.*** *physics, physical* ***span.*** *física, físico* ***ital.*** *fisica, fisico*
IUT *m*	entspricht der dt. Fachhochschule	• **IUT** = institut universitaire de technologie
université *f*		***engl.*** *university* ***span.*** *universidad, universitario* ***ital.*** *università, universitario*
s'inscrire à l'~	sich an der ~ einschreiben	
universitaire *m f et adj*	I. II.	
études *f pl* ~s	Universitäts-, Hochschulstudium	
terminale *f*	Abitur-, Abschlussklasse	↔ terminer
être en ~	in der Abiturklasse sein	

Société – 1. Le système scolaire français

lycée *m*	Gymnasium	***ital.*** *liceo, liceale*
~ professionnel	entspricht etwa der Fachoberschule	
~ classique	humanistisches Gymnasium	
aller au ~	auf das Gymnasium gehen	
quitter le ~	vom Gymnasium abgehen	
lycéen, ne *m f*	Gymnasiast	
collège *m*	entspricht etwa Gesamtschule der Sekundarstufe I (4 Jahre)	• Tous les élèves restent quatre années **au collège**, de la 6e à la 3e. En fin de 3e, ils passent le **brevet des collèges**. Ensuite l'on peut commencer un apprentissage ou s'orienter vers le lycée.
collégien, ne *m f*	Schüler des „collège"	***span.*** *colegio* ***ital.*** *college*
CAP *m*	entspricht dem dt. Facharbeiterbrief	• **CAP** = certificat d'aptitude professionnelle
apprendre qc	1. etw. lernen, erlernen 2. etw. erfahren, hören	• Quel petit con, **je lui apprendrai** bien les bonnes manières.
~ le français	Französisch lernen	
~ qc à qn	jm. etw. beibringen	
~ à faire qc	lernen etw. zu tun	***engl.*** *apprenticeship, apprentice* ***span.*** *aprender, aprendizaje, aprendiz* ***ital.*** *apprendere, apprendistato, apprendista*
je lui apprendrai !	das werde ich ihm austreiben!	
apprentissage *m*	1. Lernen, Erlernen 2. Lehre, Ausbildung	
avoir terminé son ~	ausgelernt haben	
apprenti, e *m f*	Lehrling, Auszubildender	
brevet *m*	Abschlusszeugnis, Befähigungsnachweis	• **BEP** = brevet d'études professionnelles
~ des collèges	entspricht etwa der mittleren Reife	
BEP *m*	entspricht dem dt. Fachoberschulabschluss	
discipline[1] *f*	Fachrichtung, Unterrichtsfach	***span.*** *disciplina* ***ital.*** *disciplina*
discipline[2] *f*		***engl.*** *discipline, disciplined* ***span.*** *disciplina, disciplinar, disciplinado, disciplinario* ***ital.*** *disciplina, disciplinare, disciplinato*
conseil *m* de ~	Disziplinarausschuss	
discipliner qn		
discipliné, e *adj*		
disciplinaire *adj*		
sanction *f* ~	~strafe	
langue *f*	Sprache	• J'aimerais prendre allemand **en LV1**, car je ne m'intéresse pas beaucoup à l'anglais.
~ vivante (= LV)	lebende, moderne Sprache	
~ vivante étrangère	lebende, moderne Fremdsprache	
~ morte	tote Sprache	***engl.*** *language* ***span.*** *lengua* ***ital.*** *lingua*
mathématiques *f pl* (maths *fam.*)		***engl.*** *maths (mathematics), mathematical, mathematician* ***span.*** *matemáticas, matemático* ***ital.*** *matematica, matematico*
mathématique *adj*		
mathématicien, ne *m f*		
matheux, euse *m f (fam.)*	Ass in Mathe	

rentrée *f*	1. Schuljahres-, Unianfang 2. Schulbeginn *(nach den Ferien)*	
à la ~	bei(m) Schul-/Unibeginn	
diplôme *m*		***engl.*** *diploma* ***span.*** *diploma* ***ital.*** *diploma*
obtenir son ~ en droit	sein ~ in Jura erhalten	
décrocher son ~ *(fam.)*	sein ~ kriegen	
études *f pl*	Studium	***engl.*** *studies, student, study* ***span.*** *estudios, estudiante, estudiar* ***ital.*** *studio, studente, studiare*
faire des/ses ~s	studieren	
faire des ~s de médecine	Medizin studieren	
terminer ses ~s	sein Studium abschließen	
étudiant, e *m f*	Student	
~ en médecine	Medizinstudent	
étudier qc	etw. studieren	
emploi *m* **du temps**	Stundenplan	
établir un ~ du temps	einen Stundenplan erstellen	
faculté *f* (fac *fam.*)	1. Fakultät 2. Uni	***engl.*** *faculty* ***span.*** *facultad* ***ital.*** *facoltà*
aller à la ~	an die Uni gehen	
~ de lettres/de droit	philosophische/juristische Fakultät	
s'inscrire à la ~	sich an der Uni einschreiben	
bachelor *m*		***engl.*** *bachelor* ***span.*** *bachelor* ***ital.*** *bachelor*
master *m*		***engl.*** *master* ***span.*** *master* ***ital.*** *master*
~ I	erstes Jahr des ~	
~ II	zweites Jahr des ~	
~ professionnel (~ pro *fam.*)	berufsbezogener ~	
concours *m*	Prüfung/Examen im Auswahlverfahren	***ital.*** *concorso (per esami)*
~ d'entrée	Aufnahmeprüfung	
passer le ~ d'entrée	die Aufnahmeprüfung machen/ablegen	
ENS *f*	bekannteste Elitehochschule im geistes- und naturwissenschaftlichen Bereich	• **ENS** = École normale supérieure
normalien, ne *m f*	Student der ENS	***ital.*** *Scuola Normale Superiore*
ENA *f*	Elitehochschule zur Ausbildung des Nachwuchses für höhere Staatsämter	• **ENA** = École normale d'administration
énarque *m f*	Absolvent der ENA	
École polytechnique (= X *fam.*)	Elitehochschule zur Ausbildung von Ingenieuren	
polytechnicien, ne *m f*	Absolvent der École polytechnique	

Société – 1. Le système scolaire français

scientifique *m f et adj*	I. Wissenschaftler II. wissenschaftlich, Wissenschafts-	***engl.*** *scientist, science, scientific* ***span.*** *científico, sciencia* ***ital.*** *scienziato, scientifico, scienza*
science *f*	Wissenschaft	
les ~s *f pl* (naturelles)	die Naturwissenschaften	
~s économiques	Wirtschaftswissenschaften	
~s de la vie et de la terre (=SVT)	Biologie *(Schulfach)*	
B.T.S. *m*	Abschlussdiplom einer höheren Fachschule	• B.T.S. = brevet de technicien supérieur
instituteur, -trice *m f* (instit *fam.*)	Grundschullehrer	
progrès *m*	Fortschritt	• Votre fille **a fait de véritables progrès** au deuxième trimestre.
faire des ~s	Fortschritte machen/erzielen	
être en ~	seine Leistungen verbessern, bessere Leistungen bringen	
progresser	Fortschritte machen	***engl.*** *progress* ***span.*** *progreso* ***ital.*** *progresso*
colle[1] *f (fam.)*	Nachsitzen	• Mon prof de maths **m'a collée** mercredi après-midi.
coller qn *(fam.)*	jn. nachsitzen lassen	
colle[2] *f (fam.)*	1. schwierige, knifflige Frage 2. Einserbremse	• Cette prof ne m'aime pas du tout, elle **m'a collé un zéro au** test de maths.
poser une ~ à qn *(fam.)*	jm. eine schwierige, knifflige Frage stellen	
coller un zéro à qn *(fam.)*	jm. eine sechs verpassen, reindrücken	
pompe *f (fam.)*	Spicker, Spickzettel	
pomper sur qn *(fam.)*	von jm. abschreiben, spicken	
antisèche *f (fam.)*	Spicker, Spickzettel	
utiliser une ~	spicken *(vom Spickzettel)*	
bulletin *m*	Zeugnis	
trimestre *m*	Trimester	***engl.*** *trimester* ***span.*** *trimestre* ***ital.*** *trimestre*
heure *f* **de libre**	Freistunde	
remplacement *m*	Vertretung	
remplaçant, e *m f*	Vertretung *(Person)*	
remplacer qn	jn. vertreten	
permanence *f*	Klassenraum, in dem die Aufsicht in der unterrichtsfreien Zeit erfolgt	
note *f*		***span.*** *nota*
mettre une bonne ~ à qn	jm. eine gute ~ geben	
donner une ~ à qn	jn. benoten	
fin *f* des ~s	Notenschluss	
taule/tôle *f (fam.)*	schlechte Note	• Je **me suis pris une taule/tôle** en maths.
se prendre une ~ *(fam.)*	eine schlechte Note kassieren	
sabrer/ sacquer qn *(fam. ; aussi : saquer)*	js. Note herunterdrücken, jn. durchrasseln lassen	

fayot *m* *(fam.)*	1. Streber 2. Schleimer	• Mais qu'est-ce qu'il m'énerve, celui-là. **Il fayotte tout le temps avec les profs** pour qu'ils lui mettent de bonnes notes.
fayoter avec qn	bei jm. schleimen	
ZEP *f*	Zone, in der üblicherweise Brandpunktschulen liegen	• **ZEP** = zone d'enseignement prioritaire
bahut *m* *(fam.)*	Gymnasium, Penne	
cancre *m* *(fam.)*	Faulpelz, schlechter Schüler	
bavarder *(fam.)*	schwätzen	
bavard, e *m f*	Schwätzer, Plappermaul	
~ intarissable	fürchterlicher Schwätzer	
~ incorrigible	unverbesserlicher Schwätzer	
question *f*	Frage	***engl.*** *question, questionnaire* ***span.*** *cuestión, cuestionar, cuestionario* ***ital.*** *questione, questionario*
poser une ~ à qn	jm. eine Frage stellen	
remettre qc en ~	etw. in Frage stellen	
soulever une ~	eine Frage aufwerfen	
éluder une ~	einer Frage ausweichen	
ce n'est pas la ~	darum geht es (hier) nicht	
c'est une ~ de point de vue	das ist Ansichts-, Auffassungssache	
(il n'en est) pas ~ !	das kommt nicht in Frage!	
~ bateau	Sechserbremse	
questionner qn sur qc	jn. über etw. be-, ausfragen	
questionneur, euse *m f*	Fragesteller, Ausfrager	
questionnaire *m*	Fragebogen	
remplir un ~	einen Fragebogen ausfüllen	
pion, ne *m f* *(fam.)*	Aufseher, Aufsicht	
cafard *m* *(fam.)*	Petze	
cafarder qn *(fam.)*	jn. verpetzen	
moyenne *f*	1. Durchschnitt 2. 10 v. 20. Notenpunkten (= bestanden)	• Alors, tu **as eu la moyenne** ? Non, même pas.
avoir la ~	den Durchschnitt, eine vier haben	
bourse *f*	Stipendium	***ital.*** *borsa di studio, borsista*
avoir/recevoir une ~	ein Stipendium bekommen	
boursier, ère *m f*	Stipendiat	
directeur, trice *m f*	Schulrektor *(Kindergarten, Grundschule)*	
directorat *m*	Direktorat	
principal, e *m f*	Direktor *(collège)*	***engl.*** *principal (schools, colleges)*
proviseur *m*	Direktor *(lycée)*	
réunion *f* **de parents d'élèves**	Elternabend	
récréation *f* (récré *fam.*)	Pause	***span.*** *recreo*
cour *f* de ~	Pausenhof	
souffler qc à qn	jm. etw. vorsagen	↔ der Souffleur

7 Société – 1. Le système scolaire français

copie *f*	1. Blatt, Bogen 2. (Klassen-, Haus-) Arbeit	
rendre les ~s	die Arbeiten zurückgeben	
ramasser les ~s	die Arbeiten einsammeln	
rendre une ~ blanche	ein leeres Blatt abgeben	
~ au propre	Reinschrift	
copier qc	1. etw. abschreiben 2. etw. abspicken	***engl.*** *copy* ***span.*** *copiar* ***ital.*** *copiare*
~ qc sur qn	etw. von seinem Nachbarn abschreiben	
~ qc dans un livre	etw. aus einem Buch abschreiben	
copieur, euse *m f*	Spicker, Abschreiber *(Person)*	
cartable *m*	Schultasche	***ital.*** *cartella*
Vous avez compris ?	Habt ihr das verstanden?	
Vous me suivez ?	Kommt ihr mit?	
Qui est absent ?	Wer fehlt?	
livre *m*	Buch	***span.*** *libro* ***ital.*** *libro*
prenez vos ~s	Nehmt eure Bücher raus	
ouvrez vos ~ (à la page x)	Schlagt eure Bücher (auf der Seite x) auf	
fermez vos ~	Macht eure Bücher zu	
C'est à qui ?	Wer ist dran?	
Au suivant, s'il vous plaît !	Der Nächste, bitte!	
faire qc par groupe de deux	etw. in Zweiergruppen machen	
Vous avez fini ? / Ça y est ? [sajɛ]	Seid ihr fertig?	
trousse *f*	Federmäppchen	
rangez vos ~s dans vos sacs, s'il vous plaît.	die Federmäppchen in die Taschen, bitte.	

médias *m pl*	Medien	• Ces derniers temps, on **entend beaucoup parler de** la réforme du gouvernement **dans les médias**.
entendre parler de qc dans les ~s	von etw. in den Medien hören	
médiatique *adj*	Medien-, in den Medien	***engl.*** *media*
être ~	medienwirksam sein	***span.*** *medios, mediático, mediatizar*
paysage *m* ~	Medienlandschaft	
médiatiser qc/qn	etw./jn. durch die Medien bekannt machen	
abonnement *m* **(à qc)**	Abonnement, laufender Bezug (von etw.)	***span.*** *abono, abonar(se)*
prendre/souscrire un ~ à un journal	eine Zeitung abonnieren	***ital.*** *abbonamento, abbonarsi, abbonato*
s'abonner (à une revue)	(eine Zeitschrift) abonnieren	
être abonné, e *adj* (à une revue)	(eine Zeitschrift) beziehen	
abonné, e *m f*	Abonnent, Bezieher	
désabonnement *m* (à qc)	Abbestellung (von etw.)	
se désabonner (à qc)	sein Abonnement (von etw.) abbestellen, auflösen	
annonce *f*	Zeitungsannonce, Anzeige, Inserat	• Comment est-ce que tu as trouvé ta nouvelle voiture ? – **Dans les petites annonces**.
petites ~s	Anzeigenteil *(Rubrik)*	
mettre/faire passer une ~ (dans qc)	eine Anzeige (in etw.) aufgeben, setzen, schalten	***span.*** *anuncio*
annonceur *m*	Inserent	***ital.*** *annuncio*
article *m*		***engl.*** *article*
~ de fond	Leit~	***span.*** *artículo*
~ bien documenté	gut recherchierter ~	***ital.*** *articolo*
calomnie *f*	Verleumdung	***engl.*** *calumny, calumniate, calumnious*
basse ~	gemeine Verleumdung	***span.*** *calumnia, calumniar, calumnioso*
calomnier qn/qc	jn./etw. verleumden	***ital.*** *calunnia, calunniare, calunnioso*
calomnieux, euse *adj*	verleumderisch	
contenu *m*	Inhalt	***engl.*** *content, contain*
être pauvre de ~	inhaltsarm sein	***span.*** *contenido, contenir*
contenir qc	etw. beinhalten	***ital.*** *contenuto, contenere*
cet article contient	in diesem Artikel steht, ist enthalten, dieser Artikel beinhaltet	
couverture *f*	Cover, Titelseite, -blatt	• La mort de Michael Jackson **a fait la couverture de** tous les journaux.
être en ~ de qc / faire la ~ de qc	auf der Titelseite sein, die Titelseite schmücken	
quatrième *f* de ~	Buchrücken	***engl.*** *cover*
		ital. *copertina*

Société – 2. Les médias (presse/télé)

critique *f* **(de qc/envers qn)**	1. Kritik (an etw./an, gegenüber jm.)
(de qc)	2. Kritik, Besprechung *(eines Buches)*
~ de cinéma	Filmkritik
~ impitoyable	vernichtende Kritik
avoir une bonne/ mauvaise ~	eine gute/schlechte Kritik bekommen
faire la ~ d'un livre	ein Buch besprechen, rezensieren
faire/formuler des ~s	Kritik üben
ne pas supporter la ~/ les ~s	keine Kritik vertragen
encourir la ~	sich der Kritik aussetzen
prêter le flanc aux ~s	Anlass zur Kritik geben
être sous le feu de la ~	im Kreuzfeuer der Kritik stehen
être la cible des ~s	Zielscheibe der Kritik sein
les premières ~s se font entendre	die ersten Kritiken werden laut
critique *m f*	Kritiker
critiquer qc	etw. kritisieren, an etw. Kritik üben
critique *adj*	kritisch

- Mais calme-toi un peu, je **ne te fais pas de critique**.
- Le dernier Woody Allen **a eu une très bonne critique**.
- Afin d'éviter **d'encourir la critique de la subjectivité**, nous avons confié le dossier à quelqu'un d'autre.
- La Chine **prête souvent le flanc aux critiques** à cause de son mépris vis-à-vis des droits de l'Homme.

engl. *critique, criticism, critic, critical, criticize*
span. *crítica, crítico, criticar, crítico*
ital. *critica, critico, criticare, critico*

dénoncer qc	etw. bemängeln, anprangern
dénonciation *f* (de qc)	Bemängelung, Anprangerung (von etw.)

engl. *denounce, denunciation*
span. *denunciar, denuncia*
ital. *denunciare, denuncia*

édition *f*	1. Ausgabe 2. Auflage
dernière ~	neueste, letzte Ausgabe
~ spéciale	Extrablatt, Sonderausgabe
~ du samedi	Wochenendausgabe
nouvelle ~	Neuauflage
~ augmentée	ergänzte, erweiterte Auflage
maison *f* d'~	Verlag
éditer un livre	ein Buch auflegen, herausgeben
~ un CD	eine CD herausbringen
éditeur, trice *m f*	Herausgeber, Verleger

engl. *edition, edit, editor*
span. *edición, editar, editor*
ital. *edizione, editore*

éditorial *m* (édito *fam.*)	Leitartikel

engl. *editorial*
span. *editorial*
ital. *editoriale*

faire-part *m inv*	(Familien-)Anzeige
~ de décès	Traueranzeige
~ de mariage	Heiratsanzeige
~ de naissance	Geburtsanzeige

titre *m*	Titel, Überschrift
gros ~s *m pl*	Schlagzeilen
en gros ~s	als Schlagzeile

- Le quotidien Le Monde **annonce en gros titre** le divorce du couple présidentiel.

engl. *title*
span. *título*
ital. *titolo*

une *f*	Titelseite, -blatt
à la ~	auf der Titelseite
faire la ~ des journaux	für Schlagzeilen sorgen, Schlagzeilen machen

hebdomadaire *m et adj*	I. Wochenblatt, -zeitschrift II. wöchentlich, Wochen-	***span.*** *semana* ***ital.*** *ebdomadario, settimana*
semaine *f*	Woche	
journalisme *m*		• Tu n'en es pas au courant ? **On en parle dans tous les journaux du soir**. • Attends ! Je vais **feuilleter vite fait le journal** pour voir si l'article est déjà paru.
journaliste *m f*		
journalistique *adj*		
journal *m*	(Tages-)Zeitung, Blatt	
~ local/régional/national	Lokal-, Regionalzeitung, überregionale Zeitung	
~ du dimanche	Sonntagszeitung, -blatt	
~ télévisé	(Fernseh-)Nachrichten	***engl.*** *journalism, journal, journalist, journalistic* ***ital.*** *giornalismo, giornalista, giornalistico, giornale*
acheter un ~ au numéro	eine Zeitung als Einzelausgabe kaufen	
lire qc dans le ~	etw. in der Zeitung lesen	
feuilleter le ~	die Zeitung durchblättern	
parcourir le ~	die Zeitung überfliegen	
lecteur, trice *m f*	Leser	***span.*** *lector, leer* ***ital.*** *lettore, leggere*
~ *m* DVD	DVD-Player	
courrier *m* des ~s	Leserbriefe *(Rubrik)*	
captiver le ~	den Leser fesseln	
lire qc	etw. lesen	
magazine *m*	1. Magazin, Illustrierte 2. Magazin *(Radio, Fernsehen)*	***engl.*** *magazine*
supplément *m*	Beilage	• Spécial Football – les photos de l'équipe nationale **en supplément**. ***engl.*** *supplement* ***span.*** *suplemento* ***ital.*** *supplemento*
mois *m*	Monat	***span.*** *mes, mensual, mensualidad* ***ital.*** *mese, mensile, mensilità*
tous les trois/six ~s	viertel-, halbjährlich	
paraître tous les ~s	monatlich erscheinen	
au ~ de janvier	im (Monat) Januar	
le ~ dernier	letzten, im letzten Monat	
mensuel, le *m et adj*	I. Monatszeitschrift II. monatlich	
mensualité *f*	Monatsrate, monatliche Zahlung	
objectivité *f*		***engl.*** *objectivity, objective* ***span.*** *objetividad, objetivo* ***ital.*** *obiettività, obiettivo*
assurer l'~	~ gewährleisten, wahren	
objectif, ve *adj*		
parution *f*	Erscheinen	• Son premier livre **est/a paru** le mois dernier. • Cet article **est paru dans** un magazine en ligne.
jour *m* de ~	Erscheinungstag	
paraître *(souvent avec être)*	erscheinen, herauskommen	
faire ~ qc	etw. herausbringen, -geben	
à ~	erscheint *(Ankündigung Buch, Artikel)*	
sortie *f*	1. Erscheinen *(Buch, Zeitung)* 2. Herausbringen *(neues Produkt)*	• Peugeot **a sorti** un nouveau modèle de la 206.
sortir	herauskommen, auf den Mark kommen *(Buch, Zeitung, neues Produkt)*	
~ qc	etw. herausbringen	
quotidien *m et adj*	I. Tageszeitung II. täglich, all-	↔ le quotidien = *auch* Alltag ***ital.*** *quotidiano*

7 Société – 2. Les médias (presse/télé)

rédacteur, trice *m f*		***span.*** *redactor, redaccional, redacción, redactar*
~ en chef		***ital.*** *redattore, redazionale, redazione, redigere*
rédactionnel, le *adj*		
rédaction *f*	1. Redaktion, Schriftleitung 2. Verfassen, Abfassen *(Text)*	
rédiger qc	etw. verfassen, abfassen	
revue *f*	Zeitschrift, Revue	***engl.*** *revue*
~ de mode	Modezeitschrift	***span.*** *revista*
~ spécialisée	Fachzeitschrift	***ital.*** *rivista*
sujet *m*	Thema, Stoff	***engl.*** *subject*
traiter un ~	ein Thema behandeln	***ital.*** *soggetto*
tirage *m*	1. (Druck-)Auflage, Ausgabe 2. Auflagenhöhe	***span.*** *tirada*
~ élevé	hohe Auflage	
journal à grand ~	auflagenstarke Zeitung, Massenblatt	
faire monter le ~	die Auflage steigern	
presse *f*		• Comment, tu ne sais pas ce qui s'est passé ? **Toute la presse en parle** ! • **La grande presse** comme Le Monde ou Le nouvel Observateur souffre-t-elle d'un désintérêt croissant des lecteurs ?
~ à sensation/~ people	Boulevard~, Klatsch~	
~ écrite	~medien	
~ locale/régionale/ nationale	Lokal-, Regional~, überregionale ~	
~ des jeunes	Jugend~, Jugendzeitschriften	
~ quotidienne	Tages~	
la grande ~	die großen Tageszeitungen	
liberté *f* de la ~	~freiheit	
maison *f* de la ~	Zeitungsverlag	***engl.*** *press*
agence *f* de ~	Nachrichtenagentur	***span.*** *prensa*
rubrique *f*	Rubrik, Teil	***ital.*** *rubrica*
~ économique	Wirtschaftsteil	
~ sportive	Sportteil	
tenir la ~ sportive	für den Sportteil verantwortlich sein	
actualité *f*		• La crise financière est un **problème d'actualité**. • Allez, il est huit heures, on va **écouter les actualités à la radio**.
~s *f pl*	(Fernseh-)Nachrichten, Tagesschau	
actuel, le *adj*		
actualisation *f*		
actualiser qc		***ital.*** *attualità, attuale, attualizzazione, attualizzare*
animateur, trice *m f*	Quiz-, Showmaster, Moderator, Diskussionsleiter	↔ die Animation
animer un jeu télévisé	ein Fernsehquiz leiten, moderieren	
~ le débat	die Debatte leiten	
~ une émission	eine Sendung moderieren	
antenne *f*		• On trouve les **titres passés à l'/sur l'antenne** sur les sites Web des stations radio.
~ parabolique / parabole *f*		
être à/sur l'~	auf Sendung sein	***engl.*** *antenna* ***span.*** *antena* ***ital.*** *antenna*

audience *f*	1. Hörer, Zuschauer, Publikum 2. Einschaltquote	• En fait, il ne s'agit ni de divertir ni d'informer, mais d'une **bataille pour l'audimat** que se livrent toutes les chaînes.
auditeur, trice *m f*	Hörer, Zuschauer	
audimat *m*	(System zur Ermittlung der) Einschaltquote	
course *f* à l'~	Quotenrennen	***engl.*** *audience* ***span.*** *audiencia, auditor*
chaîne *f*	Sender, Programm	***span.*** *cadena*
sur la première ~	im ersten Programm	
~ locale/privée	Lokal-/Privatsender	
~ à péage	Pay-TV	
documentaire *m*	Dokumentarfilm	***engl.*** *documentary* ***span.*** *documental* ***ital.*** *documentario*
émission *f*	Sendung *(Radio, Fernsehen)*	• Cette **émission passe** tous les mardis soir.
suivre une ~	eine Sendung verfolgen	
enregistrer une ~	eine Sendung aufnehmen	
l'~ repassera demain	die Sendung wird morgen wiederholt	***span.*** *emisión, emisor, emitir* ***ital.*** *emissione, emittente, emettere*
~ en direct	Live-Sendung	
émetteur *m*	Sender, Sendeanlage	
~-récepteur *m*	Sender- und Empfangsgerät	
émettre des signaux	Signale ausstrahlen, senden	
diffusion *f*	Ausstrahlung	• Ce soir, horaire exceptionnel : L'émission **sera diffusée** à 20h40
diffuser une émission	eine Sendung ausstrahlen	
rediffusion *f*	Wiederholung, -ssendung	
rediffuser une émission	eine Sendung wiederholen, wieder ausstrahlen	***span.*** *difusión, difundir* ***ital.*** *diffusione, diffondere*
série *f*		***engl.*** *series* ***span.*** *serie* ***ital.*** *serie*
présentateur, trice *m f*	Moderator, Ansager	***span.*** *presentador* ***ital.*** *presentatore, presentare*
présenter une émission	eine Sendung moderieren, durch eine Sendung führen	
programme *m*		***engl.*** *programme* ***span.*** *programa* ***ital.*** *programma*
publicité *f* (pub *fam.*)	Werbung, Reklame	***span.*** *publicidad, publicitario* ***ital.*** *pubblicità, pubblicitario*
~ à la télévision/à la radio	Fernseh-, Radiowerbung	
publicitaire *adj et m*	I. Werbe- II. Werbefachmann	
spot *m* ~	Werbespot	
public *m*	Publikum; Leserschaft	***span.*** *público* ***ital.*** *pubblico*
large ~	breites Publikum	
toucher un large ~	ein breites Publikum erreichen, ansprechen	
dans le ~	im Publikum	
redevance *f*	(Rundfunk-)Gebühr	↔ devoir qc à qn = jm. etw. schulden

reportage *m*		***engl.*** *reporter*
reporter *m*		***span.*** *reportaje, reportero*
		ital. *reportage, reporter*
retransmission *f* **d'une émission**	Übertragung einer Sendung	***ital.*** *trasmissione, trasmettere*
~ sportive	Sportübertragung	
retransmettre une émission	eine Sendung übertragen	
son *m*	Ton, Klang	• On n'entend rien, **monte un peu le son de la télé.**
monter le ~	lauter machen, stellen *(Fernseher, Radio)*	
baisser le ~	leiser machen, stellen *(Fernseher, Radio)*	***engl.*** *sound*
		span. *sonido*
mettre le ~ à fond	voll aufdrehen *(Fernseher, Radio)*	***ital.*** *suono*
sonore *adj*	Ton-	
taux *m*	Quote	***span.*** *cuota*
~ d'écoute	Einschaltquote *(Radio)*	***ital.*** *tasso*
~ d'audience	Einschaltquote *(Fernsehen)*	
télévision *f* (**télé** *fam.*) *(fam.)*	1. Fernsehen 2. Fernsehgerät	• Tu n'aurais pas les programmes de télévisions ? Je voudrais savoir ce qui **passe**, ce soir, **à la télé**.
~ en couleur	Farbfernsehen	
~ par câble/par satellite	Kabel-/Satellitenfernsehen	
à la ~	im Fernsehen	• À force de **regarder tout le temps la télé**, il y a des gens qui oublient leur propre vie et ne sortent plus du tout.
regarder la ~	fernsehen	
allumer la ~	den Fernseher einschalten, anmachen	
éteindre la ~	den Fernseher ausschalten, ausmachen	***engl.*** *television, televised*
téléspectateur, trice *m f*	Fernsehzuschauer	***span.*** *televisor, telespectador, televisivo, televisión, telecontrol*
télévisé, e *adj*	im Fernsehen übertragen, Fernseh-	***ital.*** *televisione, telespettatore, televisivo, televisore, telecomando*
duel *m* ~	Fernsehduell, TV-duell	
téléviseur *m*	Fernsehapparat, -gerät	
télécommande *f*	Fernbedienung	
télédébat *m*	Fernsehdebatte	
divertissement *m*	Unterhaltung, Vergnügen	• La télévision cherche de **nouveaux moyens de divertissement**, mais le zapping montre que la plupart des téléspectateurs s'ennuient quand même.
divertir qn	jn. unterhalten, belustigen	
se ~	sich unterhalten, belustigen	
divertissant, e *adj*	unterhaltend, -sam, belustigend	
		engl. *diversion, divert* ***span.*** *divertimiento, divertir(se), divertido* ***ital.*** *divertimento, divertire, divertente*
colonne *f*	Spalte, Kolumne	***engl.*** *column* ***ital.*** *colonna*
publier qc	etw. veröffentlichen, publizieren	***engl.*** *publicise, publication*
publication *f*	Veröffentlichung, Publikation	***span.*** *publicar, publicación*
		ital. *pubblicare, pubblicazione*
faits divers *m pl*	1. Lokalnachrichten 2. Vermischtes	

nouvelle *f* ~s *f pl* fausse ~ ~s du jours	Nachricht, Meldung Nachrichten Falschmeldung Nachrichten/Meldungen vom Tage	↔ nouveau, el, elle = neu
chronique *f* **défrayer la ~**	Kolumne, Hintergrundbericht im Mittelpunkt des Klatsches stehen, von sich Reden machen	• La gaffe politique d'Angela Merkel **défraie la chronique** dans la presse allemande.
réception *f* capter une chaîne	Empfang einen Sender empfangen, rein bekommen	***engl.*** *reception* ***span.*** *recepción, recibir* ***ital.*** *ricezione, captare*
communiqué *m* ~ de presse **émettre un ~ de presse**	Bekanntmachung, Meldung Pressemeldung, -mitteilung eine Pressemeldung herausgeben	↔ la communication, communiquer • Il **a émis un communiqué de presse** pour annoncer sa démission. ***span.*** *comunicado* ***ital.*** *comunicato*
porte-parole *m f*	Pressesprecher	***span.*** *portavoz*
radio *f* (poste *m* de) ~ à la ~ écouter la ~ passer à la ~ régler la ~ radio-réveil *m* ~ libre station *f* (de ~) changer de station	1. Radio, Rundfunk, Hörfunk 2. Radiogerät 3. Radiosender im Radio Radio hören im Radio kommen, gespielt werden das Radio einstellen Radiowecker Privatsender Radiosender auf einen anderen Sender umschalten	• Tu peux **changer de station** s'il te plaît ? Je n'aime pas du tout la musique classique. ***engl.*** *radio* ***span.*** *radio* ***ital.*** *radio*
transistor *m*	Transistor, Kofferradio	***span.*** *transistor*
speaker *m* / **speakerine** *f*	Ansager, Sprecher	• La **speakerine** a fait une excellente présentation du JT (= journal télévisé).
envoyé *m* **spécial**	Sonderberichterstatter	↔ *wörtlich :* un envoyé = ein Gesandter • « Avant de laisser la parole à notre **envoyé spécial**, rappelons brievement les faits. »
ondes *f pl* **passer sur les ~s** grandes ~s petites ~s	Radio, Rundfunk im Radio kommen, übertragen werden Langwelle Mittelwelle	• J'ai entendu une chanson qui **passe sur les ondes** en ce moment, mais je ne connais pas le titre. • L'interview avec le chanteur du groupe **est passée sur les ondes** de NRJ.
quota *m*	Quote	***span.*** *cuota* ***ital.*** *quota*

écran *m*	Bildschirm	
~ couleur	Farbbildschirm	
~ noir et blanc	Schwarz-weiß-Bildschirm	
~ plat	Flachbildschirm	
le petit ~	das Fernsehen	
décodeur *m*		***engl.*** *decoder, decode*
décoder qc		
reality-show *m*		***engl.*** *reality show*
prime-time *m* **/ heure** *f* **de grand écoute**	Hauptsendezeit	• Combient coûtent 30 secondes de pub **aux heures de grande écoute** ?
au prime-time	zur Hauptsendezeit	
		engl. *prime time* ***ital.*** *prime time*
magnétoscope *m*	Videorekorder	***span.*** *magnetoscopio*
zapper		***engl.*** *zap, zapping* ***span.*** *zapping*
zapping *m*		

drogue *f*		• Elle **s'est droguée à la cocaïne** pendant plusieurs années.
~ douce	weiche ~	
~ dure	harte ~	
~ de substitution	Ersatz~	**engl.** *drug* **span.** *droga, drogadicto, drogarse* **ital.** *droga, drogato*
dépendance *f* à la ~	~abhängigkeit	
abus *m* de ~	~missbrauch	
consommer des ~s	~ konsumieren	
drogué, e *m f et adj*	I. ~süchtiger II. ~süchtig	
être ~	unter ~ stehen	
se droguer	~ nehmen	
clean *adj*		**engl.** *clean*
stupéfiant *m*	Suchtmittel, Betäubungsmittel	**ital.** *stupefacente*
trafic *m* de ~s	Rauschgifthandel	
dose *f*	Dosis	• Il ne faut pas **dépasser la dose prescrite**, sinon, ça peut être dangereux. • Le mercure (Quecksilber) est toxique, même **à faible dose**.
à haute/faible ~	in hohen/schwachen Dosen	
s'injecter une ~	sich einen Schuss setzen	
overdose *f* / surdose *f*	Überdosis	
doser qc	etw. dosieren	
dosage *m*	Dosierung	**engl.** *dose, dosage* **span.** *dosis, dosificar, dosificación* **ital.** *dose, dosare, dosatura*
seringue *f*	Spritze *(Gegenstand)*	↔ jm. eine Spritze geben = faire une piqûre à qn **engl.** *syringe* **span.** *jeringa* **ital.** *siringa*
prévention *f* **(de qc)**	Verhütung, Vorbeugung, Prävention (von etw.)	**engl.** *prevention, preventive, prevent* **span.** *prevención, preventivo, prevenir* **ital.** *prevenzione, preventivo, prevenire*
~ des drogues	Drogenprävention	
~ des dépendances	Suchtprävention	
préventif, ve *adj*	Verhütungs-, vorbeugend, präventiv	
prévenir qc	einer Sache vorbeugen, etw. verhüten	
mieux vaut ~ que guérir	Vorsicht ist besser als Nachsicht	
consommateur, trice *m f*	Konsument	**engl.** *consumer, consumption, consume* **span.** *consumidor, consumo, consumir* **ital.** *consumatore, consumo, consumare*
~ de drogues	Drogenkonsument	
consommation *f*	Konsum	
consommer qc	etw. konsumieren	
trafiquant, e *m f*	Schwarz-, Schleichhändler	• Le **trafic de drogue** est en augmentation de 7 % cette année.
~ de drogues	Drogenhändler	
trafiquer qc	mit etw. Schwarzhandel treiben	
~ de la drogue	Drogen verkaufen, verticken	
trafic *m*	Schwarz-, Schleichhandel	**engl.** *drug-trafficking* **span.** *traficante, traficar, tráfico* **ital.** *trafficante, traffico, trafficare*
~ de drogue	Drogen-, Rauschgifthandel	
dealer *m* / **dealeur** *m*		**engl.** *dealer, deal*
dealer qc	mit etw. ~	

toxicomanie *f*	Drogensucht, -abhängigkeit	↔ toxisch
toxicomane *m f et adj*	I. Süchtiger, Drogenabhängiger II. süchtig, drogenabhängig	***engl.*** *detoxification, detoxify* ***ital.*** *tossicomania, tossicomane, disintossicazione, disintossicare*
désintoxication *f*	Entgiftung, Entwöhnung	
cure *f* de ~	Entziehungskurs	
désintoxiquer qn de qc	jn. von etw. entgiften, entwöhnen	
tranquillisant *m*	Beruhigungsmittel	↔ tranquille ***engl.*** *tranquilizer* ***span.*** *tranquilizante* ***ital.*** *tranquillante*
manque *m*	Entzugserscheinungen	↔ manquer
être en ~	unter Entzugserscheinungen leiden	• Il était toujours violent quand il **était en manque de cocaïne**.
cocaïne *f* (coc *fam.*)		***engl.*** *cocaine* ***span.*** *cocaína* ***ital.*** *cocaina*
crack *m*		***engl.*** *crack*
haschisch *m*		***engl.*** *hashish* ***span.*** *hachís* ***ital.*** *hashish*
herbe *f (fam.)*	Gras	***span.*** *hierba*
fumer de l'~ *(fam.)*	kiffen	***ital.*** *erba*
joint *m* [ʒwɛ̃]		***engl.*** *joint*
rouler un ~	einen ~ drehen, bauen	
pétard *m (fam.)*	Joint, Dübel	
héroïne *f*		***engl.*** *heroin* ***span.*** *heroína* ***ital.*** *eroina*
stone *adj (fam.)*	stoned, breit	***engl.*** *stoned*
se caler *(fam.)*	chillen, abchillen	
calé, e *adj (fam.)*	chillig, gechillt	
alcool *m*		• La bière **contient de l'alcool**. • **La consommation d'alcool** est interdite aux moins de seize ans.
~ express	Komasaufen, -trinken	
s'abstenir d'~	keinen ~ trinken	
brûler de l'~	Schnaps brennen	
alcoolique *adj et m f*	I. II.	***engl.*** *alcohol, alcoholic, alcoholism* ***span.*** *alcohol, alcohólico, alcoholismo, alcoholizarse* ***ital.*** *alcol, alcolista, alcolico, alcolismo*
alcoolo *m f (fam.)*	Alkoholiker, Säufer	
alcoolisme *m*		
alcootest *m*		
s'alcooliser	sich betrinken	

boire qc	etw. trinken
~ un coup *(fam.)*	einen trinken, heben
aller ~ un coup *(fam.)*	einen, was trinken gehen
~ qc cul sec *(fam.)*	auf ex trinken
~ au succès de qn	auf js. Erfolg trinken
buveur, euse *m f*	Trinker
boisson *f*	Getränk
~ alcoolisée	alkoholhaltiges Getränk
~ sans alcool	alkoholfreies Getränk
buvable *adj*	trinkbar
buvette *f*	Ausschank, Erfrischungsstand
beuverie *f (rech.)*	Trink-, Saufgelage
pourboire *m*	Trinkgeld

↔ le cul = *hier :* Flaschenboden
↔ sec, sèche = trocken
- Ça te dit qu'on **aille boire un coup** après les cours ?
- Allez, **cul sec** !

span. *beber, bebedor, bebida, bebile,*
ital. *bere, bevitore, bevanda, bevibile*

ivre *adj et m f*	I. betrunken II. Betrunkener
~ mort, e	sturzbetrunken, stockbesoffen
ivrogne *m f*	Säufer
ivresse *f*	Rausch
s'enivrer	sich betrinken
soûl, e *adj*	betrunken
soûlard, e *m f (fam.)*	Säufer, Schnapsdrossel
soûler qn	jn. betrunken, besoffen machen, abfüllen
se ~	sich betrinken, sich einen Rausch antrinken
dessoûler	nüchtern werden, ausnüchtern
soûlerie *f (fam.)*	Saufgelage

- C'est un **soûlard**, ce mec. Mais il essaie de nous faire croire qu'il ne boit que quand il sort avec nous.

éméché, e *adj*	angeheitert, angetrunken
gorgée *f*	Schluck
eau-de-vie *f*	Schnaps
binge drinking *m*	Komasaufen, -trinken

engl. *binge-drinking*

picoler *(fam.)*	bechern, zechen
picoleur, euse *(fam.)*	Säufer
cigarette *f*	
paquet *m* de ~s	~schachtel
rouler une ~	eine ~ drehen
tirer sur sa ~	an seiner ~ ziehen

engl. *cigarette*
span. *cigarrillo*
ital. *sigaretta*

clope *f (fam.)*	Kippe, Glimmstängel
taxer une ~ à qn *(fam.)*	von jm. eine Kippe schnorren
tabac *m*	1. 2. ~laden
bureau *m* de ~	~laden
tabagisme *m*	Nikotinsucht
tabagie *f*	verräucherte Bude

- Je suis vraiment contente de l'interdiction de fumer dans les lieux publics. Les fumeurs nous ont imposé leur **tabagie** pendant des dizaines d'années.

engl. *tobacco*
span. *tabaco*
ital. *tabacco*

Société – 3. La drogue, l'alcool et le tabac

fumeur, euse *m f*	Raucher	• Elle n'était vraiment pas une **grosse fumeuse**, mais quand elle a arrêté, le manque s'est quand même fait sentir assez fortement.
~ passif, ve	Passivraucher	
gros, se ~	Kettenraucher	
fumer	rauchen	
~ comme un pompier	rauchen wie ein Schlot	
~ la pipe/le cigare	Pfeife/Zigarre rauchen	
arrêter de ~	sich das Rauchen abgewöhnen	***span.*** *fumador, fumar, humo*
fumée *f*	Rauch	***ital.*** *fumatore, fumare, fumata*
avaler la ~	auf Lunge rauchen	
fumoir *m*	Rauchsalon	
cendre *f*	Asche	***span.*** *ceniza, cenicero*
faire tomber la ~	abaschen	***ital.*** *cenere, portacenere*
cendrier *m*	Aschenbecher	
santé *f* (→ 7.11)	Gesundheit	• Fumer **nuit gravement à votre santé** et celle de votre entourage. (écrit sur les paquets de cigarettes)
être en mauvaise ~	bei schlechter Gesundheit sein	
détruire sa ~	seine Gesundheit zugrunde richten	
nuire à sa ~	seine Gesundheit gefährden, schaden	***span.*** *sanidad, sano*
sain, e *adj*	gesund	***ital.*** *sanità, sano*

crime *m*	Verbrechen	• L'**auteur du crime** a été jugé. • Il **a commis un crime épouvantable** : il a tué trois personnes. • Un **attentat revendiqué par** l'ETA a fait 17 blessés et 6 morts.
commettre/perpétrer un ~	ein Verbrechen begehen	
revendiquer un ~	sich zu einem Verbrechen bekennen	
inculper qn d'un ~	jn. eines Verbrechens beschuldigen	
criminel, le *m f et adj*	I. Verbrecher, Krimineller II. verbrecherisch, kriminell	***engl.*** *crime, criminal, criminology, criminologist* ***span.*** *crimen, criminal, criminalidad, criminología, criminólogo* ***ital.*** *crimine, criminale, criminalità, criminologia, criminologo*
grand ~	Schwerverbrecher	
criminalité *f*		
criminologie *f*		
criminologue *m f*		
récidiviste *m f*	Wiederholungstäter, Rückfälliger	***engl.*** *recidivist* ***ital.*** *recidivo*
récidiver	rückfällig werden	
récidivité *f*	Neigung zu Rückfällen	
récidivisme *m*	Rückfälligkeit	
délit *m*	Delikt, Vergehen	• **La petite délinquance** progresse de 4,6 % par rapport à l'année dernière.
commettre un ~	ein Delikt begehen	
délinquance *f*	Kriminalität, Straffälligkeit	
~ juvénile	Jugendkriminalität	***engl.*** *delict, delinquency, delinquent* ***span.*** *delito, delincuencia, delincuente* ***ital.*** *delitto, delinquenza, delinquente*
petite ~	Kleinverbrechen, Kavaliersdelikt	
grande ~	Schwerverbrechen	
délinquant, e *m f*	Straftäter	
blanchir de l'argent	Geld waschen	***span.*** *blanquear*
blanchissement *m*	Geldwaschen	
réinsertion *f*	Wiedereingliederung, Resozialisierung	***span.*** *reinserción, reinsertar* ***ital.*** *reinserimento, reinserire*
réinsérer qn	jn. wieder eingliedern, resozialisieren	
loi *f* (→ 1.1)	Gesetz	***engl.*** *law, legal, legalise, legality* ***span.*** *ley, legal, legalizar, legalidad* ***ital.*** *legge, legale, legalizzare, legalità*
légal, e *adj*	gesetzlich, legal	
légaliser qc	etw. legalisieren	
légalité *f*	Gesetzlichkeit, Legalität	
sortir de la ~	mit dem Gesetz in Konflikt geraten	
sanctionner qc	etw. bestrafen, ahnden	↔ sanktionieren • Des peines considérables **sanctionnent** le trafic de drogue.
qc sanctionne qc	etw. wird mit etw. bestraft	
sanction *f* contre	Sanktion, Zwangsmaßnahme gegen	***engl.*** *sanction* ***span.*** *sancionar, sanción* ***ital.*** *sancire, sanzione*

7 Société – 4. Criminalité et tribunal

violence *f*	Gewalt	• Elle a été enlevée en voiture et **a subi des violences**. • Le clan **a commis un acte de violence** dans la rue **contre** des passants. • Certaines personnes **deviennent violentes** quand elles ont bu de l'alcool. • Il a été condamné pour **violation des droits d'auteur**.
subir des ~s	Opfer einer Gewalttat werden	
commettre un acte de ~	eine Gewalttat begehen	
commettre des ~s contre qn	gegen jn. Gewalt anwenden	
faire ~ à qn	auf jn. Zwang ausüben	
la ~ appelle la ~	Gewalt erzeugt Gegengewalt	
violent, e *adj*	gewalttätig, brutal	
violer la loi	das Gesetz verletzen, brechen	***engl.*** *violence, violent, violate, violation, violator* ***span.*** *violencia, violento, violar, violación, violador* ***ital.*** *violenza, violento, violare, violazione, violatore*
~ une femme	eine Frau vergewaltigen	
~ le domicile de qn	gewaltsam in js. Wohnung eindringen	
violation *f* **du droit**	Rechtsverstoß, -bruch	
~ de domicile	Hausfriedensbruch	
viol *m*	Vergewaltigung	
violateur *m*	Gesetzes-, Rechtsbrecher	
violeur *m*	Vergewaltiger	
agression *f* **contre qn**	Angriff, Überall auf jn.	↔ aggressiv • Elle **s'est fait aggresser par** deux inconnus en sortant du cinéma.
agresser qn	jn. überfallen *(nur Personen)*	
se faire ~	überfallen werden *(nur Personen)*	
se sentir agressé, e	sich angegriffen fühlen *(verbal)*	***engl.*** *aggression* ***ital.*** *aggressione, aggredire*
attaquer qn/qc	jn./etw. überfallen	***engl.*** *attack* ***span.*** *ataque, atacar* ***ital.*** *attaccare, attacco*
se faire ~	überfallen werden	
attaque *f* contre qn/qc	Angriff gegen/auf jn./etw.	
~ à main armée	bewaffneter Raubüberfall	
dévaliser qn/qc	jn./etw. ausrauben	***span.*** *desvalijar*
~ une banque	eine Bank ausrauben	
braquer qn/qc *(fam.)*	jn./etw. überfallen, ausrauben	
~ une banque *(fam.)*	eine Bank überfallen	
braqueur, euse *m f (fam.)*	(Bank-)Räuber	
braquage *m (fam.)*	Raub-, Banküberfall	
arrêter qn	jn. verhaften	• Les cambrioleurs **se sont fait arrêter** juste au moment où ils voulaient s'enfuir.
arrestation *f*	Verhaftung	
mandat *m* d'arrêt	Haftbefehl	
délivrer un ~ contre qn	einen Haftbefehl gegen jn. erlassen, ausstellen	***engl.*** *arrest* ***ital.*** *arrestare, arresto*
casseur *m (fam.)*	Einbrecher	
casser qc *(fam.)*	in etw. einbrechen	
casse *m (fam.)*	Einbruch, Bruch	
cambrioleur, euse *m f*	Einbrecher	
cambrioler qc	in etw. einbrechen	
cambriolage *m*	Einbruch	
chantage *m*	Erpressung	***span.*** *chantaje, chantajear, chantajista*
faire chanter qn	jn. erpressen	
maître *m* chanteur	Erpresser	

condamner qn à qc	jn. zu etw. verurteilen
~ qn à mort (pour)	jn. zum Tode verurteilen (wegen)
condamnation *f*	Verurteilung
prononcer une ~	eine Verurteilung aussprechen
subir sa ~	seine Strafe verbüßen
condamné, e *adj et m f*	I. verurteilt II. Verurteilter
condamnable *adj*	zu verurteilen(d), tadelnswert, verwerflich

- Le tribunal **a prononcé une condamnation de 12 ans de prison ferme** contre un jeune homme accusé de meurtre.
- Le criminel **a déjà subi une condamnation pénale pour** tentative de meurtre sur un policier.

engl. *condemn, condemnation, condemned, condemnable*
span. *condenar, condena, condenado, condenable*
ital. *condannare, condanna, condannato, condannabile*

forces *f pl* **de l'ordre**	Polizei, Ordnungskräfte
se rendre aux ~s de l'ordre	sich der Polizei stellen

prison *f*	Gefängnis
~ ferme	Gefängnis-, Haftstrafe ohne Bewährung
~ avec sursis	Gefängnis auf Bewährung
~ à perpétuité	lebenslängliche Gefängnisstrafe
être en ~	im Gefängnis sein
mettre qn en ~	jn. ins Gefängnis stecken
condamner qn à dix ans de ~	jn. zu zehn Jahren Gefängnis verurteilen
prisonnier, ère *m f et adj*	I. Gefangener, Häftling II. gefangen, eingesperrt
emprisonner qn	jn. ins Gefängnis stecken, inhaftieren
emprisonnement *m*	1. Gefängnis-, Haftstrafe 2. Inhaftierung
carcéral, e *adj*	Gefängnis-

- Il risque **trois ans de prison ferme pour** avoir agressé un gendarme.

engl. *prison, imprison, imprisonment, prisoner, carceral*
span. *prisión/cárcel, preso, encarcelar, carcelario, carcelero*
ital. *prigione, prigioniero, carcerare, carcerazione*

punir qn pour qc	jn. für etw. bestrafen
~ qn/qc de qc	jn./etw. mit etw. bestrafen
~ qn sévèrement	jn. hart bestrafen
puni, e *adj*	bestraft
être ~ de prison	mit Gefängnis bestraft werden
punition *f* de qc	Bestrafung, Ahndung von etw.
infliger une ~ à qn	über jn. eine Strafe verhängen, jn. zu einer Strafe verurteilen
punissable *adj*	strafwürdig, sträflich
punitif, ve *adj*	Straf-

- Elle **a été punie pour avoir téléchargé** de la musique sur Internet.
- L'aggression sexuelle est un délit **puni de 7 ans de prison**.

engl. *punish, punished, punishment, punitive*
span. *punición, punitivo*
ital. *punire, punito, punizione, punibile, punitivo*

peine *f*	Strafe
~ de prison	Gefängnisstrafe
~ de mort	Todesstrafe
donner une ~ trop légère à qn	jn. zu milde bestrafen
commuer une ~	eine Strafe herabsetzen, mildern
pénaliser qn	jn. bestrafen *(auch Sport)*
pénalité *f*	Strafe, Bußgeld
pénalisation *f*	Strafpunkte, -minuten *(Sport)*
pénal, e *adj*	Straf-, strafrechtlich
droit *m* ~	Strafrecht

↔ un penalty = ein Strafstoß, Elfmeter
- La Cour d'appel **a commué la peine à perpétuité** d'un jeune étudiant **en** 12 ans de prison.

engl. *penalty, penalize, penal*
span. *pena, penalizar, penalización, penale*
ital. *pena, penalità, penale*

Société – 4. Criminalité et tribunal

voler qc à qn	jm. etw. stehlen	• L'autre jour, je **me suis fait voler** mon porte-monnaie dans le métro. • Le repas nous est revenu à 20 €. Honnêtement, à ce prix, **on n'est pas volé**. • Il a été arrêté pour **vol à l'étalage**. • Tu as payé ce sandwich dix € ? Mais **c'est du vol quoi** ! • On ne va qu'au marché, les commerçants du coin **sont tellement voleurs**.
~ qn	jn. bestehlen	
se faire ~	bestohlen werden	
on n'est pas volé *(fam.)*	man hat was für sein Geld	
il ne l'a pas volé *(fam.)*	das hat er sich ehrlich, redlich verdient	
vol *m*	Diebstahl, Stehlen	
~ à l'étalage	Ladendiebstahl	
~ à la tire	Taschendiebstahl	
~ qualifié	schwerer Diebstahl	
~ simple	einfacher Diebstahl	
commettre un ~	einen Diebstahl begehen	
c'est du ~ *(fam.)*	das ist ja Wucher, die reinste Geldmacherei	
voleur, euse *m f*	Dieb	
au voleur !	Haltet den Dieb!	
c'est un ~ *(fam.)*	das ist ein Halsabschneider, Geldschneider	
tourner mal	auf die schiefe Bahn geraten	• Il **a mal tourné** en commençant par voler des gens dans la rue.
gendarme *m*	Gendarm	***span.*** *gendarme, gendarmería* ***ital.*** *gendarme, gendarmeria*
gendarmerie *f*	Gendarmerie, Polizeirevier	
~ mobile	Bereitschaftspolizei	
police *f*		***engl.*** *police* ***span.*** *policía, policial* ***ital.*** *polizia, poliziotto, poliziesco*
~ judiciaire (= P.J.)	Kriminal~, Kripo	
être dans la ~	bei der ~ sein	
agent *m* de ~	~beamter	
policier, ère *m f et adj*	I II.	
enquête *f*	Untersuchung, Ermittlung	• La police de Lyon **a ouvert une enquête sur** l'attentat qui s'est produit samedi soir place Bellecour.
~ secrète	verdeckte Ermittlung	
~s en cours	laufende Ermittlungen	
ouvrir une ~	Ermittlungen einleiten	
enquêter sur qc	in einer Sache ermitteln, eine Untersuchung in/über etw. durchführen	
enquêteur, euse *m f*	Ermittler, Untersuchungsbeamter	
fraudeur, euse *m f*	Betrüger	***engl.*** *fraud, fraudulent* ***span.*** *defraudador, defraudar, fraudulento, fraude* ***ital.*** *frodatore, frodare, fraudolento, frode*
frauder qn	jn. betrügen	
~ le fisc	Steuern hinterziehen	
frauduleux, euse *adj*	betrügerisch	
fraude *f*	Betrug, Betrügerei	
~ fiscale	Steuerhinterziehung	
escroc *m*	Betrüger, Gauner, Schwindler	
~ au mariage	Heiratsschwindler	
escroquer qc	etw. erschwindeln, ergaunern	
~ qc à qn	jn. um etw. betrügen, prellen	
~ qn	jn. betrügen, begaunern	
escroquerie *f*	Betrug, Gaunerei, Schwindel	
~ au mariage	Heiratsschwindel	
~ à l'assurance	Versicherungsbetrug	
enlever qn	jn. entführen	
enlèvement *m*	Entführung	
ravisseur, euse *m f*	Entführer	

Français	Deutsch	Exemples / autres langues
otage *m*	Geisel	• La caissière de la banque que les bandits **ont prise en otage** est encore sous choc.
prise *f* d'~s	Geiselnahme	
prendre qn en ~	jn. als Geisel nehmen	
preneur *m* d'~s	Geiselnehmer	
		engl. *hostage* ***ital.*** *ostaggio*
assassin *m*	Mörder	***engl.*** *assassin, assassinate, assassination* ***span.*** *asesino, asesinar, asesinato* ***ital.*** *assassino, assassinare, assassinio*
assassiner qn	jn. ermorden	
assassinat *m*	Mord	
meurtrier, -ère *adj et m*	I.1. mörderisch *(Schlacht)* I.2. verheerend *(Unfall, Epidemie)* II. Mörder	• L'armistice de 1918 a mis un terme à une **guerre meurtrière**, mondiale, où plus d'un quart des Français de 18 à 27 ans ont trouvé la mort. • Une **violente tempête meurtrière** dans le Midi a privé d'électricité des milliers de foyers.
folie *f* ~ère	Amoklauf	
meurtre *m* (de qn)	Mord (an jm.)	
commettre un ~	einen Mord verüben, begehen	
		engl. *murder, murderer*
justice *f*	Justiz, Rechtswesen	• Ma mère **est allée en justice** réclamer ses droits. • Al Capone **a été traduit en justice** entre autres pour trafic d'alcool. • **L'affaire est passée en justice** l'année dernière. • Elle **est passée en justice** pour l'assassinat d'une touriste. • Le procureur a tout fait pour faire **passer en justice les auteurs du crime**.
aller en ~	vor Gericht gehen	
assigner qn en ~	jn. vor Gericht laden, vorladen	
traduire qn en ~	jn. gerichtlich belangen, vor Gericht bringen	
passer en ~	vor Gericht kommen	
passer qn en ~	jn. vor Gericht bringen	
représenter qn en ~	jn. vor Gericht vertreten	
juridique *adj*	Justiz-	
justiciable *adj*	der Gerichtsbarkeit unterliegend, unterworfen	
justicier, ère *m f*	Verfechter der Gerechtigkeit, Weltverbesserer	
		engl. *justice* ***span.*** *jurídico, judicial* ***ital.*** *giustizia, giuridico*
procès *m*	Prozess	• La Cour **a repris le procès** de trois hommes condamnés pour meurtre.
~ civil	Zivilprozess	
~ pénal	Strafprozess	
être en ~ avec qn	gegen jn. einen Prozess führen, mit jm. in einem Rechtsstreit liegen	***span.*** *proceso* ***ital.*** *processo*
reprendre un ~	einen Prozess neu aufrollen	
intenter un ~ à qn	gegen jn. einen Prozess anstrengen	
mettre fin à un ~	einen Prozess einstellen	

tribunal *m*	Gericht
~ d'instance	Amtsgericht *(Zivilsachen)*
~ de grande instance	Landgericht
~ de police	Amtsgericht *(Strafsachen)*
~ pour enfants	Jugendgericht
saisir le ~	vor Gericht gehen
le ~ est saisi d'une plainte pour qc	dem Gericht liegt eine Anklage wegen etw. vor
porter qc devant le ~	etw. vor Gericht bringen
comparaître devant le ~	vor Gericht erscheinen

- Ne croyez pas que ça se passe comme ça, **l'affaire ira devant les tribunaux**.
- Les voisins du dessus **ont saisi le tribunal pour** pollution sonore.
- Le comité olympique a décidé de **porter l'affaire de dopage devant le tribunal du sport**.

engl. *tribunal*
span. *tribunal*
ital. *tribunale*

procédure *f*	(Gerichts-)Verfahren
engager une ~	ein Verfahren einleiten

engl. *procedure*
span. *procedimiento*
ital. *procedura*

infraction *f* **à qc**	Zuwiderhandlung, Verstoß gegen etw.

engl. *infraction*
span. *infracción*
ital. *infrazione*

contravention *f*	1. Ordnungswidrigkeit, Verstoß 2. gebührenpflichtige Verwarnung

engl. *contravention*
ital. *contravvenzione*

amende *f*	Geldstrafe, Geldbuße
condamner qn à mille € d'~	jn. zu einer Geldstrafe von 1000 € verurteilen
avis *m* d'~	Bußgeldbescheid

↔ une amande = die Mandel

ital. *ammenda*

juger qn	über jn. richten, urteilen
~ qc	über etw. urteilen, in einer Sache entscheiden, befinden
juge *m*	Richter
~ d'instruction	Untersuchungsrichter
~ pour enfants	Jugendrichter
~ de l'application des peines	Haftrichter
se présenter devant le ~	vor Gericht erscheinen
jugement *m*	Urteil, richterliche Entscheidung
rendre un ~	ein Urteil fällen
attaquer un ~	ein Urteil anfechten
porter un ~ sur qn/qc	ein Urteil über jn./etw. fällen

- Elle **a été jugée coupable de** complicité d'enlèvement d'un jeune enfant de 7 ans.
- Le procès **sera jugé** en fin de semaine.
- Le tribunal **rendra son jugement** fin avril.

engl. *judge, judgement*
span. *juzgar, juez, juicio*
ital. *giudicare, giudice, giudizio*

cour *f*	Gerichtshof
~ d'assises	Schwurgericht
~ d'appel	Berufungsgericht
~ de cassation	Kassationsgericht *(etwa: Bundesgerichtshof)*

↔ le cours = die Unterrichtsstunde
↔ les courses = die Einkäufe

engl. *court*
ital. *corte*

jury *m*	
le ~ se retire	die ~ zieht sich zurück
le ~ délibère	die ~ berät
juré, e *m f*	Geschworener
jurer qc	etw. schwören
serment *m*	Schwur, Eid
faux ~	Meineid
prêter ~	einen Eid ablegen, leisten
faire prêter ~ à qn	jn. vereidigen
violer le ~	den Eid brechen
sous (la foi du) ~	unter Eid, eidlich
déposer qc sous (la foi du) ~	etw. unter Eid aussagen

- L'accusé **a juré ne pas avoir participé** au hold-up.
- Il **m'a juré de ne plus recommencer**.

engl. *jury*
span. *jurado, jurado, jurar, juramento*
ital. *giuria, giurato, giurare, giuramento*

preuve *f*	Beweis
les ~s *f pl*	Beweismaterial
manquer de ~s	keine Beweise haben
apporter la ~ de qc	für etw. den Beweis liefern
constituer une ~	einen Beweis darstellen, Beweiskraft haben *(Dokument, Aussage)*
~ irréfutable	unwiderlegbarer Beweis
prouver qc	etw. beweisen, belegen
~ son innocence	seine Unschuld beweisen
cela reste à ~	das muss erst noch bewiesen werden

- Ce document **constitue une preuve irréfutable**.

engl. *proof, prove*
span. *prueba, probar*
ital. *prova, provare*

procureur *m*	Staatsanwalt
~ de la République	Oberstaatsanwalt

ital. *procuratore*

interrogatoire *m*	Verhör
interroger qn	jn. verhören

engl. *interrogation, interrogate*
span. *interrogatorio, interrogar*
ital. *interrogatorio, interrogare*

perquisition *f*	Hausdurchsuchung
mandat *m* de ~	Hausdurchsuchungsbefehl

ital. *perquisizione domiciliare*

suspect, e *m et adj*	I. II.

engl. *suspect*
span. *sospechoso*
ital. *sospetto*

garde *f* **à vue**	Polizeigewahrsam
mettre qn en ~	jn. in Gewahrsam nehmen

ital. *guardina*

aveu *m*	Geständnis
faire un ~	ein Geständnis ablegen
faire des ~x complets	ein umfassendes Geständnis ablegen
passer aux ~x	geständig werden
extorquer un ~ à qn	von jm. ein Geständnis erzwingen
avouer qc	etw. gestehen
~ avoir fait qc	gestehen etw. getan zu haben
s'~ coupable	sich schuldig bekennen

détention	Haft
~ provisoire	Untersuchungshaft
en ~	in Haft
détenir qn	jn. in Haft halten, gefangen halten
détenu, e *m f et adj*	I. Häftling, Inhaftierter II. inhaftiert

- Voilà une semaine qu'elle **est détenue au** commissariat.

engl. *detention, detain, detainee*
span. *detención, detener, detenido*
ital. *detenzione, detenuto*

7 Société – 4. Criminalité et tribunal

audience *f*	Anhörung, Gerichtstermin	• Le tribunal d'instance **tient audience** tous les mardis.
en ~ publique	in öffentlicher Verhandlung	
tenir ~	tagen, verhandeln *(Gericht)*	***span.*** *audición* ***ital.*** *audizione*
accusé, e *m f et adj*	I. Angeklagter, Beschuldigter II. angeklagt, beschuldigt	***engl.*** *accused, accusation, accuse, accuser* ***span.*** *acusado, acusación, acusar, acusador* ***ital.*** *accusato, accusa, accusare, accusatore*
accusation *f*	Anklage	
accuser qn de qc	jn. wegen etw. anklagen, einer Sache beschuldigen	
être accusé, e d'avoir fait qc	beschuldigt werden, unter Anklage stehen etw. getan zu haben	
accusateur, trice *m f et adj*	I. Ankläger II. anklagend	
témoin *m*	Zeuge	• Tribunal : « Faites entrer le **premier témoin** ». • Il n'a rien fait, je **peux en témoigner**. • Elle **a témoigné que** l'accusé était avec elle ce soir-là.
~ à charge	Belastungszeuge	
~ à décharge	Entlastungszeuge	
témoigner	als Zeuge aussagen	
~ en justice	vor Gericht aussagen	
~ de qc	etw. bezeugen	
~ de l'innocence de qn	js. Unschuld bezeugen	
témoignage *m*	Zeugenaussage	***span.*** *testigo, testificar, testimonio* ***ital.*** *testimone, testimoniare, testimonianza*
faux ~	Falschaussage	
condamner qn sur le ~ de qn	jn. aufgrund js. Aussage verurteilen	
coupable (de qc) *adj et m f*	I. schuldig (an etw.) II. Schuldiger	• Sandrine Y. et Christiane Z. ont été condamnées à vie pour **s'être rendues coupables de** meurtre.
se rendre ~ de qc	etw. verschulden, sich zuschulden kommen lassen	
déclarer qn ~ de qc	jn. für etw. schuldig erklären	
plaider ~	auf schuldig plädieren	***engl.*** *culpable (fml), culpability* ***span.*** *culpable, culpabilidad, culpabilizar, culpa* ***ital.*** *colpevole, colpa/colpevolezza*
non-~	unschuldig	
culpabilité *f*	Schuld, Täterschaft	
culpabiliser qn	bei jm. Schuldgefühle erzeugen	
culpabilisation *f*	Erzeugung von Schuldgefühlen	
défendre qc/qn	etw./jn. verteidigen	• Le policier **n'était pas en légitime défense** lorsqu'il a tiré sur le jeune homme.
se ~	sich verteidigen	
défense *f*	Verteidigung *(auch Gericht)*	
légitime ~	Notwehr	
en légitime ~	in Notwehr	***engl.*** *defend, defense* ***span.*** *defender, defensa* ***ital.*** *difendere, difesa*
circonstances *f pl*	Umstände	***engl.*** *circumstances* ***span.*** *circunstancias* ***ital.*** *circostanze*
~s atténuantes	mildernde Umstände	
verdict *m*	Urteil	***engl.*** *verdict* ***span.*** *veredicto* ***ital.*** *verdetto*
prononcer un ~	ein Urteil verkünden	
acquitter qn	jn. freisprechen	***engl.*** *acquit, acquittal*
acquittement *m*	Freispruch	
répression *f*	Ahndung, strafrechtliche Verfolgung	

avocat, e *m f*	Anwalt	***engl.*** *advocate*
~ de la défense	Anwalt der Verteidigung	***span.*** *abogado*
		ital. *avvocato*
CRS *f pl*	Spezialeinsatztruppe der frz. Polizei	↔ **CRS** = Compagnies Républicaines de Sécurité
***hold-up** *m*	Raubüberfall, Bank-	***engl.*** *hold-up*
prévenu, e *m f*	Beschuldigter	

7 Société – 5. La pauvreté

pauvre *adj et m f*	I. arm, ärmlich II. Armer	• Il a grandi **dans les quartiers pauvres** de la ville, en banlieue. • Le Japon est un pays **pauvre en** ressources naturelles. • Il semble que, entre 2004 et 2007, 500.000 personnes **aient basculé dans la pauvreté**. • En France, presque 8 millions de personnes **vivent en dessous du seuil de pauvreté**. • Les spécialistes redoutent que l'**appauvrissement** de la population ait un effet désastreux sur l'économie.
être ~ en qc *(en vitamines, en idées, etc.)*	an etw. arm sein	
les ~s *m pl*	die Armen	
pauvreté *f*	Armut	
vivre dans la ~	in Armut leben	
basculer qn dans la ~	jn. in Armut stürzen	
seuil *m* **de ~**	Armutsgrenze	
appauvri, e *adj*	verarmt	
appauvrir qn	jn. arm machen, verarmen lassen	
appauvrissement *m*	Verarmung	***engl.*** *poverty, impoverished, pauperise* ***span.*** *pobre, pobreza,empobrecido, empobrecer, empobrecimiento* ***ital.*** *povero, povertà, impoverito, impoverire, impoverimento*
mendier qc	um etw. betteln	***span.*** *mendigar, mendigo* ***ital.*** *mendicare, mendicante*
faire la manche *(fam.)*	betteln	
mendiant, e *m f*	Bettler	
souffrir de qc	an/unter etw. leiden	***engl.*** *suffer, suffering* ***span.*** *sufrir, sufrimiento* ***ital.*** *soffrire, sofferenza*
souffrance *f*	Leiden, Leid	
soulager la ~ de qn	js. Leid lindern	
crise *f*		• Nous **avons traversé une crise profonde**. • Ses **remarques l'ont plongée dans une crise profonde**.
~ du logement	Wohnungsnot	
traverser une ~	eine ~ durchmachen	
plonger qn dans une ~	jn. in eine ~ stürzen	
être en ~	in der ~ sein	
surmonter une ~	eine ~ überstehen	***engl.*** *crisis* ***span.*** *crisis* ***ital.*** *crisi*
quart-monde *m*	vierte Welt	
clochard, e *m f*	Stadtstreicher, Penner	
clochardisation *f*	Verelendung, Verwahrlosung	
sans-abri *m f*	Obdachloser	
S.D.F. *m f*	Obdachloser, Wohnsitzloser	• **S.D.F.** = sans domicile fixe

mourir de qc	an/vor etw. sterben
~ de froid	vor Kälte sterben
~ de sa belle mort	eines natürlichen Todes sterben
faire ~ qn	jn. ins Grab bringen
mort, e *adj et m f*	I. tot, gestorben II. Toter
mort *f*	Tod
~ violente	gewaltsamer Tod
se donner la ~	sich das Leben nehmen
danger *m* de ~	Lebensgefahr
mortalité *f*	Sterblichkeit, Mortalität
mortel, le *adj*	tödlich

- Elle **est morte** à 93 ans **de sa belle mort**.
- Elle est **décédée d'une mort violente** dans la nuit de dimanche à lundi.
- Elle **s'est donné la mort** en prison dans la nuit du 13 au 14 juin.

engl. *mortality, mortal*
span. *morir, muerto, muerte, mortalidad, mortal*
ital. *morire, morto, morte, mortalità, mortale*

marge *f*	Rand
vivre en ~ (de la société)	am Rand der Gesellschaft leben
marginal, e *adj et m f*	I. Rand- II. (gesellschaftlicher) Außenseiter
groupe *m* ~	Randgruppe
marginaliser qn	jn. an den Rand der Gesellschaft, ins soziale Abseits drängen
marginalité *f*	Existenz am Rande der Gesellschaft

- Il s'agit là d'un peuple minoritaire qui a été **marginalisé** pendant des années et qui en a marre de vivre **en marge de la société**.

engl. *margin*
span. *margen, marginal, marginalizar, marginalidad*
ital. *margine, marginale, marginalizzare, marginalità*

allocation *f*	Beihilfe, Unterstützung *(finanziell)*
~ (de) logement	Wohngeld, Mietzuschuss
demander une ~	Beihilfe beantragen
allocataire *m f*	Empfänger, Bezugsberechtigter
dépourvu, e *adj* de qc	ohne etw.
être ~ de ressources	mittellos sein

span. *desprovisto*

précaire *adj*	prekär, unsicher, heikel *(Situation, Arbeit)*
les jeunes en situation ~	die sozialschwachen Jugendlichen
précarité *f*	Prekarität, Unsicherheit
vivre dans la ~	in sozialer Unsicherheit leben

engl. *precarious, precariousness*
span. *precario, precariedad*
ital. *precario, precarietà*

clandestin, e *m f et adj*	I. illegaler Einwanderer II. heimlich, verborgen
clandestinité *f*	Heimlichkeit, Verborgenheit
vivre dans la ~	im Untergrund leben

engl. *clandestine, clandestineness*
span. *clandestino, clandestinidad*
ital. *clandestino, clandestinità*

banlieue *f*	Vorort, Stadtrandgebiet
en ~	im Vorort, Stadtrandgebiet
grande ~	Einzugsgebiet, Umland
banlieusard, e *m f*	Vorortbewohner

- Il n'habite pas à Lyon même, il habite **la banlieue/en banlieue/dans la banlieue sud**.

défavorisé, e *adj*	benachteiligt, schlechter gestellt
venir d'un milieu ~	aus einem sozial schwachen Milieu kommen

- Ces enfants **viennent/sont issus d'un milieu défavorisé**.

logement *m*	Wohnung, Wohnraum
~ social	Sozialwohnung
~ abordable	erschwinglicher Wohnraum
marché *m* du ~	Wohnungsmarkt
loger qn	jn. beherbergen, aufnehmen
~ chez qn	bei jm. wohnen
logeur, euse *m f*	Zimmervermieter, Zimmerwirt

engl. *lodgings*

Société – 5. La pauvreté

misère *f*	Armut, Elend, Not	• Les SDF (= sans domicile fixe) **vivent dans une misère noire** qui fait pitié. • Ah, mon pauvre, qui **t'a fait des misères** ? • **Mon ordi me fait des misères**. Il ne démarre plus.
~ noire	bittere Armut, äußerstes Elend	
vivre dans la ~	im Elend leben	
soulager la ~ de qn	js. Armut, Elend, Not lindern	
crier ~	sein Elend, seine Not klagen	
faire des ~s à qn	jn. quälen, plagen, piesacken	
miséreux *m pl*	Armen, Not Leidenden	
misérable *adj*	arm, ärmlich, armselig	***engl.*** *misery, miserable* ***span.*** *miseria, mísero, miserable* ***ital.*** *miseria, misero, miserabile*
HLM *f*	Sozialwohnung	• **HLM** = habitation à loyer modéré
vie *f*	Leben	• **Le coût de la vie est très élevé** à Paris. • Pour moi, **avoir bien réussi sa vie**, c'est trouver l'homme avec qui je veux rester pour toujours.
niveau *m* de ~	Lebensstandard	
conditions *f pl* de ~	Lebensbedingungen, -verhältnisse	
coût *m* **de la ~**	Lebenshaltungskosten	
perdre la ~ dans qc	bei etw. umkommen	
gagner sa ~	seinen Lebensunterhalt, Brot verdienen	***engl.*** *survival, survival, survivor* ***span.*** *vida, vivir, supervivencia, sobrevivir, superviviente* ***ital.*** *vita, vivere, sopravvita, sopravvivere*
réussir sa ~	das Beste aus seinem Leben machen	
construire sa ~	etw. aus seinem Leben machen	
rater sa ~	sein Leben vermasseln	
~ ratée	verfehltes Leben	
~ insouciante	sorgloses Leben	
vivre	leben	
survie *f*	Überleben	
survivant, e *m f*	Überlebender	
survivre à qc/qn	etw./jn. überleben	
société *f*	Gesellschaft	***engl.*** *society, social, antisocial* ***span.*** *sociedad, social, asocial* ***ital.*** *società, sociale, asociale*
vie *f* en ~	Leben in der Gesellschaft	
social, e *adj*	sozial, Gesellschafts-	
asocial, e *adj et m f*	I. II.	

religion *f*		• Même si beaucoup de Français sont catholiques, il n'y a pas de **religion d'État** en France – c'est un pays laïque.
~ d'État	Staats~	
religieux, -euse *adj et m f*	I. II. Ordensmitglied; Nonne	
religiosité *f*		***engl.*** *religion, religious, religiousness* ***span.*** *religión, religioso, religiosidad* ***ital.*** *religione, religioso, religiosità*
croyance *f*	Glaube	• Les principales **croyances religieuses** en France, ce sont le catholicisme et l'islam, mais il y a aussi beaucoup de gens qui **ne croient pas en Dieu**.
~ en Dieu	Glaube an Gott	
~s religieuses	Glaubensüberzeugungen, religiöse Überzeugungen	
croyant, e *adj et m f*	I. gläubig, religiös II. Gläubiger	
très ~	tiefgläubig, -religiös	***span.*** *créer, creyente* ***ital.*** *credo, credente, credere*
croire en Dieu	an Gott glauben	
Dieu *m*	Gott	***engl.*** *divine, divinity* ***span.*** *Dios, divino, divinizar, divinización, divinidad* ***ital.*** *Dio, divino, divinizzare, divinizzazione, divinità*
le bon °~	der liebe Gott	
°~ vous bénisse	Gott segne Sie	
°~ vous garde	Gott schütze Sie	
°~ vous le rende	vergelt's Gott	
prier °~	zu Gott beten	
implorer °~	zu Gott flehen	
paraître devant °~	vor Gott treten	
offenser °~	sich gegen Gott versündigen	
divin, e *adj*	göttlich, Gottes-	
le ~ enfant *m*	das Jesus-, Christuskind	
diviniser qn	jn. zum Gott erheben, als Gott verehren	
divinisation *f*	Erhebung zum Gott, Vergötterung	
divinité *f*	1. Göttlichkeit 2. Gottheit	
enfer *m*	Hölle	• « L'**enfer**, c'est les autres ». (Jean-Paul Sartre : Huis clos)
~s *m pl*	Unterwelt	
aller en ~	in die Hölle kommen	
infernal, e *adj*	höllisch, Höllen-	***engl.*** *infernal* ***span.*** *infierno, infernal* ***ital.*** *inferno, infernale*
judaïsme *m*	Judentum	***engl.*** *Judaism, Judean, Jew, Jewish* ***span.*** *judaísmo, judaico, judeocristiano, judío, judío* ***ital.*** *giudaismo, giudaio, giudeo, giudaico*
judaïque *adj*	judäisch, jüdisch	
judéo-chrétien, ne *adj*	judeochristlich	
Juif, ve *m f*	Jude	
juif, ve *adj*	jüdisch	
hébreu, hébraïque *adj*	hebräisch	***engl.*** *Hebrew* ***span.*** *hebreo/hebraico, hebreo, hebreo* ***ital.*** *ebraico, ebreo*
Hébreu, Hébraïque *m f*	Hebräer	
l'hébreu *m*	das Hebräische	

monothéiste *adj et m f*	I. II.	***engl.*** *monotheist, monotheism, polytheist, polytheism* ***span.*** *monoteísta, monoteísmo, politeísta, politeísmo* ***ital.*** *monoteistico, monoteismo, politeistico, politeismo*
monothéisme *m*		
polythéiste *adj et m f*	I. II.	
polythéisme *m*		
Christ *m* [krist]	Christus	• Il est **mort en chrétien**. • Prêtre : « Si tu **as toujours vécu en bon chrétien**, mon enfant, ton âme ira au paradis. »
avant/après Jésus-~	vor/nach Christus	
christianisme *m*	Christentum	
christianiser qn	jn. zum Christentum bekehren	
christianisation *f*	Christianisierung	
chrétien, ne *adj et m f*	I. christlich II. Christ	***engl.*** *Christ, Christianity, Christian,* ***span.*** *Cristo, cristianismo, cristianizar, cristianización, cristiano* ***ital.*** *Cristo, cristianesimo, cristianizzare, cristianizzazione, cristiano, cristianità*
vivre en bon ~	als guter Christ leben	
chrétienté *f*	Christenheit	
foi *f*	Glaube	↔ le foie = die Leber ↔ la fois = das Mal • Ne te fâche pas, je l'**ai fait en toute bonne foi**. • Paul est hypocrite et **de mauvaise foi**. • Après avoir entendu cet **argument de mauvaise foi**, elle a été très énervée.
faire qc en toute bonne ~	etw. im guten Glauben tun	
être de bonne ~	gutgläubig sein	
abuser de la bonne ~ de qn	js. Gutgläubigkeit ausnutzen	
être de mauvaise ~	böswillig, unaufrichtig sein	
qn est digne de ~	jn. ist glaubwürdig	
avoir la ~	gläubig sein	
n'avoir ni ~ ni loi	weder Glauben noch Moral besitzen	***span.*** *fe* ***ital.*** *fede*
confesser sa ~	seinen Glauben bekennen	
pratiquer la ~	seinen Glauben praktizieren	
~ profonde	tiefer Glaube	
musulman, e *m f et adj*	I. Moslem II. moslemisch	***engl.*** *Muslim* ***span.*** *musulmán* ***ital.*** *musulmano*
saint, e *adj et m f*	I. heilig II. Heiliger	• Après tout ce qui s'est passé, **je ne sais plus à quel saint me vouer**.
guerre *f* ~e	heiliger Krieg	
l'histoire *f* ~e	die Biblische Geschichte	
jeudi *m* ~	Gründonnerstag	***engl.*** *saint, sanctity* ***span.*** *santo, santidad* ***ital.*** *santo, santità*
semaine *f* ~e	Karwoche	
vendredi *m* ~	Karfreitag	
la Terre ~e	das Heilige Land	
ne pas savoir à quel ~ se vouer	nicht ein noch aus wissen	
ne pas être un ~	kein Unschuldslamm sein	
sainteté *f*	Heiligkeit	
ne pas être en odeur de ~ auprès de qn *(fam.)*	bei jm. nicht gut angeschrieben sein, nicht gern gesehen sein	
catholicisme *m*		***engl.*** *Catholicism, Catholic* ***span.*** *catolicismo, católico* ***ital.*** *cattolicesima, cattolico*
catholique *m f et adj* (catho *fam.*)	I. II.	
~ romain, e *adj*		

baptême *m* [batɛm(ə)]	Taufe	***engl.*** *baptism, baptise, baptised*
baptiser qn/qc [batize]	jn./etw. taufen	***span.*** *bautizo, bautizar, bautizado*
~ qn X	jn. (auf den Namen) X taufen	***ital.*** *battesimo, battezzare, battezzato*
être baptisé, e *adj* [batize] catholique	katholisch getauft sein	
protestantisme *m*		***engl.*** *Protestantism, Protestant*
protestant, e *m f et adj*	I. II.	***span.*** *protestantismo, protestante* ***ital.*** *protestantesimo, protestante*
laïc / laïque *adj*	bekenntnisneutral, -frei, konfessionslos	• La **laïcité** est un concept très important en France qui désigne la séparation du civil et du religieux. Il n'y a donc pas de religion d'État en France.
laïcisation *f*	Befreiung von religiöser, kirchlicher Bindung	
laïciser qc	etw. entkonfessionalisieren, bekenntnisneutral gestalten	
laïcisme *m*	Laizismus	***span.*** *laico, laicización, laicizar, laicismo, laicidad*
laïcité *f*	religiöse, bekenntnismäßige Neutralität des Staates, Trennung von Staat und Kirche	***ital.*** *laico, laicizzazione, laicizzare, laicismo, laicità*
église *f*	Kirche *(Gebäude)*	↔ église klein geschrieben = Gebäude
l'°~	die Kirche *(Institution)*	↔ Église groß geschrieben = Institution
se marier à l'~	sich kirchlich trauen lassen	• Je vis en bon chrétien. Je **vais à l'église** tous les dimanches et je respecte les dix commandements. Les gens qui ne **vont à l'église que pour Noël**, je les trouve hypocrites.
aller à l'~	in die Kirche gehen	
aller à l'~ pour Noël	an Weihnachten in die Kirche gehen	
ecclésiastique *adj et m*	I. kirchlich, Kirchen- II. Geistlicher, Kleriker	
		span. *iglesia, eclesiástico* ***ital.*** *chiesa, ecclesiastico*
pape *m*	Papst	***engl.*** *pope, papal, papacy*
papal, e *adj*	päpstlich, Papst-	***span.*** *papa, papal, papado*
papauté *f*	Papsttum	***ital.*** *papa, papale, papato*
évêque *m*	Bischof	
évêché *m*	Bistum	
archevêque *m*	Erzbischof	
archevêché *m*	Erzbistum	
messe *f*		• Aujourd'hui, c'est le troisième anniversaire de la mort de ma grand-mère. Il faut qu'on **fasse dire une messe pour** le repos de son âme.
~ de minuit	Christmette	
aller à la ~	in die Kirche gehen	
dire la ~	die ~ halten, lesen	
faire dire la ~ pour qn	für jn. eine ~ lesen lassen	
servir la ~	ministrieren	
célébrer la ~	die ~ begehen	***engl.*** *mass* ***span.*** *misa* ***ital.*** *messa*
curé *m*	Pfarrer *(katholische Kirche)*	***span.*** *cura* ***ital.*** *curato*
pasteur *m*	Pfarrer, Pastor *(protestantische Kirche)*	***engl.*** *pastor* ***span.*** *pastor* ***ital.*** *pastore*

Français	Deutsch	
rabbin *m*		***engl.*** *rabbi* ***span.*** *rabí* ***ital.*** *rabbino*
prêtre *m*	Priester	***engl.*** *priest* ***ital.*** *prete*
prêtrise *f*	Priesteramt, -würde	
confession *f*	Beichte, Sündenbekenntnis	***engl.*** *confession, confess, confessor, confessional* ***span.*** *confesión, confesar(se), confesor, confesonario* ***ital.*** *confessione, confessarsi, confessore, confessionale*
entendre qn en ~	jm. die Beichte abnehmen	
confesser qn	jm. die Beichte abnehmen	
se ~	beichten, die Beichte ablegen	
se ~ à qn	jm. beichten	
~ qc	etw. eingestehen, zugeben	
confesseur *m*	Beichtvater	
confessionnal *m*	Beichtstuhl	
pratiquant, e *m f*	praktizierender Katholik	***engl.*** *practising* ***span.*** *practicante* ***ital.*** *praticante*
il est très ~	er ist ein eifriger Kirchgänger	
catéchisme *m* [kateʃism(ə)]	Religionsunterricht, Katechismus	• Dans les écoles publiques en France, il n'y a pas de **catéchisme** puisqu'il s'agit d'un pays laïque. ***engl.*** *catechism* ***span.*** *catecismo* ***ital.*** *catechismo*
catéchiste *m f*	Religionslehrer	
communion *f*		***engl.*** *communion* ***span.*** *comunión* ***ital.*** *comunione, comunicarsi*
~ solennelle	Erst~	
faire sa première ~	zur Erst~ gehen, die erste heilige ~ empfangen	
communier		
mariage[1] *m*	Ehe, Eheschließung, Heirat	• Ils **ont fait un mariage religieux**, mais c'est pour faire plaisir à leurs parents. • Malheureusement, il existe encore des pays où le **mariage forcé** se pratique toujours. • C'est **mon épouse** qui **m'a demandé en mariage** alors que j'étais déjà divorcé et que j'avais un **enfant issu d'un premier mariage**. • Son père **l'a mariée avec** le fils du voisin. • Ils **se sont mariés** l'été dernier après avoir été ensemble depuis cinq ans. • Doris **s'est mariée avec** un jeune historien.
~ civil	standesamtliche Trauung	
~ religieux	kirchliche Trauung, Hochzeit	
~ forcé	Zwangsehe	
faire un ~ de raison	eine Vernunftheirat eingehen	
enfant né hors ~	uneheliches Kind	
enfant issu d'un premier ~	Kind aus erster Ehe	
demander qn en ~	um js. Hand anhalten	
demande *f* en ~	Heiratsantrag	
faire un beau ~	eine gute Partie machen	
marié, e *adj*	verheiratet	
mari *m*	Ehemann, Gatte	
épouse *f* (!)	Ehefrau, Gattin	
marier qn	jn. trauen	
~ sa fille avec qn (!)	seine Tochter mit jm. verheiraten	
se ~ avec qn (!)	jn. heiraten	
conjugal, e *adj*	Ehe-	
lit *m* ~	Ehebett	
conseiller *m* ~	Eheberater	***engl.*** *marriage, married, marry* ***span.*** *matrimonio, marido, esposa, conyugal* ***ital.*** *matrimonio, marito, moglie, ammogliarsi, coniugale*

mariage[2] *m*	Hochzeit	• Ma copine rêve d'un **mariage en blanc**. • Ils **ont fait un mariage blanc** pour qu'il puisse rester en Europe. • Si mon grand-père n'était pas mort, mes grands-parents auraient fêté **leurs noces d'or** l'année prochaine.
~ en blanc (!)	Hochzeit in Weiß	
~ blanc (!)	Scheinehe	
anniversaire *m* de ~	Hochzeitstag	
marié, e *m f*	Bräutigam, Braut	
les ~s *m pl*	Brautpaar	
nuptial, e *adj*	Hochzeits-, Braut-	
marche *f* ~e	Hochzeitsmarsch	
nuptialité *f*	Zahl der Eheschließungen	
noces *f pl*	Hochzeit, Hochzeitsfeier	
~s d'argent/d'or/de diamant	silberne/goldene/diamantene Hochzeit	***span.*** *matrimonio* ***ital.*** *matrimonio, nuziale, nozze*
nuit *f* de ~s	Hochzeitsnacht	
en premières/secondes ~s	in erster/zweiter Ehe	
partir en voyage de ~s	in die Flitterwochen fahren	
noce *f*	Hochzeitsgesellschaft	
fiançailles *f pl*	Verlobung	• Quand il a appris qu'elle l'avait trompé, il **a rompu ses fiançailles avec** elle. • Elle **s'est fiancée avec** un ancien camarade de classe.
rompre ses ~s	die Verlobung lösen, sich entloben	
fiancé, e *m f*	Verlobter	
se fiancer avec qn	sich mit jm. verloben	
		ital. *fidanzamento, fidanzato, fidanzarsi*
divorce *m* **(d'avec/de qn)**	Scheidung (von jm.)	↔ sich scheiden lassen = divorcer (ohne « se » !) • De nos jours, **un couple sur deux divorce**. • Deux ans plus tard, il **a divorcé d'avec sa femme** quand il a découvert qu'elle avait entamé une liaison orageuse avec un artiste.
être en ~ avec qn	mit jm. in Scheidung leben	
demander le ~	die Scheidung einreichen	
divorcé, e *adj et m f*	I. geschieden II. Geschiedener	
divorcer (!) d'avec qn/de qc	sich von jm. scheiden lassen	
		engl. *divorce* ***span.*** *divorcio, divorciado, divorciar* ***ital.*** *divorzio, divorziato, divorziare*
enterrement *m*	Beerdigung, Bestattung	***span.*** *entierro, enterrar*
~ de vie de garçon	Junggesellenabschied	
~ de vie de jeune fille	Junggesellinnenabschied	
enterrer qn	jn. beerdigen, bestatten	
il nous enterrera tous	er wird uns alle überleben	
Pâques	Ostern	↔ Pâques alleinstehend: ***m sg*** ohne Artikel ↔ Pâques + Adjektiv : ***f pl***
à °~	an/zu Ostern	
joyeuses °~ !	frohe Ostern!	
vacances *f pl* de °~	Osterferien	
pascal, e *adj*	österlich, Oster-	***span.*** *Pascua, pascual* ***ital.*** *pasqua, pasquale*
Pentecôte *f*	Pfingsten	***engl.*** *pentecost* ***span.*** *Pentecostés* ***ital.*** *pentecoste*
à la °~	an/zu Pfingsten	
vacances *f pl* de la °~	Pfingstferien	

7 Société – 6. Les religions

Ascension *f*	Christi Himmelfahrt	***engl.*** *Ascension* ***span.*** *Ascención* ***ital.*** *Ascensione*
Assomption *f*	Maria Himmelfahrt	***span.*** *Asunción* ***ital.*** *Assunzione*
Toussaint *f* à la °~ vacances *f pl* de la °~	Allerheiligen an/zu Allerheiligen Herbstferien	***ital.*** *ognissanti*
Réforme *f* Contre-°~	Reformation Gegenreformation	***engl.*** *reformation* ***span.*** *Reforma* ***ital.*** *Riforma*
bible *f* la °~ biblique *adj*	*(Buch)* *(Heilige Schrift)*	***engl.*** *bible, biblical* ***span.*** *biblia, bíblico* ***ital.*** *bibbia, biblico*
prière *f* ~ fervente dire une/sa ~ prier ~ Dieu	Gebet Stoßgebet ein Gebet sprechen, beten beten zu Gott beten	***engl.*** *prayer, pray* ***ital.*** *preghiera, pregare*
culte *m* liberté *f* de ~	Religion, Konfession Bekenntnis-, glaubensfreiheit	***engl.*** *cult* ***span.*** *culto* ***ital.*** *culto*
temple *m* templier *m*		***engl.*** *temple* ***span.*** *templo* ***ital.*** *tempio*
mosquée *f*	Moschee	***engl.*** *mosque* ***ital.*** *moschea*
commandement *m* **les dix ~s**	Gebot die zehn Gebote	• Premier des **dix commandements** : « Tu n'auras pas d'autres dieux devant ma face. » ***engl.*** *commandment* ***ital.*** *comandamento*
pèlerinage *m* pèlerin *m*	1. Pilgerfahrt, Wallfahrt 2. Wallfahrtsort Pilger, Wallfahrer	***span.*** *peregrinaje/peregrinación, peregrino* ***ital.*** *pellegrinaggio, pellegrino*
Mecque *f*	Mekka	***engl.*** *Mecca* ***span.*** *Meca* ***ital.*** *Mecca*
jeûner [ʒøne] jeûne *m* [ʒøn] à jeun *adv* [ʒɛ̃] être à ~	fasten Fasten nüchtern, auf nüchternem Magen nüchtern sein, nichts gegessen haben	

voile *m*	Schleier	↔ la voile = das Segel • Le **port du voile** est interdit dans les établissements publics en France.
lever le ~ *(fig.)*	den Schleier lüften	
voilé, e *adj*	verschleiert	***span.*** *velo, velado* ***ital.*** *velo, velato*
piété *f*	Frömmigkeit	***engl.*** *piety, pious* ***span.*** *piedad, piadoso* ***ital.*** *pietà, pio*
pieux, euse *adj*	fromm	
doctrine *f*		***engl.*** *doctrine, doctrinal* ***span.*** *doctrina, doctrinal, doctrinario* ***ital.*** *dottrina, dottrinale, dottrinario*
doctrinal, e *adj*		
doctrinaire *m*	Ideologe	
péché *m*	Sünde	↔ pêcher = fischen, angeln ↔ le pêcheur = der Fischer, Angler • Le vin, la cigarette et les bons plats cuisinés, voilà ses **péchés mignons**.
faire/commettre un ~	eine Sünde begehen	
vivre dans le ~	in Sünde leben	
~ mignon *(fam. ; fig.)*	kleine Sünde, Schwäche	
pécher	sündigen	
~ contre qc	gegen etw. verstoßen, sich an etw. versündigen	
pécheur, eresse *m f*	Sünder	***span.*** *pecado, pecar, pecador* ***ital.*** *peccato, peccare, peccaminoso, impeccabile*
peccable *adj*	sündhaft	
impeccable *adj*	tadellos, einwandfrei	
moine *m*	Mönch	***engl.*** *monk, monastery, monastic* ***span.*** *monje, monasterio, monástico* ***ital.*** *monaco, monastero, monastico*
l'habit ne fait pas le ~	der Schein trügt	
monastère *f*	Kloster	
monastique *adj*	klösterlich, Kloster-	
célibat *m*	Zölibat, Ehelosigkeit	***engl.*** *celibacy, (to be) celibate* ***span.*** *celibato* ***ital.*** *celibato, celibe*
faire vœu de ~	das Zölibat ablegen	
célibataire *m f et adj*	I. Junggeselle II. ledig, unverheiratet	
~ endurci	eingefleischter Junggeselle	
couvent *m*	Kloster	↔ Konvent
aller au ~	ins Kloster gehen	***engl.*** *convent* ***span.*** *convento* ***ital.*** *convento*
foulard *m*	Kopftuch	
secte *f*		***engl.*** *sect* ***span.*** *secta* ***ital.*** *setta*
rite *m*	Ritus, Kulthandlung	***engl.*** *rite, ritual* ***span.*** *rito, ritual* ***ital.*** *rito, rituale*
rituel, le *adj et m*	I. rituell, kultisch II. Ritual	
diable *m*	Teufel	• Il n'a pas un sou, **il tire le diable par la queue**.
tirer le ~ par la queue	am Hungertuch nagen	
petit ~	Teufels-, Satansbraten	
diabolique *adj*	teuflisch, diabolisch	***engl.*** *devil, diabolic* ***span.*** *diablo, diabólico* ***ital.*** *diavolo, diabolico*
diaboliser qn/qc	jn./etw. verteufeln	

sermon *m*	Predigt	• Je ne suis rentrée qu'à trois heures du matin et le lendemain, ma mère **m'a fait un sermon**. • Plutôt de me faire des remarques, il pourrait **prêcher d'exemple**. • Désolée pour ce **prêchi-prêcha**, mais crois-tu vraiment que ce soit une bonne idée ?
faire un ~ à qn	jm. eine Straf-, Moralpredigt, Standpauke halten	
sermonneur *m*	Moralprediger	
prêcher	predigen	
~ d'exemple	mit gutem Beispiel vorangehen	
prédicateur, trice *m f*	Prediger	
prêchi-prêcha *m (fam.)*	Moralpredigten, moralisierendes Geschwätz	
		engl. *sermon, preacher, preach* ***span.*** *sermón, predicador, predicar* ***ital.*** *predicare, predicatore*
paroisse *f*	Kirchen-, Pfarrgemeinde	***engl.*** *parish, parishioner, parochial* ***span.*** *parroquia, parroquial* ***ital.*** *parrocchia, parrocchiano, parrocchiale*
paroissien, ne *m f*	Gemeindemitglied	
paroissial, e *adj*	Pfarr-, Gemeinde-	
sabbat *m*		***engl.*** *sabbath* ***span.*** *sab(b)ath* ***ital.*** *sabato*
Coran *m*		***engl.*** *Koran (Qur'an)* ***span.*** *Corán* ***ital.*** *corano*
intégrisme *m*	Fundamentalismus	***span.*** *integrismo, integrista*
intégriste *adj et m f*	I. fundamentalistisch II. Fundamentalist	

sport *m*	1.
	2. ~art
~ amateur/professionnel	Amateur-/Berufs~
~ de compétition	Leistungs~
~ d'élite	Hochleistungs~
~ d'équipe	Mannschafts~
~ d'endurance	Ausdauer~
~ nautique	Wassersport
terrain *m* de ~	~platz, ~gelände
faire du ~	~ machen, treiben
sportif, ve *adj et m*	I.
	II.
association *f* ~	~verein
sportivité *f*	

- On **est allé aux sports d'hiver** en février.

engl. *sport*
span. *deporte, deportivo, deportista*
ital. *sport, sportivo, sportività*

jeu *m*	Spiel
c'est le ~	das ist die (Spiel-)Regel
joueur, euse *m f*	Spieler
faire entrer un ~	einen Spieler einwechseln
faire sortir un ~	einen Spieler auswechseln
jouer à qc	etw. Spielen *(Sportart, Spiel)*
~ d'un instrument	ein Instrument spielen
jouets *m pl*	Spielsachen, -zeug
ludique *adj*	Spiel-, spielerisch

- L'entraîneur **a fait sortir l'attaquant** qui avait marqué le premier but.

span. *juego, jugador, jugar, juguete, lúdico*
ital. *gioco, giocatore, giocare, giocattoli, ludico*

champion, ne *m f*	Champion, Meister
~ du monde	Weltmeister
~ d'Europe	Europameister
championnat *m*	Meisterschaft
remporter le ~	die Meisterschaft gewinnen

engl. *champion, championship*
span. *campeón, campeonato*
ital. *campione, camiponato*

compétition *f*	Wettkampf, -bewerb
être en ~ avec qn	mit jm. konkurrieren
avoir l'esprit de ~	Kampfgeist haben
disputer une ~	einen Wettkampf austragen, bestreiten
remporter la ~	den Wettkampf gewinnen
compétitif, ve *adj*	wettbewerbsfähig
compétitivité *f*	Wettbewerbsfähigkeit

- Lyon et Stuttgart **se disputeront la coupe de la Champions League** en finale samedi prochain.

engl. *competition, competitive, competitiveness*
span. *competición, competir, competitivo, competitividad*
ital. *competizione, competitivo, competitività*

tournoi *m*	Turnier

engl. *tournament*
span. *torneo*
ital. *torneo*

Coupe *f* **du Monde**	Weltmeisterschaft
°~ d'Europe	Europameisterschaft
remporter la °~ du Monde	die Weltmeisterschaft gewinnen

engl. *World Cup*
span. *copa del mundo/mundial*

record *m*	
établir un ~	einen ~ aufstellen, einstellen
battre un ~	einen ~ brechen
détenir un ~	einen ~ halten

- Il **a battu le record du monde du quatre cents mètres**.

engl. *record*
span. *récord*
ital. *record*

titre *m*	Titel
remporter le ~	den Titel gewinnen
tenant *m* du ~	Titelverteidiger

engl. *title*
span. *título*
ital. *titolo*

équipe *f*	Mannschaft	***span.*** *equipo* ***ital.*** *equipaggio*
pousser son ~	seine Mannschaft anfeuern	
encadrer une ~	eine Mannschaft betreuen	
formation *f* de l'~	Mannschaftsaufstellung	
football *m*		***engl.*** *football/soccer* ***span.*** *fútbol, futbolista*
~ en salle	Hallen~	
footballeur, euse *m f*		
but *m*	Tor	• Lyon a gagné par **deux buts à un.** • Le **gardien de but** s'est fait siffler – il a laissé passer le ballon entre ses jambes.
gardien *m* **de ~**	Torwart	
tirer au ~	auf das Tor schießen	
marquer un ~	ein Tor schießen	
rater le ~ de peu	das Tor knapp verfehlen	
prendre/encaisser un ~	ein (Gegen-)Tor kassieren	
mettre le ballon au fond du ~	den Ball im Tor versenken	
sortir du ~	aus dem Tor herauslaufen	
coup *m* de pied de ~	Abstoß	
~ contre son camp	Eigentor	
ballon *m*	(großer) Ball *(Fußball)*	• Ah là là, il a encore **perdu le contrôle du ballon**. • Pff, ils **n'ont couru qu'après le ballon** pendant tout le match.
contrôler le ~	den Ball annehmen	
capter le ~	den Ball fangen	
conduire le ~	den Ball führen	
amortir le ~	den Ball mit Gefühl annehmen	
récupérer le ~	den Ball zurückerobern	***engl.*** *ball* ***span.*** *balón*
aller vers le ~	zum Ball gehen	
protéger le ~	den Ball abdecken, abschirmen	
dévier le ~	den Ball ablenken *(Torwart)*	
subtiliser le ~ à qn	jm. den Ball abnehmen	
détourner le ~	den Ball abwehren	
brosser le ~	den Ball anschneiden	
lober le ~	den Ball lupfen	
courir après le ~	dem Ball hinterherlaufen	
passer le ~ à qn	jm. den Ball zuspielen, vorlegen	
~ à ras de terre	flacher Ball	
maîtrise *f* du ~	Ballbeherrschung	
être en possession du ~	in Ballbesitz sein	
avoir le toucher *m* de ~	Ballgefühl haben	
perte *f* du ~	Ballverlust	
jambe *f*	Bein	***ital.*** *gamba*
~ tendu	gestrecktes Bein	
~ en l'air	hohes Bein	
siffler	pfeifen	
~ le coup d'envoi	anpfeifen	
~ la fin du match	abpfeifen	
~ la mi-temps	zur Halbzeit pfeifen	
~ une faute	ein Foul pfeifen	
sifflet *m*	Pfeife	
sifflement *m*	Pfeifen, Pfiff	
arbitre *m*	Schiedsrichter	***span.*** *árbitro, arbitrar* ***ital.*** *arbitro, arbitrare*
arbitrer un match	bei einem Spiel Schiedsrichter sein	
passoire *f (fam.)*	Fliegenfänger, Schießbude *(Torwart, der nichts hält)*	↔ la passoire = das Sieb • **Quelle passoire** ce gardien, il n'a rien arrêté.

hors-jeu *m*	Abseits	• Mais c'est pas possible, il **a encore été pris au piège du hors jeu**.
piège *m* **du ~**	Abseitsfalle	
position *f* de ~	Abseitsstellung	
tacle *m*	Grätsche	***engl.*** *tackle*
~ par derrière	Grätsche von Hinten	
~ latéral	Grätsche von der Seite	
tacler	grätschen	
faute *f*	Foul	• **Il y a faute** ! Mais il ne voit rien cet arbitre là.
simuler une ~	ein Foul vortäuschen	
faire/commettre une ~	foulen	
		span. *falta* ***ital.*** *fallo*
montée *f*	Aufstieg	• L'équipe de Nuremberg **n'est pas montée en division supérieure** cette année.
monter (en division supérieure)	aufsteigen	
nouveau promu *m*	Aufsteiger	
relégation *f* **/ descente** *f*	Abstieg	• Montpellier a 12 points de retard. Elle **risque** carrément **de descendre en division inférieure**.
risque *m* **de ~**	Abstiegsgefahr	
descendre (en division inférieure)	absteigen	
être en position de relégable	auf einem Abstiegsplatz stehen	
équipe *f* reléguée	Absteiger	***span.*** *descenso* ***ital.*** *discesa*
défense *f*	Abwehr, Verteidigung	***engl.*** *defense, defender, defend* ***span.*** *defensa, defender, defensa* ***ital.*** *difesa, difensore, difendere*
s'infiltrer dans la ~	sich durch die Abwehr mogeln	
ligne *f* arrière/défensive	Abwehrkette	
construire le jeu à partir de l'arrière	aus der Abwehr heraus spielen	
défenseur, euse *m f*	Verteidiger	
~ latéral	Außenverteidiger	
~ central	Innenverteidiger	
défendre qc/qn	etw./jn. verteidigen	
attaque *f*	Angriff	***engl.*** *attack* ***span.*** *ataque, ataquar* ***ital.*** *attacco, attaccante, attaccare*
contre-~	Gegenangriff	
mener une ~	einen Angriff aufbauen	
relancer l'~	den Angriff neu aufbauen	
attaquant, e *m f*	Angreifer, Stürmer	
attaquer qc/qn	etw./jn. angreifen	
se démarquer	sich freilaufen	
esseulé, e *adj*	freistehend	
être ~	frei stehen	
couverture *f*	Deckung	
couvrir qn	jn. decken	
tir *m*	Schuss	***span.*** *tiro* ***ital.*** *tiro*
~ à distance	Distanzschuss	
~s au but	Elfmeterschießen	
~ retourné	Fallrückzieher	
~ contré	abgeblockter Schuss	
~ raté	misslungener Schuss	
~ puissant	scharfer Schuss	
~ imparable	unhaltbarer Schuss	
arrêter un ~	den Ball halten	
tirer au but	auf das Tor schießen	

surface *f* **de réparation**	Strafraum	
pénétrer dans la ~	in den Strafraum eindringen	
faire du cinéma	simulieren, eine Schwalbe machen	
passe *f*	Pass	***span.*** *pase* ***ital.*** *passaggio*
mauvaise ~	Fehlpass	
faire une ~ à qn	auf jn. einen Pass spielen	
~ déviée	abgefälschter Pass	
~ latérale	Querpass	
~ en retrait	Rückpass	
une-deux *m*	Doppelpass	
faire un ~	einen Doppelpass spielen	
coup-franc *m*	Freistoß	
but *m* sur ~	Freistoßtor	
main *f*	Hand	• **(Il y a) main** !
(faute *f* de) ~	Handspiel	***span.*** *mano* ***ital.*** *mano*
carton *m*	Karte	• L'arbitre **lui a sorti le carton rouge**.
~ jaune/rouge	gelbe/rote Karte	
sortir le ~ jaune	gelb zeigen	***engl.*** *card* ***ital.*** *cartellino*
mur *m*	Mauer	***span.*** *muro* ***ital.*** *muro*
faire le ~	eine Mauer bilden	
milieu *m*	1. Mittelfeld 2. Mittelfeldspieler	
maintien *m*	Klassenerhalt	
contre *m*	Konter	
jouer le ~	auf Konter spielen	
partir en ~	kontern	
tête *f*	1. Kopf 2. Kopfball	***ital.*** *testa*
faire une ~	köpfen	
centre *m*	Flanke	***span.*** *centrar*
~ de la gauche	Flanke von links	
~ appuyé	scharfe Flanke	
~ brossé	angeschnittene Flanke	
~ fuyant	Flanke am Tor vorbei	
centrer	flanken	
~ en *hauteur	eine hohe Flanke schlagen	
corner *m*	Ecke, Eckball	***engl.*** *corner*
jouer un ~ à deux	kurze Ecke spielen	
~ au premier poteau	Ecke auf den ersten Pfosten	
supporter *m f*	Anhänger, Fan	***engl.*** *supporter* ***ital.*** *supporter*
engagement *m*	Einsatz (während des Spiels)	• L'équipe **ne s'est pas engagée à fond** aujourd'hui.
s'engager à fond	vollen Einsatz zeigen	
échauffement	Aufwärmen	
s'échauffer	sich aufwärmen, warmlaufen	

touche *f*	1. Aus	
(rentrée *f* de) ~	2. Einwurf	
sortir en ~	ins Aus gehen	
dégager en ~	ins Aus schlagen	
juge *m* de ~	Linienrichter	
égalisation *f*	Ausgleich	
but *m* d'~	Ausgleichstreffer	
égaliser	den Ausgleich erzielen, ausgleichen	
égalité *f* (à la marque)	Gleichstand	
aile *f*	Flügel	***span.*** *ala*
jouer par les ~s	über die Flügel spielen	***ital.*** *ala*
ailier *m*	Flügelspieler, Außenstürmer	
match *m*	Match, Spiel	• Bordeaux **revient dans le match** avec trois but de retard, c'est incroyable.
~ à l'extérieur	Auswärtsspiel	
~ à domicile	Heimspiel	
~ de bienfaisance	Benefizspiel	
~ de barrage	Entscheidungsspiel	***engl.*** *match*
~ d'ouverture	Eröffnungsspiel	***span.*** *match*
~ amical	Freundschaftsspiel	
~ aller	Hinspiel	
~ retour	Rückspiel	
~ en retard	Nachholspiel	
~ très physique	Spiel mit hohem Körpereinsatz	
~ international	Länderspiel	
~ éliminatoire	Qualifikationsspiel	
~ nul	Unentschieden	
arracher le ~ nul	ein Unentschieden erkämpfen	
disputer un ~	ein Spiel austragen	
revenir dans le ~	den Anschlusstreffer erzielen	
remplacement *m*	Auswechseln, Auswechslung	
remplacer un joueur	einen Spieler auswechseln	
remplaçant *m*	Auswechselspieler	
banc *m* des ~s	Ersatzbank	
penalty *m*	Elfmeter, Strafstoß	***engl.*** *penalty* ***span.*** *penalti/penalty*
score *m*	Spielstand	***engl.*** *score*
~ final	Endstand	
porter le ~ à x	erhöhen auf x	
réduire le ~	aufholen	
pays *m* **organisateur**	Gastgeberland	
adversaire *m*	1. Gegner	***span.*** *adversario*
	2. Gegenspieler	***ital.*** *avversario*
déborder l'~	den Gegner überrennen	
devancer l'~	dem Gegner zuvorkommen	
adverse *adj*	gegnerisch	
temps *m*	Zeit	***span.*** *tiempo*
~ additionnel	Nachspielzeit	***ital.*** *tempo*
prolongation *f*	Verlängerung	
jouer les ~s	in die Verlängerung gehen	
nouvelle recrue *f*	Neuzugang	
sauver l'honneur	den Ehrentreffer erzielen	

Société – 7. Les sports

mener	führen	
~ 2 à 0	2:0 führen	
prendre l'avantage	in Führung gehen	
finale *f*	Finale	***engl.*** *final* ***span.*** *final* ***ital.*** *finale*
demi-~	Halbfinale	
quart *m* de ~	Viertelfinale	
huitième *m* de ~	Achtelfinale	
en ~	im Finale	
bête *f* **noire**	Angstgegner	***span.*** *bestia negra* ***ital.*** *bestia nera*
cycliste *m f et adj*	I. Radfahrer II. Rad-	***engl.*** *cyclist* ***span.*** *ciclista, ciclismo, bcicicleta* ***ital.*** *ciclista, ciclismo, bicicletta*
coureur *m* ~	Rennradfahrer	
cyclisme *m*	Radsport	
piste *f* cyclable	Radweg	
bicyclette *f* / vélo *m*	Fahrrad	
faire du vélo	Fahrrad fahren	
vélo tout terrain (= VTT)	Mountainbike	
favori, te *m f*	Favorit	***engl.*** *favourite* ***span.*** *favorito* ***ital.*** *favorito*
victoire *f*	Sieg	• Lyon **a remporté une victoire écrasante sur** Marseille (5 : 1). • Elle **s'est avouée vaincue** sans même avoir essayé. • À quoi bon se battre, je **suis vaincue d'avance**. • Elle **est sortie vainqueur** du tournoi.
remporter la ~	den Sieg erringen, davontragen	
~ écrasante	überwältigender Sieg	
victorieux, euse *adj*	siegreich, Sieger-	
vaincre qn	jn. besiegen, über jn. siegen	
~ une difficulté	eine Schwierigkeit meistern	
vaincu, e *adj et m*	I. besiegt II. Besiegter	
s'avouer ~	sich geschlagen geben	***engl.*** *victory, victorious, vanquish* ***span.*** *victoria, victorioso, vencer, vencedor* ***ital.*** *vittoria, vittorioso, vincere, vinto, vincitore*
être ~ d'avance	keinerlei Chancen haben	
vainqueur *adj et m*	I. siegreich II. Sieger	
sortir ~ de qc	aus etw. als Sieger hervorgehen	
forme *f*	Form, Verfassung, Kondition	• **Je n'ai pas la forme** aujourd'hui, je suis fatiguée.
être en ~	in Form, fit sein	
être en pleine ~	in Hochform, Bestform sein	
rester en ~	in Form bleiben	***span.*** *forma*
rugby *m*		***engl.*** *rugby* ***span.*** *rugby*
rugbyman *m*		
gymnastique *f*	Gymnastik, Turnen	↔ das Gymnasium = le lycée
faire de la ~	turnen	
gymnaste *m f*	Turner	***engl.*** *gymnastics, gymnasium* ***span.*** *gimnasia, gimnasta, gimnasio* ***ital.*** *ginnastica, ginnasta*
gymnase *m*	Turnhalle	
pétanque *f*	Boule-, Bocciaspiel	
alpinisme *m*	Bergsteigen	***ital.*** *alpinismo, alpinista, alpino*
faire de l'~	bergsteigen	
alpiniste *m f*	Bergsteiger	
alpin, e *adj*	Alpen-, alpin	

ski *m*		***engl.*** *ski, skiing, skier*
faire du ~ / skier		***span.*** *esquí, esquiar*
~ alpin		***ital.*** *sci, sciare, sciatore*
~ de fond	Langlauf	
mettre ses ~s	seine ~ anschnallen	
skieur, euse *adj*		
skiable *adj*		
snowboard *m*		***engl.*** *snowboard*
faire du ~		***span.*** *snowboard*
		ital. *snowboard*
natation *f*	Schwimmen, Schwimmsport	***span.*** *natación, nadar, nadador*
faire de la ~	schwimmen	
nager	schwimmen	
~ la brasse	brustschwimmen	
~ le crawl	kraulen	
~ sur le dos	rückenschwimmen	
nageur, euse *m f*	Schwimmer	
maître *m* ~	1. Schwimmlehrer 2. Bademeister	
piscine *f*	1. Schwimmbad 2. Swimmingpool	***span.*** *piscina* ***ital.*** *piscina*
~ couverte	Hallenbad	
~ en plein air	Freibad	
boire la tasse	Wasser schlucken	
voile *f*	1. Segeln, Segelsport 2. Segel	↔ le voile = Schleier
faire de la ~	segeln	***ital.*** *vela, veliero*
planche *f* à ~	1. Windsurfen 2. Surfbrett	
voilier *m*	Segelschiff, Segelboot	
randonnée *f* (rando *fam.*)	Wanderung	
randonneur, euse *m f*	Wanderer	
chasse *f*	Jagd	***span.*** *caza, cazador, cazar, cinegético*
~ aux canards	Entenjagd	***ital.*** *caccia, cacciatore, cacciare*
aller/partir à la ~	auf die Jagd gehen	
chasseur *m*	Jäger	
chasser qc	etw. jagen	
cynégétique *adj* *(rare)*	Jagd	
pêche *f*	Angeln, Fischfang	↔ la pêche = *auch* der Pfirsich
pêcheur, euse *m f*	Fischer	↔ le pécheur = Sünder
pêcher qc	etw. fischen, fangen, angeln	↔ pécher = sündigen
~ un poisson	einen Fisch fangen	
pêcherie *f*	Fischereigebiet, Fischfanggebiet	***span.*** *pesca, pescar* ***ital.*** *pesca, pescare*
parapente *m*	1. Gleitschirmfliegen 2. Gleitschirm	***span.*** *parapente*
parapentiste *m f*	Gleitschirmflieger	
badminton *m*		***engl.*** *badminton*
faire du ~		***span.*** *badmintón*
		ital. *badminton*
tennis *m*		***engl.*** *tennis*
faire du ~		***span.*** *tenis*
		ital. *tennis*

balle *f*	kleiner Ball *(Tennis, Tischtennis)*	***engl.*** *ball*
basket-ball *m* **/ basket** *m*		***engl.*** *basketball*
faire du ~		***ital.*** *basket(ball)*
***handball** *m*	Handball	***engl.*** *handball*
faire du ~		
athlétisme *m*	Leichtathletik	***engl.*** *athletics, athlet, athletic*
athlète *m*	Leichtathlet	***span.*** *atletismo, atleta, atlético*
athlétique *adj*	leichtathletisch	***ital.*** *atletica leggare, atleta, atletico*
entraînement *m*	Training	***span.*** *entrenamiento, entrenar, entrenador*
manquer d'~	kein Training haben, untrainiert sein	
entraîner qc	etw. trainieren	
s'~	trainieren	
entraîneur, euse *m f*	Trainer	

voyage *m*	Reise
être en ~	verreist, auf Reisen sein
agence *f* de ~	Reisebüro
~ organisé	Gruppenreise
~ à forfait	Pauschalreise
voyager	reisen
avoir beaucoup voyagé	viel herumgekommen sein
~ en période bleue	außerhalb der Stoßzeiten fahren *(Zug)*
voyageur, -euse *m f*	1. Reisender 2. Fahrgast, Passagier *(Zug)*
voyagiste *m*	Reiseveranstalter, -unternehmen

- Il a été insupportable **pendant tout le voyage**.
- Selon le jour et l'heure de départ, on peut **voyager en période bleue ou en période blanche**. En période bleue, il y a une réduction de 50% sur les billets de train.

engl. *voyage, voyager*
span. *viaje, viajar, viagero*
ital. *viaggio, viaggiare, viaggiatore*

vacances *f pl*	Ferien
bonnes ~s !	schöne Ferien!
grandes ~s	Sommerferien
avoir besoin de ~s	urlaubsreif sein
être en ~s	im Urlaub, in den Ferien sein
partir en ~s	in den Urlaub fahren
profiter de ses ~s	seine Ferien genießen
colonie *f* **de ~s (colo)** *(fam.)*	Ferienkolonie
lieu *m* de ~s	Urlaubsort
vacancier, ère *m f et adj*	I. Urlauber II. Ferien-

- Tu vas où **pendant les grandes vacances** ?
- On **a passé nos vacances** sur la Côte d'Azur.
- J'**ai vraiment besoin de vacances** en ce moment. – Bah écoute, c'est normal, tu as bossé comme un fou pendant toute l'année. De toute façon, une fois que tes enfants seront partis **en colo(nie de vacances)**, tu seras plus tranquille.

engl. *vacation (AE)*
span. *vacaciones, vacacional*
ital. *vacanza, vacanziere*

loisirs *m pl*	1. Freizeit 2. Freizeitbeschäftigung
organiser ses ~s	seine Freizeit gestalten
parc *m* de ~s	Freizeitpark

- Qu'est-ce qu'il fait **pendant ses loisirs** ?

aventure *f*	Abenteuer
se lancer dans une ~	sich in ein Abenteuer stürzen
partir à l'~	ins Blaue hinein fahren
vivre des ~s	Abenteuer erleben
aventurier, ère *m f*	Abenteurer
aventureux, euse *adj*	abenteuerlustig, -reich

- Alors qu'elle ne savait pas ce qui l'attendrait, elle **s'est lancée dans l'aventure**.

engl. *adventure, adventurer, adventurous*
span. *aventura, aventurero, aventurado*
ital. *avvenura, avventuriero, avventuroso*

bain *m*	Bad
faire couler un ~	ein Bad einlaufen lassen
petit ~	Nichtschwimmerbecken
grand ~	Becken für Schwimmer
prendre un ~ de soleil	sonnenbaden
baigneur, euse *m f*	Badender
se baigner	baden
baignade *f*	Baden
~ interdite	Baden verboten
baignoire *f*	Badewanne
cocooning *m*	häusliche Gemütlichkeit

- Ils ont joué au water-polo **dans le grand bain**.

span. *baño, bañista, bañarse, baño, bañera*
ital. *bagno, bagnante, bagnarsi bagnata*

se décontracter	sich entspannen	
~ qn	jn. entspannen	
décontracté, e *adj*	entspannt, locker, unbekümmert	
décontraction *f*	Entspanntheit, Unbekümmertheit	
se relaxer	relaxen, entspannen	• Après une heure de massage, je **suis** toujours complètement **relaxée**.
relaxé, e *adj*	relaxt, entspannt	
relaxation *f*	Relaxen, Entspannung	
		engl. *relax, relaxed* ***span.*** *relajarse, relajado, relajación*
glander / glandouiller *(fam.)*	herumgammeln, -lungern, seine Zeit verplempern	
glandeur, euse *m f (fam.)*	Gammler, Nichtstuer	
fainéant, e *m f et adj*	I. Faulenzer, Faulpelz II. faul, träge	• Il passe tout son temps devant la télé, il ne fout rien de toute la journée, c'est vraiment un **gros fainéant**, ce mec !
fainéanter	faulenzen, nichts tun	
fainéantise *f*	Faulenzerei	
détente *f*	Entspannung, Erholung	
se détendre	sich entspannen, erholen	
détendu, e *adj*	entspannt, erholt	
ennui *m*	Langeweile	• Sa présentation était tellement nulle, **je m'ennuyais à mort**.
mourir d'~	vor Langeweile sterben	
ennuyeux, euse *adj*	langweilig, fad, öde	
ennuyer qn	jn. langweilen, Überdruss bereiten	
s'~	sich langweilen, Langeweile haben	
s'~ à mort	sich zu Tode langweilen	
séjour *m*	Aufenthalt	***ital.*** *soggiorno*
séjourner	sich aufhalten	
se reposer	sich erholen, ausruhen	• Tu as vraiment l'air fatigué. Tu ferais mieux de **te reposer** un peu/de **prendre du repos** pendant quelques jours.
reposé, e *adj*	erholt, ausgeruht	
reposant, e *adj*	erholsam	
repos *m*	Ruhe, Ruhepause, Erholung	
prendre du ~	ausspannen	
		span. *reposar, reposado, reposo* ***ital.*** *riposarsi, riposato, riposante, riposo*
touriste *m f*		• Paris **attire de nombreux touristes** pendant toute l'année.
attirer les ~s	die ~ anziehen	
touristique *adj*		
curiosités *f pl* ~s	Sehenswürdigkeiten	
guide *m* ~	Reiseführer	***engl.*** *tourist, touristic, tourism* ***span.*** *turista, turístico, turismo* ***ital.*** *turista, turistico, turismo*
tourisme *m*		
faire du ~	als ~, zum Vergnügen reisen	
office *m* de ~	~büro	
site *m*	Landschaft, Gegend	
station *f*	Ferien-, Urlaubsort	• Cette région compte de nombreuses **stations balnéaires** idéales pour les vacances en famille.
~ balnéaire	Badeort	
~ d'hiver	Wintersportort	
~ de ski	Skiort	
		span. *estación de esquí*

montagne *f*	Berg	↔ « mont » steht immer mit einem Eigennamen
~(s)	Gebirge, Berge	
aller à la ~	in die Berge fahren	
montagnard, e *adj et m f*	I. Berg-, Gebirgs- II. Bergbewohner	***engl.*** *mountain* ***span.*** *montaña, montañero, monte* ***ital.*** *montagna, montanaro, monte*
région *f* montagneuse	Gebirgsgegend	
monticule *m*	kleiner Berg	
le Mont Blanc	der Montblanc	
mer *f*	Meer	• J'adore me baigner **dans la mer**.
~ du Nord	Nordsee	
aller à la ~	ans Meer fahren	
en ~	auf dem Meer	***span.*** *mar, marino* ***ital.*** *mare, marino*
en *haute ~	auf offenem Meer	
au bord de la ~/en bord de ~	am Meer	
la ~ est calme	das Meer ist ruhig	
la ~ est agitée	das Meer ist unruhig	
la ~ est belle	das Meer ist glatt	
marin, e *adj*	Meer-	
excursion *f*		***engl.*** *excursion, excursionist* ***span.*** *excursión* ***ital.*** *escursione*
excursionniste *m f*		
hôtel *m*		• Nous **sommes descendus dans un hôtel quatre étoiles** pour une nuit. • J´en ai marre de faire du camping, demain on va **descendre dans un hôtel**. – Mais je te l'ai déjà dit : tous les hôtels **affichent complet** en ce moment.
~ trois étoiles	drei Sterne ~	
~ de prestige	Nobel~	
l'~ est très central	das ~ liegt sehr zentral	
l'~ est complet	das ~ ist ausgebucht	
loger à l'~	im ~ wohnen	
descendre dans un ~	in einem ~ absteigen	
hôtelier, ère *adj et m f*	I. II.	
hôtellerie *f*	~gewerbe	***engl.*** *hotel* ***span.*** *hotel* ***ital.*** *hotel*
visiter qc	etw. besuchen *(Stadt, Museum, ...)*	↔ jn. besuchen = aller voir qn, rendre visite à qn ! • Ça te dirait de **faire une visite guidée** ? – Pas vraiment, je m´y connais assez bien en art et je n´en ai pas besoin.
~ un pays	ein Land bereisen	
visiteur, euse *m f*	Besucher	
visite *f*	Besuch	
~ guidée	Führung	***engl.*** *visit, visitor* ***span.*** *visitar, visitor, visita* ***ital.*** *visitare, visita, visitatore*
camping *m*	~, Zelten	• En France, le **camping sauvage** est généralement autorisé, mais il est par exemple interdit de **faire du camping** dans les réserves naturelles.
~ sauvage	wildes ~, Zelten	
faire du ~	~, zelten	
(terrain *m* de) ~	~platz	
~-car *m*	Wohnmobil	
vacances *f pl* au ~	~-, Zelturlaub	
campeur, euse *m f*	~er, Zelter	***engl.*** *camping, camper* ***span.*** *camping, campista* ***ital.*** *camping, campeggiatore*

tente *f*	Zelt	• On **a monté la tente** très rapidement, mais pour **la démonter**, on a galéré. • On n´avait pas envie de **monter notre tente** et donc, on a décidé de coucher à la belle étoile au lieu de **coucher sous la tente**. ***engl.*** *tent* ***span.*** *tienda de campana* ***ital.*** *tenda*
coucher sous la ~	im Zelt schlafen	
monter une ~	ein Zelt aufstellen	
démonter une ~	ein Zelt abbauen	
planter une ~	ein Zelt aufschlagen	
équipement *m*	Ausrüstung	***engl.*** *equipment, equip, equipped* ***span.*** *equipo/ equipamiento, equipar(se)* ***ital.*** *equipaggiamento, equipaggiare*
équiper qn de qc	jn. mit etw. ausrüsten	
s'~ de qc	sich mit etw. ausrüsten	
être bien/mal équipé, e *adj*	gut/schlecht ausgerüstet sein	
ski *m*		• On **part faire du ski à la montagne** chaque année en février.
faire du ski / skier		
~ alpin		
~ de fond	Langlauf	
mettre ses ~s	seine ~ anschnallen	***engl.*** *ski, skiing, skier* ***span.*** *esquí, esquiar, esquiador* ***ital.*** *sci, sciare, sciatore*
skieur, euse *adj*		
skiable *adj*		
télésiège *m*	Sessellift	***span.*** *telesilla*
téléphérique *m*	Seil-, Schwebebahn	***span.*** *teleférico*
syndicat *m* **d'initiative**	Fremdenverkehrsamt, -verein	
tour-opérateur *m*	Reiseveranstalter	***engl.*** *tour-operator*
hébérgement *m*	Unterkunft	↔ eine Herberge = une auberge
héberger qn	jn. bei sich unterbringen	
auberge *f*	Herberge, Gasthaus	***span.*** *albergue* ***ital.*** *albergo (das Hotel), alloggio (Herberge)*
~ de jeunesse	Jugendherberge	
gîte *m*	Unterkunft, Quartier	
~ rural	Ferienquartier auf dem Land	
le ~ et le couvert	Unterkunft und Verpflegung	
saison *f*		***engl.*** *season* ***span.*** *estación* ***ital.*** *stagione*
en pleine ~	in/während der Hoch~	
en basse ~	in/während der Neben~	
*hors ~	außerhalb der ~	
faire la ~	in der ~ arbeiten	
morte-~ *f*	geschäftlich stille Zeit	
réserver qc	etw. ~	***engl.*** *reserve, reservation* ***span.*** *reservar, reserva* ***ital.*** *riservare*
réservation *f*		
annuler la ~	die ~ rückgängig machen	
destination *f*	Reiseziel	***engl.*** *destination* ***span.*** *(punto de) destino*

visa *m*		• J'ai **demandé un visa** il y a 5 mois, mais on **me l'a toujours pas délivré**.
demander un ~	ein ~ beantragen	
délivrer un ~ à qn	jm. ein ~ erteilen	
		engl. *visa* ***span.*** *visado* ***ital.*** *visto*
passeport *m*	Reisepass	***engl.*** *passport* ***span.*** *pasaporte* ***ital.*** *passaporto*
votre ~ est périmé	Ihr Reisepass ist abgelaufen	
bagages *m pl*	Gepäck	***engl.*** *baggage* ***span.*** *bagaje* ***ital.*** *bagaglio*
~s à main	Handgepäck	
faire enregistrer ses ~s	sein Gepäck aufgeben	
valise *f*	Koffer	***ital.*** *valigia*
faire sa ~	seinen Koffer packen	
sac *m*	Tasche	
~ de voyage	Reisetasche	
~ à dos	Rucksack	
~ de couchage	Schlafsack	
~ de plage	Badetasche	

Société – 9. Le troisième âge

âge *m*	Alter
le troisième ~	die Senioren
maison *f* du troisième ~	Seniorenwohnheim
premier ~	Säuglingsalter
entre deux ~s	mittleren Alters
avoir le même ~	gleichaltrig, gleich alt sein
prendre de l'~	älter werden
il ne fait pas son ~	man sieht ihm sein Alter nicht an, er sieht jünger aus als er ist
quel ~ lui donnez-vous ?	für wie alt halten Sie ihn/sie?
il est de mon ~	er ist in meinem Alter
avoir passé l' ~ de faire qc	aus dem Alter heraus sein, wo man etw. tut
âgé, e *adj*	alt, betagt
les personnes *f pl* ~es	die alten Leute, die Senioren

- Tu **as quel âge** ? – J'ai dix-huit ans.
- Elle est morte **à l'âge de 93 ans**.
- **Le troisième âge** n'arrête pas de partir en voyage.
- Je fais partie d'un **club du troisième âge**.
- La police recherche un **homme entre deux âges** qui aurait commis une dizaine de vols à Paris.
- Ça fait longtemps que je ne l'ai pas vue, mais dis donc, elle **a pris de l'âge**.
- Ma voiture **a pris de l'âge**, il va falloir la changer dans pas très longtemps.

engl. *age*
span. *edad*
ital. *età*

retraite *f*	1. Rente, Ruhestand 2. (Alters-)Rente, Pension *(Geld)*
à la/en ~	im Ruhestand, pensioniert
mise *f* à la ~	Versetzung in den Ruhestand
mettre qn à la/en ~	jn. in den Ruhestand versetzen, pensionieren
maison *f* de ~	Alten-, Altersheim
partir à la ~/prendre sa ~	in den Ruhestand treten, gehen
toucher une ~	eine Rente beziehen, bekommen
âge *m* de la ~	Rentenalter
relever/avancer l'âge de la ~	das Rentenalter heraufsetzen
relèvement *m* **/ avancement** *m* **de l'âge de la ~**	die Erhöhung des Rentenalters
~ complémentaire	Zusatzrente
épargne-~ *f*	Rentensparen, Sparen für die Rente, Rentenvorsorge
retraité, e *m f et adj*	I. Rentner, Ruheständler II. im Ruhestand
préretraite *f*	Frührente, Vorruhestand
préretraité, e *m f*	Frührentner

- À cause de la situation délicate sur le marché du travail, elle **a été mise en préretraite**.
- Madame Brossard ne travaille plus pour vous ? – Non, elle **est partie à la/a pris sa retraite**.
- Il **touche une petite retraite**.
- La large majorité de la population active s'oppose **au relèvement de l'âge de la retraite**/ne veut pas que **l'âge de la retraite soit relevé**.

cotisation *f* **(à qc)**	(Mitglieds-)Beitrag, Beitragszahlung (an/zu etw.)
taux *m* de ~	Beitragssatz, -höhe
assujetti, e *adj* à la ~	beitragspflichtig
cotiser (à qc)	Beitrag, Beiträge zahlen, entrichten (an/zu etw.)
cotisant, e *m f*	Beitragszahler

- Après **40 ans de cotisation**, j'ai enfin pris ma retraite.

span. *cotización, cotizar*

vie *f*	Leben
être en ~	am Leben sein
espérance *f* de ~	Lebenserwartung
l'espérance de ~ augmente	die Lebenserwartung steigt, wächst
être entre la ~ et la mort	zwischen Leben und Tod schweben
perdre la ~	ums Leben kommen, umkommen
faire sa ~	sein Leben aufbauen, sich selbst verwirklichen
gagner sa ~	seinen Lebensunterhalt verdienen
vivre	leben
~ avec qn	mit jm. zusammenleben
~ chez qn	bei jm. leben, wohnen
~ tant bien que mal	sich so durchschlagen
vital, e *adj*	Lebens-, lebenswichtig
vitalité *f*	Vitalität, Lebenskraft

- La blessée **est entre la vie et la mort**, mais les médecins ne sont pas très optimistes.
- Elle **a perdu la vie dans** un accident de circulation sur l'autoroute A 6 dans la nuit de mardi à mercredi.
- Il est médecin, il **gagne bien sa vie**.
- Elle **a vécu chez ses parents** jusqu'à 27 ans.

engl. *vital, vitality*
span. *vida, vivir, vital, vitalidad*
ital. *vita, vivere, vitale, vitalità*

vieux, vieil, vieille *adj*	alt
se faire ~	alt werden, altern
vieux, vieille *m f*	alter Mann, alte Frau
les vieux *m pl*	die Alten
vieillissement *m*	Altern, Altwerden
~ de la population	Überalterung der Bevölkerung
vieillir	alt, älter werden, altern
~ qn	jn. alt, älter machen, erscheinen lassen
tu me vieillis	Du machst mich älter als ich bin
en vieillissant	mit zunehmendem Alter
vieillesse *f*	hohes Alter, Greisenalter
assurance *f* ~	Alters-, Rentenversicherung
minimum *m* ~	Mindestrente
mourir de ~	an Altersschwäche sterben
vieillard *m*	Greis, Graubart
vieillot, te *adj*	altmodisch
c'est la vieillerie *f* *(fam.)*	man wird alt, man ist auch nicht mehr der jüngste

- Olivier-Sylvain commence à **se faire vieux**, avec 57 ans, c'est presqu'un **vieil homme**.
- **Cette petite vieille** ne peut plus faire ses courses. Je vais au supermarché une fois par semaine pour elle.
- Ah non, ne mets pas cette robe là, **elle te vieillit de 20 ans**.

span. *viejo, envejecimiento, envejecer, vejez*
ital. *vecchio, invecchiamento, invecchiare, vecchiaia, vecchiotto*

naître	geboren werden
naissance *f*	Geburt
à sa ~	bei seiner/ihrer Geburt
lieu *m* de ~	Geburtsort
natal, e *adj*	Geburts-, Heimat-
natalité *f*	Geburtenzahl
à faible/forte ~	geburtenschwach/-stark
la ~ baisse	die Geburtenzahl(en) geht zurück
dénatalité *f*	Geburtenrückgang
nataliste *adj*	Geburten fördernd
politique *f* **~**	Politik der Geburtenförderung

- Elle **est née le** 29 février 2000.
- M. et Mme Le Tarn sont heureux de vous **annoncer la naissance de** leur fils Julien.
- Les **pays à faible natalité** ont intérêt à mettre en place une **politique nataliste** efficace.

engl. *natality, natal*
span. *nacer, nacimiento, natal, natalidad*
ital. *nascere, nascita, natale, natalità, denatalità*

financement *m*	Finanzierung
financer qc	etw. finanzieren
finances *f pl*	Finanzen
financier, ère *adj*	finanziell, Finanz-
aide *f* ~ère	finanzielle Hilfe, Unterstützung

engl. *financing, finance, finances, financial*
span. *financiación, financiar, finanzas, financiero*
ital. *finanziamento, finanziare, finanze, finanziario*

Société – 9. Le troisième âge

pension *f* ~ de guerre ~ d'invalidité ~ de réversion **~ de veuve**	Rente Kriegshinterbliebenenrente Berufs-, Erwerbsunfähigkeitsrente Hinterbliebenenrente Witwenrente	• Depuis le décès de son mari, elle **touche une petite pension de veuve**. ***engl.*** *pension* ***span.*** *pensión* ***ital.*** *pensione*
démographie *f* démographique *adj* démographe *m f*		***engl.*** *demography, demographic, demographer* ***span.*** *demografía, demográfico, demógrafo* ***ital.*** *demografia, demografico, demografo*
adolescent, e *m f* (ado *fam.*) adolescence *f*	Jugendlicher Jugendalter	***engl.*** *adolescent, adolescence* ***span.*** *adolescente, adolescencia* ***ital.*** *adolescente, adolescenza*
Sécurité *f* **sociale** (Sécu *fam.*)	Sozialversicherung	
adulte *m f et adj*	I. Erwachsener II. erwachsen	***engl.*** *adult* ***span.*** *adulto* ***ital.*** *adulto*

immigration *f*		• Il y a beaucoup de **travailleurs immigrés** dans le bâtiment. • Comment **limiter l'immigration** ?
loi *f* sur l'~	~gesetz	
politique *f* d'~	~politik	
vague *f* d'~	~welle	
services *m pl* de l'~	~behörde	
immigrer		***engl.*** *immigration, immigrate, immigrant, immigrated* ***span.*** *inmigración, inmigrar, inmigrante, inmigratorio* ***ital.*** *immigrazione, immigrare, immigrante, immigrato*
immigrant, e *m f*		
immigré, e *adj et m f*	I. II.	
foyer *m* d'~s	Asylantenheim	
émigration *f*		• Il y a des décennies, mes grands-parents **ont émigré en** Amérique.
émigrer		
émigré, e *m f*		
émigrant, e *m f*		***engl.*** *emigration, emigrate, emigrant, emigrated* ***span.*** *emigración, emigrar, emigrado* ***ital.*** *emigrazione, emigrare, emigrante*
étranger, ère *m f et adj*	I. Ausländer II. ausländisch, Auslands-	• Vous êtes déjà allée **dans des pays étrangers** ? • De nos jours, il est plus important que jamais d'apprendre des **langues étrangères**. • Il **est d'origine étrangère**.
étranger *m*	Ausland	
à l'~	im/ins Ausland, Auslands-	
partir à l'~	ins Ausland gehen	
		span. *extranjero, extranjero*
persécuter qn	jn. verfolgen	***engl.*** *persecute, persecution, persecutor* ***span.*** *perseguir, persecución, perseguidor* ***ital.*** *perseguitare, persecuzione, persecutore*
persécution *f*	Verfolgung	
délire *m* de ~	Verfolgungswahn	
persécuteur *m*	Verfolger	
Marocain, e *m f*		***engl.*** *Moroccan, Morocco* ***span.*** *marroquí, Marruecos* ***ital.*** *marocchino, Marocco*
marocain, e *adj*		
Maroc *m*		
au/du ~	im/aus ~	
Tunisien, ne *m f*		***engl.*** *Tunisia, Tunisian* ***span.*** *Túnez, tunecino* ***ital.*** *Tunisia*
tunisien, ne *adj*		
Tunisie *f*		
en/de ~	in/aus ~	
main-d'œuvre *f*	Arbeitskräfte, Arbeiter	***span.*** *mano de obra* ***ital.*** *manodopera*
Maghrébin, e *m f*		***engl.*** *Maghrib*
maghrébin, e *adj*		
Maghreb *m*		
au/du ~	im/aus dem ~	

7 *Société – 10. Minorités et immigration*

patrie *f*	Vater-, Heimatland	***engl.*** *patriot, patriotic, patriotism, expatriation, expatriate*
~ d'adoption	Wahlheimat	***span.*** *patria, patriota, patriótico, patriotismo, expatriación, expatriar(se)*
patriote *m f et adj*	I. Patriot II. patriotisch, vaterlandsliebend *(Person)*	***ital.*** *patria, patriota, patriottico, patriottismo, espatrio, espatriare*
patriotique *adj*	patriotisch, vaterländisch *(Sachen)*	
patriotisme *m*	Patriotismus, Vaterlandsliebe	
expatriation *f*	Verlassen seines Vaterlandes, Auswanderung	
s'expatrier	sein Vaterland verlassen, auswandern	
provenance *f*	Herkunft	↔ die Provenienz
pays *m* de ~	Herkunftsland	
de ~ étrangère	ausländischer Herkunft	***engl.*** *provenance* ***span.*** *proveniencia* ***ital.*** *provenienza*
origine *f*	Herkunft, Abstammung	• À votre accent, je dirais que vous **êtes d'origine allemande**.
pays *m* d'~	Geburts-, Heimatland	
être d'~ française	gebürtiger, von Geburt an Franzose sein	
être originaire de	stammen aus, gebürtig sein aus	***engl.*** *origin* ***span.*** *origen* ***ital.*** *origine*
famille *f*		↔ familier, ère = vertraut, umgangssprachlich • J'**ai de la famille** en Allemagne, mais je ne l'ai pas vue depuis des années. • Elle a fêté ses 20 ans **en famille**.
être de bonne ~	aus gutem Hause, guter ~ sein	
fonder une ~	eine ~ gründen	
en ~	im ~kreis, im Kreis der ~	
~ nombreuse	Groß~	
familial, e *adj*		
regroupement *m* ~	~nachzug, -zusammenführung	
		engl. *family, familiar* ***span.*** *familia, familiar* ***ital.*** *famiglia, familiare*
Afrique *f*		***engl.*** *Africa, African* ***span.*** *Africa, africano* ***ital.*** *Africa, africano*
Africain, e *m f*		
africain, e *adj*		
séjour *m*	Aufenthalt	***ital.*** *soggiorno*
permis *m* de ~	Aufenthaltserlaubnis	
carte *f* de ~	Aufenthaltsgenehmigung	
séjourner	sich aufhalten	
travail *m*	Arbeit	• **À quoi travailles-tu** en ce moment ? • Il **travaille chez Peugeot**. • Il **travaille en usine**.
traîner dans son ~	bei der Arbeit trödeln	
se tuer au ~	sich totarbeiten	
permis *m* de ~	Arbeitserlaubnis	
~ au noir	Schwarzarbeit	
travailleur, euse *m f et adj*	I. Arbeiter II. arbeitsam	***span.*** *trabajo, trabajador, trabajar*
~ qualifié	gelernter Arbeiter	
c'est un grand ~	er ist ein unermüdlicher Arbeiter	
travailler	arbeiten	
~ à qc	an etw. arbeiten	
~ au noir	schwarz arbeiten	

expulser qn (de)	jn. ausweisen, abschieben (aus)	***span.*** *expulsar, expulsión*
~ qn à l'étranger	jn. ins Ausland abschieben	
expulsion *f*	Ausweisung, Abschiebung	
expulsé, e *m f*	Ausgewiesener, Vertriebener	
régularisation *f*	Einbürgerung	
faire une demande de ~	einen Einbürgerungsantrag stellen	
sans-papiers *m pl*	illegale Einwanderer (ohne Papiere)	
asile *m*	Asyl, Zuflucht	• On ne peut pas **accepter toutes les demandes d'asile**, même si certaines histoires sont vraiment effrayantes.
~ politique	politisches Asyl	
droit *m* d'~	Asylrecht	
trouver ~ chez qn	bei jm. Zuflucht finden	
demander ~	um Asyl bitten	
demandeur *m* d'~	Asylbewerber	***engl.*** *asylum*
faire une demande d'~	Asyl beantragen	***span.*** *asilo*
refuser une demande d'~	einen Asylantrag ablehnen	***ital.*** *asilo*
donner ~ à qn	jm. Asyl gewähren	
accueillir qn	jn. aufnehmen	***span.*** *acoger*
accueil *m*	Aufnahme	***ital.*** *accogliere, accoglienza*
pays *m* d'~	Aufnahme-, Gastland	
faire bon ~ à qn	jn. gut aufnehmen	
personne *f* **en situation irrégulière**	Person ohne Aufenthaltsgenehmigung	
réfugié, e *m f adj*	I. Flüchtling, Vertriebener II. geflüchtet, vertrieben	• Suite à la guerre civile dans leur pays, de nombreux Congolais sont venus **se réfugier en France**. • Ils **ont cherché refuge** dans un foyer d'immigrés.
se réfugier	flüchten	
se ~ à l'étranger	ins Ausland flüchten	
refuge *m*	Zuflucht, Zufluchtsort	
chercher ~	Zuflucht suchen	
demander ~ à qn	jn. um einen Unterschlupf bitten	
		engl. *refugee, refuge* ***span.*** *refugiado, refugiar(se), refugio* ***ital.*** *rifugiato, rifugio*
guerre *f* (→ 3.1)	Krieg	***span.*** *guerra*
~ civile	Bürgerkrieg	***ital.*** *guerra*
racisme *m*		***engl.*** *racism, racist, racial*
raciste *m f et adj*	I. II.	***span.*** *racismo, racista* ***ital.*** *razzismo, razzista*
racial, e *adj*	Rassen-	
intégration *f* **(dans)**		***engl.*** *integration, integrate*
s'intégrer (dans/à)		***span.*** *integración, integrar* ***ital.*** *integrazione, integrare*
victime *f*	Opfer	***engl.*** *victim*
être ~ de qc	Opfer von etw. sein	***span.*** *víctima* ***ital.*** *vittima*
xénophobie *f*	Ausländer-, Fremdenfeindlichkeit	***engl.*** *xenophobia, xenophobe*
xénophobe *adj et m f*	I. ausländer-, fremdenfeindlich II. Fremdenfeind	***span.*** *xenofobia, xenófobo* ***ital.*** *xenofobia, xenofobo*

Société – 10. Minorités et immigration

naturalisation *f*	Einbürgerung	• Venant du Congo, il n'a pas pu être nommé fonctionnaire. Par conséquent, il **s'est fait naturaliser**.
naturaliser qn	jn. einbürgern	
se faire ~ français	die frz. Staatsbürgerschaft erwerben, annehmen	
		engl. *naturalisation, naturalise* ***span.*** *naturallización, naturalizar* ***ital.*** *naturalizzazione, naturalizzare*
milieu *m*	Milieu, Umfeld	
~ social	soziales Milieu, gesellschaftliches Umfeld	
être issu, e *adj* d'un ~ défavorisé	aus einem sozial benachteiligten Milieu stammen	
clandestin, e *m f et adj*	I. illegaler Einwanderer II. heimlich, verborgen	***engl.*** *clandestine* ***span.*** *clandestino, clandestinidad* ***ital.*** *clandestino, clandestinità*
clandestinité *f*	Heimlichkeit, Verborgenheit	
vivre dans la ~	im Untergrund leben	
discrimination *f*		• Nombre d'étrangers sont victimes de **discrimination/ d'actes discriminatoires**.
discriminer qn		
discriminatoire *adj*		
		engl. *discrimination, discriminate, discriminatory* ***span.*** *discriminación, discriminar, discriminatorio* ***ital.*** *discriminazione, discriminare, discriminante*
minorité *f*		***engl.*** *minority* ***span.*** *minoría* ***ital.*** *minoranza*
être en ~	in der ~ sein	
minoritaire *adj*		
groupe *m* ~	Minderheit	
marge *f*	Rand	***engl.*** *margin* ***span.*** *margen, marginal, marginalizar, marginalidad* ***ital.*** *margine, marginale, marginalizzare, marginalità*
vivre en ~ (de la société)	am Rand der Gesellschaft leben	
marginal, e *adj et m f*	I. Rand- II. (gesellschaftlicher) Außenseiter	
groupe *m* ~	Randgruppe	
marginaliser qn	jn. an den Rand der Gesellschaft, ins soziale Abseits drängen	
marginalité *f*	Existenz am Rande der Gesellschaft	
préjugé *m*	Vorurteil	***engl.*** *prejudice* ***span.*** *prejuicio* ***ital.*** *pregiudizio*
avoir un ~ contre qn	ein Vorurteil gegen(über) jn. haben	
échelle *f*	Rangordnung	
~ sociale	gesellschaftliche Rangordnung	
être en bas/en *haut de l'~ sociale	zur unteren/oberen Gesellschaftsschicht gehören	
ressortissant, e *m f*	Staatsangehöriger	
beur *m f* **/ beurette** *f (fam.)*	in Frankreich geborener Nordafrikaner	

citoyen, ne *m f*	(Staats-)Bürger, Staatsangehöriger	***engl.*** *citizen, citizenship* ***span.*** *ciudadano, ciudadanía* ***ital.*** *cittadino, cittadinanza*
citoyenneté *f*	Staatsbürgerschaft, -angehörigkeit	
acquérir la nationalité française	die frz. Staatsbürgerschaft erwerben	
entrée *f*	Einreise	• Ils **sont entrés illégalement sur** le territoire français.
refuser l'~ à qn	jm. die Einreise verweigern	
entrer dans un pays	in ein Land einreisen	
		engl. *entry, enter* ***span.*** *entrada, entrar* ***ital.*** *entrata, entrare*
départ *m*	Ausreise	***engl.*** *departure, depart*
partir pour	ausreisen nach	
identité *f*		• La police les a arrêtés pour **vérifier leur identité**.
préserver son ~	seine ~ bewahren	
établir l'~ de qn	js. Personalien feststellen	
identifier qn		***engl.*** *identity, identify, identical, identifiable* ***span.*** *identidad, identificar, idéntico* ***ital.*** *identità, identificare, identico, identificabile*
s'~ avec/à qc/qn		
identique *adj* à qc		
identifiable *adj*		
tradition *f*		***engl.*** *tradition, traditional, tradionalism, traditionalist* ***span.*** *tradición, tradicional, tradicionalismo, tradicionalista* ***ital.*** *tradizione, tradizionale, tradizionalismo*
maintenir ses ~s	an seinen ~ festhalten	
être dans la ~	zur ~ gehören	
traditionnel, le *adj*		
traditionalisme *m*		
traditionaliste *adj et m f*	I. II.	
culture *f*	Kultur	***engl.*** *culture, cultural* ***span.*** *cultura, cultural* ***ital.*** *cultura, culturale*
s'adapter à la ~	sich der Kultur anpassen	
être ancré, e *adj* dans la ~	in der Kultur verankert sein	
culturel, le *adj*	kulturell, Kultur-	
multiculturel, le *adj*	multikulturell	
s'acculturer	sich einer anderen Kultur anpassen	
société *f*	Gesellschaft	***engl.*** *society, social* ***span.*** *sociedad, social* ***ital.*** *società, sociale*
vie *f* en ~	Leben in der Gesellschaft	
s'intégrer dans la ~	sich in die Gesellschaft eingliedern	
social, e *adj*	Gesellschafts-, gesellschaftlich	
coutume *f*	Brauch, Sitte	***engl.*** *custom* ***span.*** *costumbre* ***ital.*** *costume*
la ~ veut que + SUBJ.	es ist Sitte, dass	
reprendre une ~ de qn	einen Brauch von jm. übernehmen	
une fois n'est pas ~	einmal ist keinmal	
ghetto *m*		***engl.*** *ghetto* ***span.*** *gueto, ghetto* ***ital.*** *ghetto*
ghettoïsation *f*		
ghettoïser qc		

7 Société – 11. La santé

santé *f*	Gesundheit	• Bonjour Mme Brossard. **Ça va la santé** ? • Fumer **nuit gravement à votre santé** et celle de votre entourage. (écrit sur les paquets de cigarettes)
~ publique	Gesundheitswesen	
état *m* de ~	Gesundheitszustand	
avoir une ~ fragile	eine schwache, anfällige Gesundheit haben	
avoir une petite ~ *(fam.)*	von zarter Gesundheit, anfällig sein	
être en bonne ~	bei guter Gesundheit sein	***span.*** *salud, sano* ***ital.*** *sanità, sano*
être en mauvaise ~	bei schlechter Gesundheit sein	
respirer la ~	vor Gesundheit strotzen	
détruire sa ~	seine Gesundheit zugrunde richten	
nuire à sa ~	seine Gesundheit gefährden, schaden	
recouvrer la ~	wieder gesund werden	
sain, e *adj*	gesund	
guérir de qc	von etw. gesund werden, genesen	• Ce médicament **ne m'a pas guérie de** mes maux de tête. • Ne vous inquiétez pas, votre mari **est en voie de guérison**.
~ qn de qc	jn. von etw. heilen	
guérison *f*	Genesung, Gesundung	
guérissable *adj*	heilbar	
guérisseur *m*	(Wunder-)Heiler	***ital.*** *guarire, guarigione, guarabile, inguarabile*
souffrir de qc	an/unter etw. leiden *(Krankheit)*	• Médecin : Alors, **de quoi souffrez-vous** ? • Elle est morte hier. Mais qu'est-ce qu'elle **a souffert** !
il faut ~ pour être beau/belle	wer schön sein will muss leiden	
souffrance *f*	Leiden	
souffreteux, euse *adj*	leidend, kränklich	***engl.*** *suffer, suffering* ***span.*** *sufrir, sufrimiento* ***ital.*** *soffrire, sofferenza, sofferente*
cure *f*	Kur, Heilverfahren	***engl.*** *cure, curable, incurable* ***span.*** *cura, curable, incurable* ***ital.*** *cura, curabile, incurabile*
aller/partir en ~	in/auf Kur gehen	
curable *adj*	heilbar	
incurable *adj*	unheilbar	
maladie *f* ~	unheilbare Krankheit	

maladie *f*	Krankheit, Erkrankung
~ grave	schwere Krankheit
attraper une ~	sich eine Krankheit holen
choper une ~ *(fam.)*	sich eine Krankheit einfangen
faire passer une ~	eine Krankheit verbreiten
la ~ s'est déclarée	die Krankheit ist ausgebrochen
assurance *f* ~	Krankenversicherung
feuille *f* de ~	ärztliche Abrechnung
être en arrêt *m* **~**	krank geschrieben sein
malade *adj et m f*	I. krank II. Kranker
tomber ~	krank werden, erkranken
avoir l'air ~	krank aussehen
se faire porter ~ *(fam.)*	sich krankmelden, sich krankschreiben lassen
maladif, ve *adj*	kränklich
être ~	kränkeln
mal *m*	Schmerz, Leiden
~ des transports	Reisekrankheit
avoir le ~ de mer	seekrank sein
j'ai ~ au cœur	mir ist/wird schlecht
avoir ~ aux dents/à la tête	Zahn-/Kopfschmerzen haben
j'ai ~ partout	mir tut alles weh
prendre (du) ~	krank werden, erkranken
ça fait ~	das tut weh, schmerzt

- Il a **attrapé une maladie douloureuse/un rhume/la varicelle/la scarlatine**/...
- Le médecin **m'a mise en arrêt maladie/en arrêt de travail** pendant une semaine.
- Évitez de manger des coquilles, ça risque de vous **rendre malade**.
- J'en ai marre de mon travail. Je **me suis fait porter malade** par le médecin hier.
- **Où est-ce que tu as mal**, Clairevie ? – J'**ai mal au** ventre/Je **me suis fait mal** en tombant.
- **Ça t'a fait mal**, la piqûre, mon petit ?

engl. *malady (rech.)*
ital. *malattia, malato, malaticcio, male*

mort *f*	Tod
lutter contre la ~	mit dem Tod ringen
être à l'article de la ~	im Sterben liegen
mourir de qc	an etw. sterben
~ de sa belle mort	eines natürlichen Todes sterben
mort, e *adj et m f*	I. tot II. Toter
mortel, le *adj*	tödlich
mortalité *f*	Sterblichkeit, Mortalität
~ infantile	Kindersterblichkeit
taux *m* de ~	Sterbeziffer

- Elle **est morte** après une longue maladie.
- Elle **est morte d'un cancer du sein/cancer du poumon**.

engl. *mortal, mortality*
span. *muerte, morir, muerto, mortal, mortalidad*
ital. *morte, morire, morto, mortale, mortalità*

tumeur *f*	Tumor
~ bénigne	gutartiger ~
~ maligne	bösartiger ~
~ au cerveau	Gehirntumor

engl. *tumour (tumor AE)*
span. *tumor*
ital. *tumore*

cancer *m*	Krebs
~ du poumon/du sein	Lungen-/Brustkrebs
cancéreux, euse *adj et m f*	I. Krebs-, krebsartig II. Krebskranker
cancérigène *adj*	krebserregend
cancérologie *f*	Krebsforschung
cancérologue *m f*	Krebsforscher

engl. *cancer, cancerous, carcinogen*
span. *cáncer, canceroso, cancerígeno, cancerólogo, cancerología*
ital. *cancro, canceroso, cancerogeno, cancerologia, cancerologo*

antibiotique *m et adj*	I. Antibiotikum II. antibiotisch
être sous ~s	mit Antibiotika behandelt werden

engl. *antibiotic*
span. *antibiótico*
ital. *antibiotico*

douleur *f*	Schmerz	• Je n'en peux plus, **j'ai des douleurs** partout. • J'ai pris un comprimé et la **douleur est passée**. • Elle **s'est tordue de douleurs** par terre. • Allez, une petite piqûre, **ce n'est pas douloureux**.
~ violente	heftiger Schmerz	
~ aiguë	stechender Schmerz	
gémir de ~	vor Schmerz aufstöhnen, wimmern	
adoucir la ~	den Schmerz lindern	
se tordre de ~s	sich vor Schmerzen winden, krümmen	
la ~ s'atténue	der Schmerz lässt nach	
douloureux, euse *adj*	schmerzhaft, schmerzend	***engl.*** *dolorous* ***span.*** *dolor, doloroso* ***ital.*** *dolore, doloroso, indolore*
indolore *adj*	schmerzlos	
vaccin *m*	Impfstoff	***engl.*** *vaccine, vaccinate, vaccination* ***span.*** *vacuna, vacunar, vacunación* ***ital.*** *vaccino, vaccinare, vaccinazione*
faire un ~ à qn	jn. impfen	
vacciner qn contre qc	jn. gegen etw. impfen	
vaccination *f*	Impfung	
certificat *m* de ~	Impfschein, -pass	
infection *f*		***engl.*** *infection, infectious, infect* ***span.*** *infección, infeccioso, infectar* ***ital.*** *infezione, infettivo, infettare*
infectieux, euse *adj*		
infecter qn		
s'~		
transmission *f*	Übertragung	***engl.*** *transmission, transmit transmissible* ***span.*** *tra(n)smisión, tra(n)smitir, tra(n)smisible* ***ital.*** *trasmissione, trasmettere*
transmettre une maladie	eine Krankheit übertragen	
transmissible *adj*	übertragbar	
maladies sexuellement ~s (MST)	sexuell übertragbare Krankheiten	
médecin *m*	Arzt, Ärztin, Mediziner	• Annette est par terre, il faut **faire venir le médecin**. • Non, mais **allez voir le médecin**, ça ne peut pas continuer comme ça. • Le médecin **m'a prescrit un médicament** qui a fait passer mes maux de ventre.
~ de famille	Hausarzt	
~ d'urgence	Notarzt	
(aller) voir le ~	zum Arzt gehen	
consulter un ~	einen Arzt aufsuchen	
médecine *f*	Medizin	
exercer la ~	den Arztberuf ausüben, als Arzt tätig sein	
médical, e *adj*	ärztlich, medizinisch	***engl.*** *medicine, medical, medication, medicinal* ***span.*** *médico, medicina, medical, medicamento* ***ital.*** *medico, medicina, medicinale, medicamento, medicamentoso*
certificat *m* ~	ärztliches Attest	
cabinet *m* ~	Arztpraxis	
médicament *m*		
~ puissant	starkes ~	
prescrire un ~ à qn	jm. ein ~ verschreiben	
prendre un ~	ein ~ einnehmen	
médicamenteux, euse *adj*		
praticien *m*	praktizierender Arzt	***engl.*** *practitioner*
généraliste *m f*	Allgemeinarzt	***span.*** *médico general* ***ital.*** *medico generico*
ophtalmologiste *m f* (ophtalmo *fam.*)	Augenarzt	***engl.*** *ophthalmology, ophthalmologist* ***span.*** *oculista, oftalmólogo* ***ital.*** *oculista, oculistica*
ophtalmologie *f*	Augenheilkunde	

oto-rhino-laryngologiste *m f* **(ORL)**	Hals-Nasen-Ohrenarzt, HNO	***engl.*** *otorhinolaryngologist, otorhinolaryngology* ***span.*** *otorrinolaringólogo, otorrinolaringología* ***ital.*** *otorinolaringoiatra, otorinolaringoiatria*
oto-rhino-laryngologie *f*	Hals-Nasen-Ohrenkunde	
dent *f*	Zahn	• J'ai eu **mes premières dents** à six mois. • Hier soir, avant de se coucher, **elle ne s'est pas brossé/lavé les dents**. • Elle **s'est cassé une dent** en tombant dans les escaliers. • Les **bactéries dentaires** Carius et Bactus vivent dans la bouche du petit Jean.
faire ses ~s	Zähne bekommen	
se brosser/se laver les ~s	Zähne putzen	
se casser une ~	sich einen Zahn ausbeißen	
casser une ~ à qn	jm. einen Zahn ausschlagen	
se faire arracher une ~	sich einen Zahn ziehen lassen	
plomber une ~	einen Zahn plombieren	
montrer les ~s	die Zähne fletschen	
serrer les ~s	die Zähne zusammenbeißen	
les ~s du haut/du bas	die oberen/unteren Zähne	
~ de lait	Milch	***engl.*** *dentist, denture, orthodontist* ***span.*** *diente, dentista, dentrífico, dental, dentina, ortopedista maxilar* ***ital.*** *dente, dentista, dentifricio, dentale, dentiera, ortodontista*
~ de sagesse	Weisheitszahn	
brosse *f* à ~s	Zahnbürste	
dentiste *m f*	Zahnarzt	
dentifrice *m*	Zahnpasta, -creme	
dentaire *adj*	Zahn-	
eau *f* ~	Mundwasser	
appareil *m* ~	Zahnspange	
dentier *m*	Gebiss, Zahnprothese	
orthodontiste *m f*	Kieferorthopäde	
carie *f*	Karies	***engl.*** *caries* ***span.*** *caries* ***ital.*** *carie*
avoir une ~	ein Loch haben	
troubles *m*	Störung, Beschwerden	***engl.*** *troubles*
~s digestifs	Verdauungsstörungen	
~ respiratoires	Atembeschwerden	
~ de la circulation	Kreislaufbeschwerden	
cœur *m*	Herz	• Il **a eu une crise cardiaque** et est décédé à l'hôpital trois jours plus tard.
avoir le ~ qui bat	Herzklopfen haben	
il a le ~ qui bat la chamade	sein Herz schlägt bis zum Hals	
avoir le ~ malade/être malade du ~	herzkrank, -leidend sein	***engl.*** *cardiac* ***span.*** *corazón, cardiaco* ***ital.*** *cuore, cardiaco*
cardiaque *adj et m f*	I. Herz-, kardial II. Herzkranker	
crise *f* ~	Herzanfall	
avoir une crise ~	einen Herzanfall erleiden	
poumon *m*	Lungenflügel	***engl.*** *pulmonic, pneumonia* ***span.*** *pulmón, pulmonar, pulmonía* ***ital.*** *polmone, polmonare, polmonite*
~s *m pl*	Lunge	
respirer à pleins ~s	tief einatmen, Luft holen	
pulmonaire *adj*	Lungen-	
pneumonie *f*	Lungenentzündung	
s'époumoner à faire qc	sich die Lunge aus dem Hals schreien, um etw. zu tun	

fumeur, euse *m f*	Raucher	• Arrête de m'**envoyer ta fumée** dans la figure, ça pue. • Tu **avales vraiment la fumée** ou tu ne fais que crapoter ?
~ passif, ve	Passivraucher	
gros, se ~	Kettenraucher	
fumer	rauchen	
~ comme un pompier	rauchen wie ein Schlot	
~ la pipe/le cigare	Pfeife/Zigarre rauchen	***span.*** *fumador, fumar, humo, fumadero* ***ital.*** *fumatore, fumare, fumata*
arrêter de ~	sich das Rauchen abgewöhnen	
défense *f* de ~ !	Rauchen verboten!	
fumée *f*	Rauch	
avaler la ~	auf Lunge rauchen	
fumoir *m*	Rauchsalon	
sida *m*	AIDS	***span.*** *sida*
être sidéen, ne *adj*	an AIDS erkrankt sein	
séropositif, ve *adj*	HIV-infiziert, -positiv	***span.*** *seropositivo* ***ital.*** *sieropositivo*
immunologie *f*		***engl.*** *immunology, immunity, immune, immune system* ***span.*** *inmunología, inmunidad, inmune, inmunitario* ***ital.*** *immunologia, immunità, immune, sistema immunitario*
immunité *f* à qc	~ gegen etw.	
être immunisé, e *adj* contre une maladie	gegen eine Krankheit immun sein	
système *m* immunitaire		
contagieux, ieuse *adj*	ansteckend, übertragbar	• Eh ben, merci, tu **m'as passé ton rhume** et là je suis malade aussi.
être ~	1. ansteckend sein *(Krankheit)* 2. eine ansteckende Krankheit haben	
contagion *f*	Ansteckung, Übertragung	***engl.*** *contagious, contagion* ***span.*** *contagioso, contagio, contagiar(se)* ***ital.*** *contagioso, contagio, contagiare*
passer sa maladie à qn	jn. anstecken	
remède *m*	Heilmittel, Arznei	***engl.*** *remedy* ***span.*** *remedio* ***ital.*** *rimedio, rimediare*
~ universel	Allheilmittel	
remédier à qc	einer Sache abhelfen, begegnen	
sang *m*	Blut	↔ steak saignant = nicht durchgebratenes, blutiges Steak ↔ une guerre sanglante = ein blutiger, verlustreicher Krieg • Regarde maman, je suis tombée et **ça saigne**. • École : Monsieur, je **saigne du nez**, je peux quitter la salle ?
prise *f* de ~	Blutentnahme	
faire une prise *f* de ~	eine Blutprobe machen	
faire une prise *f* de ~ à qn	jm. Blut nehmen, ab-	
don *m* de ~	Blutspende	
donneur *m* de ~	Blutspender	
perte *f* de ~	Blutverlust	
sanguin, e *adj*	Blut-	
groupe *m* ~	Blutgruppe	
saigner	bluten	***span.*** *sangre, sanguino/sanguíneo, sangrar* ***ital.*** *sangue, sanguigno, sanguinare*
~ du nez	Nasenbluten haben	
prévention *f* **de qc**		***engl.*** *prevention, preventive* ***span.*** *prevención, preventivo* ***ital.*** *prevenzione, preventivo*
préventif, ve *adj*		

traitement *m*	Behandlung	• **Le traitement** que le médecin **m'a donné** n'est pas vraiment efficace.
être en ~	in Behandlung sein	
suivre un ~	sich behandeln lassen, sich einer Behandlung unterziehen	
~ de racine	Wurzelbehandlung	***engl.*** *treatment, treat*
traiter qn	jn. behandeln	***span.*** *tratamiento, tratar*
médecin *m* traitant	behandelnder Arzt	***ital.*** *trattamento, trattare*
hôpital *m*	Krankenhaus	***engl.*** *hospital, hospitalise, hospitalisation*
hospitalier, ère *adj*	Krankenhaus-	***span.*** *hospital, hospitalario, hospitalizar, hospitalización*
hospitaliser qn	jn. ins Krankenhaus einliefern, überweisen	***ital.*** *ospedale, ospitale, ospedalizzare, ospedalizzazione*
hospitalisation *f*	Einweisung ins Krankenhaus	
clinique *f*		***engl.*** *clinic*
~ privée		***span.*** *clínica*
		ital. *clinica*
effet *m*	Wirkung	• Ce médicament peut **provoquer des effets secondaires** jusqu'ici inconnus.
~ secondaire	Nebenwirkung	
~ secondaire indésirable	unerwünschte Nebenwirkung	
		engl. *effect*
		span. *efecto*
		ital. *effetto*
chirurgien, ne *m f*		***engl.*** *surgeon, surgery, surgical*
chirurgie *f*		***span.*** *cirujano, cirurgía, quirúrjico*
~ esthétique	Schönheits~	***ital.*** *chirurgo, chirurgia, chirurgico*
chirurgical, e *adj*		
opération *f*		• Elle **s'est fait opérer de** l'appendicite.
subir une ~	sich einer ~ unterziehen	
opérer qn de qc	jn. an etw. ~	
opératoire *adj*		***span.*** *operación, operar, operatorio, operable, inoperable*
opérable *adj*		***ital.*** *operazione, operare, operativo, operabile, inoperabile*
inopérable *adj*		
pédiatre *m f*	Kinderarzt	***engl.*** *pediatrician, pediatrics*
pédiatrie *f*	Kinderheilkunde	***span.*** *pediatra, pediatría*
		ital. *pediatra, pediatria*
soigner qn	jn. pflegen, versorgen	• Oh, ça a l'air violent, il faut que **tu te fasses soigner**.
se faire ~	sich (ärztlich) behandeln lassen	
soins *m pl*	Behandlung	
service *m* de ~s intensifs	Intensivstation	
être aux ~s intensifs	auf der Intensivstation liegen	
premiers secours *m pl*	erste Hilfe	***ital.*** *pronto soccorso*
porter les ~	erste Hilfe leisten	
gynécologue *m f* (gyné *fam.*)		***engl.*** *gynecologist, gynecology*
gynécologie *f*		***span.*** *ginecólogo, ginecología*
		ital. *ginecologo, ginecologia*
dermatologue *m f*		***engl.*** *dermatologist, dermatology*
dermatologie *f*		***span.*** *dermatólogo, dermatología*
		ital. *dermatologo, dermatologia*
infirmier, ère *m f*	Krankenpfleger, -schwester	***span.*** *enfermera*
infirmerie *f*	Krankenzimmer, -abteilung	***ital.*** *infermiere*

7 Société – 11. La santé

ordonnance *f*	Rezept	↔ la recette = das Kochrezept
faire une ~ à qn	jm. ein Rezept ausstellen	
valider une ~	ein Rezept einlösen	
sans ~	rezeptfrei	
médicament à prescription	rezeptpflichtiges Medikament	
rembourser qc à qn/qn de qc	jm. etw. zurückerstatten, -zahlen	↔ la bourse = Geldbeutel, -börse
se faire ~	sich die Auslagen erstatten lassen	• Je **me suis fait rembourser** par ma mutuelle.
remboursement *m*	Rückerstattung, Rückzahlung	***engl.*** *reimburse, reimbursement* ***span.*** *reembolsar, reembolso* ***ital.*** *rimborsare, rimborso*
mutuelle *f*	Zusatzversicherung zur Kranken- und Sozialversicherung	***span.*** *mutual*
assurance *f*	Versicherung	***engl.*** *assurance (BE), insurance* ***ital.*** *assicurazione, assicurato, assicurarsi*
~-maladie	Krankenversicherung	
~-complémentaire	Zusatzversicherung	
~-dépendance	Pflegeversicherung	
~ obligatoire	Pflichtversicherung	
souscrire une ~	eine Versicherung abschließen	
assuré, e *m f et adj*	I. Versicherter II. versichert	
s'assurer contre qc	sich gegen etw. versichern	
Sécurité *f* **sociale** (Sécu *fam.*)	Sozialversicherung	***engl.*** *national/social insurance* ***span.*** *seguro social*
cotiser à la ~	in die Sozialversicherung einzahlen	
tension *f*	Blutdruck	***span.*** *tensión* ***ital.*** *tensione*
prendre la ~	Blutdruck messen	
avoir/faire de la ~	hohen Blutdruck haben	
bronchite *f*	Bronchitis	***engl.*** *bronchitis, bronchus* ***span.*** *bronquitis, bronquio* ***ital.*** *bronchite, bronco*
bronche *f*	Bronchie	
rougeole *f*	Masern	
rubéole *f*	Röteln	***engl.*** *rubella* ***span.*** *rubeola*
scarlatine *f*	Scharlach	***engl.*** *scarlatina/scarlet fever* ***span.*** *escarlatina* ***ital.*** *scarlattina*
varicelle *f*	Windpocken	***engl.*** *varicella* ***span.*** *varicela* ***ital.*** *varicella*
rhume *m*	Schnupfen	
~ des foins	Heuschnupfen	
attraper un ~	sich einen Schnupfen holen	
être enrhumé, e *adj*	verschnupft, erkältet sein	

nez *m*	Nase	↔ être constipé, e = vestopft sein (Verdauung)
avoir le ~ bouché	eine verstopfte Nase haben	
nasal, e *adj*	Nasen-	
gouttes *f pl* ~es/pour le nez	Nasentropfen	***engl.*** *nasal, nare* ***span.*** *nariz, nasal, narina, nasalizar* ***ital.*** *naso, nasale, narice*
narine *f*	Nasenloch	
nasiller	näseln	
nasillement *m*	Näseln	
nasillard, e *adj*	näselnd	
crève *f (fam.)*	Mordserkältung, böse Erkältung	
attraper/choper la ~ *(fam.)*	sich eine Mordserkältung, den Tod holen	
grippe *f*		***span.*** *gripe/gripa*
attraper la ~	sich eine ~ holen	
toux *f*	Husten	***span.*** *tos, toser* ***ital.*** *tosse, tossire, tossettina, tossicchiare*
tousser	husten	
toussotement *m*	Hüsteln	
toussoter	hüsteln	
piqûre *f*	Spritze	↔ die Spritze (Gegenstand) = la seringue
faire une ~ à qn	jm. eine Spritze geben	
pommade *f*	Salbe	***span.*** *pomada* ***ital.*** *pomata*
appliquer la ~	die Salbe auftragen	
patient, e *m f*		***engl.*** *patient* ***span.*** *paciente* ***ital.*** *paziente*

Culture – 1. Cinéma

cinéma *m* (ciné *fam.*)	Kino	• Football : « Mais non, regarde-le, **il fait du cinéma** pour avoir un pénalty. »
~ en plein air	Open-Air-Kino	
~ muet	Stummfilm(kino)	
~ parlant	Tonfilm(kino)	
~ d'auteur	Autorenkino	***engl.*** *cinema, cinematographic, cinephile, cineaste, cinemateque* ***span.*** *cine, cinematográfico, cinéfilo, cineasta, cinemateca* ***ital.*** *cinema, cinematografico, cinefilo, cineasta, cinemateca*
nuit *f* de ~	Filmnacht	
salle *f* de ~	Kinosaal	
aller au ~	ins Kino gehen	
fréquenter le ~	häufig, regelmäßig ins Kino gehen	
faire du ~ *(fam.)*	Theater spielen	
qu'est-ce qu'il y a au ~ ce soir ?	Was läuft heute Abend im Kino?	
cinématographique *adj*	Film-, kinematographisch	
société *f* ~	Filmgesellschaft	
cinéphile *adj et m f*	I. kinobegeistert II. Kinogänger, Kinofan	
cinéaste *m f*	Filmemacher, Cineast	
cinémathèque *f*	Cinema-, Filmothek	
séance *f*	(Kino-)Vorführung, Vorstellung	
dernière ~	Spätvorstellung	
vedette *f*	Star, Hauptdarsteller	↔ **vedette** ist immer feminin ! • Daniel Craig vient de signer pour **tenir la vedette** du prochain James Bond. • Les voitures à consommation réduite **tiennent la vedette** au salon automobile de Paris.
en ~ américaine	als Stargast	
tenir la ~	1. die Hauptrolle spielen 2. im Mittelpunkt des Interesses stehen	
se mettre en ~	sich in den Vordergrund drängen	
mettre qc/qn en ~	etw./jn. herausstellen, -streichen	
voler la ~ à qn	jm. die Schau stehlen	
vedettariat *m*	Welt der Stars, Starkultur	***span.*** *vedette* ***ital.*** *vedette*
art *m*	Kunst	• Franchement, ce mec, **il a vraiment l'art de** poser les questions qui fâchent.
les ~s *m pl*	die bildenden Künste	
les amateurs du septième ~	Kinoliebhaber	
avoir l'~ de faire qc	das Talent, die Gabe besitzen, etw. zu tun	***engl.*** *art, artist, artistic* ***span.*** *arte, artista, artístico* ***ital.*** *arte, artista, artistico*
artiste *m f et adj*	I. Künstler II. künstlerisch veranlagt	
artistique *adj*	Kunst-	
avoir une activité ~	künstlerisch tätig sein	
divertir qn	jn. unterhalten, jm. Spaß machen	***engl.*** *diversion, divert* ***span.*** *divertir(se), divertido, divertimiento, diversión* ***ital.*** *divertire, divertente, divertimento, diversivo*
se ~	sich vergnügen	
divertissant, e *adj*	kurzweilig, unterhaltend, -sam	
divertissement *m*	Vergnügen, Erheiterung	
diversion *f*	Ablenkung, Zerstreuung	
faire ~ à qc *(rech.)*	von etw. ablenken, etw. vergessen lassen	
culture *f*		• Le Goethe-Institut **promeut la culture allemande** dans le monde entier.
promouvoir la ~	die ~ fördern, verbreiten	
culturel, le *adj*		***engl.*** *culture, cultural* ***span.*** *cultura, cultural* ***ital.*** *cultura, culturale*

Oscar *m*		• Le film « Forrest Gump » **a été récompensé par six Oscars**, dont celui du meilleur film et du meilleur acteur.
être nominé, e pour deux °~s	für zwei ~ nominiert sein	
être nominé, e aux °~s	bei den ~ nominiert sein	
cérémonie *f* des °~s	~verleihung	
recevoir un °~	einen ~ bekommen	
récompensé, e par un °~	~prämiert	
film *m*		• **Les films réalisés** et produits par Alfred Hitchcock font partie des grands classiques.
~-culte *m*		
(film) policier *m* (polar *fam.*)	Krimi(-nal~)	
~ en couleurs	Farb~	***engl.*** *film, filmography* ***span.*** *film, filmar, filmografía* ***ital.*** *film, filmare, filmografia*
~ en noir et blanc	Schwarzweiß~	
~ en trois dimensions	3-D-~	
le ~ passe encore dans quelques salles	der ~ läuft noch in einigen Kinos	
réaliser un ~	einen Film machen, umsetzen	
filmer qc/qn		
filmage *m*	Filmen	
filmographie *f*	Filmverzeichnis *(Regisseur, Genre)*	
dessin *m*	Zeichnung	• Je t'ai déjà dit que ce n'était pas possible, tu comprends ou **il faut te faire un dessin/ il faut que je te fasse un dessin** ?
~ animé	Zeichentrickfilm	
il faut te faire un ~ ? *(fam.)*	kapierst du's denn nicht?	
dessinateur *m*	Zeichner	
dessiner qc (au crayon)	etw. zeichnen (mit dem Bleistift)	
bande *f* dessinée (= B.D.)	Comic	***ital.*** *disegno, disegnatore, disegnare*
court-métrage *m*	Kurzfilm	↔ court, long
long-~	Spielfilm	***span.*** *cortometraje* ***ital.*** *cortometraggio*
version *f*	Version, Fassung	• On a vu le dernier Woody Allen **en VO sous-titrée/en VOST**.
en ~ originale (= en VO)	in Originalfassung	
en ~ française (= en VF)	in französischer Fassung	***engl.*** *version* ***span.*** *versión* ***ital.*** *versione*
sous-titre *m*		↔ sous ↔ titre
sous-titré, e *adj*		***engl.*** *subtitle* ***span.*** *subtítulo* ***ital.*** *sottotitolo*
sortie *f*	Erscheinen, Uraufführung	
sortir un ~	einen Film herausbringen	
le film est ~ hier	der Film ist gestern angelaufen	

Culture – 1. Cinéma

son *m*	Ton, Klang	***engl.*** *sound*
prise *f* de ~	Tonaufnahme	***span.*** *sonido, sonoro*
preneur *m* de ~	Tontechniker	***ital.*** *suono*
monter le ~	lauter machen, stellen *(Fernseher, Radio)*	
baisser le ~	leiser machen, stellen *(Fernseher, Radio)*	
sonore *adj*	Ton-	
bande *f* ~	Tonstreifen, -spur	
projection *f* **d'un film**	Filmvorführung	***engl.*** *projection, projectionist, projector*
projeter un film	einen Film vorführen	***span.*** *proyección, proyectar, proyector*
projectionniste *m f*	Filmvorführer	***ital.*** *proiezione, proiettare, proiettore*
projecteur *m*	(Film-)Projektor	
rétroprojecteur *m*	Overheadprojektor	
écran *m*	1. Bildschirm *(Fernsehen, PC)* 2. Leinwand *(Kino)*	• Le best-seller de Dan Brown, Da Vinci Code, **a été porté à l'écran.**
vedette *f* de l'~	Filmstar	• Johnny Depp **crève l'écran** dans son dernier film : on ne voit que lui.
porter qc à l'~	etw. verfilmen *(Buch)*	
le petit ~	das Fernsehen	
crever l'~ *(fam.)*	eine hervorragende Rolle spielen, Riesenerfolg haben *(Schauspieler, Film)*	
tarif *m*		***span.*** *tarifa, tarifario*
~ étudiant	Studenten~	***ital.*** *tariffa, tariffario*
plein ~	voller ~, Normalpreis	
billet *m* à ~ réduit	Ticket zum ermäßigten ~	
tarifaire *adj*		
aide *f* (→ 3.4)	Hilfe	***engl.*** *aid*
~ de l'État	staatliche Hilfe	***span.*** *ayuda*
		ital. *aiuto*
subvention *f*		***engl.*** *subvention, subvent*
subventionner qc		***span.*** *subvención, subvencionar*
		ital. *sovvenzione, sovvenzionare*
réalisateur, -trice *m f*	Regisseur *(Fernsehen, Kino)*	↔ für Theater : le metteur en scène
réalisation *f*	Regie *(Fernsehen, Kino, Radio)*	↔ le régisseur = Regieassistent !
réaliser un film	bei einem Film Regie führen	
		span. *realización, realizar, realizador*
renommée *f*	guter Ruf, Ansehen	• Steven Spielberg **a acquis une renommée mondiale** qui dépasse les frontières des États-Unis.
acquérir de la ~	Ansehen erwerben	
renommé, e *adj*	bekannt, angesehen, berühmt	
		engl. *renowned*
		span. *renombre, renombrado*
tournage *m*	Dreharbeiten	
tourner un film	einen Film drehen	
on tourne !	Kamera ab, läuft!	
premier/dernier tour *m* de manivelle	Beginn/Ende der Dreharbeiten	

scénariste *m f*	Drehbuchautor	↔ scène
scénario *m*	Drehbuch	
		engl. *scenario, scenarist*
rôle *m*	Rolle	***engl.*** *role*
premier ~	Hauptrolle	***ital.*** *ruolo*
second/petit ~	Nebenrolle	
figurant, e *m f*	Statist, Komparse	• Mon rêve serait de **faire de la figuration** dans un film avec Johnny Depp, juste pour avoir une chance de le rencontrer.
figuration *f*	Statisterie, Komparserie	
faire de la ~	Statisten-, Nebenrollen spielen	
		span. *figurante, comparsa*
cascadeur *m*	Stuntman	↔ une cascade = ein Wasserfall
montage *m*	Montage, Schnitt	***span.*** *montaje*
(dé)couper un film	einen Film schneiden	***ital.*** *montaggio*
ralenti *m*	Zeitlupe	↔ ralentir = bremsen
au ~	in Zeitlupe	↔ lent = langsam
		ital. *rallentamento*
accéléré *m*	Zeitraffer	↔ accélérer = beschleunigen
en ~	im Zeitraffer	↔ un accélérateur = ein Gaspedal
		ital. *accelleratore*
bruit *m*	Lärm, Geräusch	• Clairvie, **ne fais pas de bruit**, il y a Annette qui dort !
~ de fond	Hintergrundgeräusch	• Voiture : « Ou là là, **ça fait un bruit bizarre** quand tu freines ! »
~ sourd	dumpfes Geräusch	• L'institut de sondage Ipsos a publié une étude qui **a fait beaucoup de bruit**.
~ assourdissant	ohrenbetäubender Lärm	
faire du ~	1. Lärm, Krach machen 2. Aufsehen erregen, von sich reden machen	
faire beaucoup de ~ pour rien	viel Lärm um nichts machen	
bruyant, e *adj*	laut, geräuschvoll, lärmend	
bruitage *m*	Geräuschkulisse, -effekte	
bruiteur *m*	Geräuschtechniker	
mixage *m*	Mischen, Tonmischung *(Kino, Musik)*	↔ Getränk, Zutaten mischen = mélanger
mixer qc	etw. mischen *(Kino, Musik)*	↔ der Mixer
générique *m*	Vor-, Nachspann	
doublage *m*	Synchronisierung	↔ das Double, der Doppelgänger = le sosie
doubler un film	einen Film synchronisieren	
~ qn	jn. doubeln	***engl.*** *dub*
doublure *f*	Double, Ersatzmann	***span.*** *doblaje, doblar*
		ital. *doppiaggio, doppiare*
plateau *m*	Set	
cadreur *m*	Kameramann	
cadrer qc	etw. einstellen *(Bild)*	
cadrage *m*	Bildeinstellung *(Kino, Fernseher, Photo)*	

Culture – 1. Cinéma

éclairagiste *m*	Beleuchtungstechniker	↔ clair
éclairage *m*	Beleuchtung, Lichtverhältnisse	
éclairer qc	etw. beleuchten, erhellen	
trucage *m* (aussi : truquage)	Trickaufnahme	***span.*** *truco, trucaje, trucar*
truquiste *m*	Tricktechniker	***ital.*** *trucco, taroccare*
truqué, e *adj*	Trick-	
truquer qc	etw. fälschen *(Ergebnis, Wahlen)*	
caméra *f*		***engl.*** *camera, cameraman*
mouvement *m* de ~	~führung	***span.*** *cámara*
caméraman *m*		***ital.*** *telecamera*
effet *m*		***engl.*** *effect*
~s spéciaux		***span.*** *efecto*
		ital. *effeto*
champ *m* **de vision**	1. Sichtfeld 2. Bildausschnitt	***span.*** *campo visual* ***ital.*** *campo visivo*
zoom *m*		***engl.*** *zoom*
~ avant		***span.*** *zoom*
~ arrière		***ital.*** *zoom*
zoomer sur qc	auf etw. ~, etw. heran~	
prise *f* **de vue**	Bildaufnahme	
angle *m* de ~	Aufnahmewinkel	
travelling *m*	Kamerafahrt	↔ to travel • La caméra se déplace pendant la prise de vue.
plan *m*	Aufnahme, Einstellung	• Les **plans** par rapport aux personnages :
~ général	Gesamtaufnahme	○ **très gros plan** : yeux
~ américain	Halbaufnahme	○ **gros plan** : visage
~ rapproché	Nahaufnahme	○ **plan rapproché** : visage et épaule
~ fixe	feste Einstellung	○ **plan américain** : visage jusqu'aux genoux
gros ~	Großaufnahme	
très gros ~	Detailaufnahme	
en plongée *f*	Aufnahme von oben, aus der Vogelperspektive	
en contre-plongée	Aufnahme von unten, aus der Hocke	
bande-annonce *f*	Trailer	
indicatif *m*	Erkennungsmelodie	
publicité *f* (pub *fam.*)	Werbung	***engl.*** *publicity*
publicitaire *adj*	Werbe-	***span.*** *publicidad, publicitario*
		ital. *pubblicità, pubblicitario*
retour *m* **en arrière/flashback** *m*	Rückblick	***engl.*** *flashback*
rang *m*	Reihe	***ital.*** *riga*
on est à quel ~ ?	In welcher Reihe sitzen wir?	

succès *m*	Erfolg	• La triologie « Le Seigneur des Anneaux » **a connu un immense succès** partour en Europe. • Avec le décès de Michael Jackson, sa musique **a connu un succès sans précédent**. • Les Beatles **ont connu un succès qui ne s'est jamais démenti**.
~ fou	Riesen-, Bombenerfolg	
~ considérable	beachtlicher Erfolg	
~ foudroyant	überwältigender Erfolg	
avoir du ~	Erfolg haben, Beifall finden	
connaître un ~ (+ complément)	Erfolg haben (+ Ergänzung)	
obtenir un ~ durable	einen langfristigen Erfolg erzielen	
		engl. *success* ***ital.*** *successo*
flop *m*		***engl.*** *flop* ***ital.*** *flop*
faire un ~	einen Reinfall erleben	
acteur, trice *m f*	Schauspieler	↔ action
		engl. *actor* ***span.*** *actor* ***ital.*** *attore*

Culture – 2. Littérature

littérature *f*		***engl.*** *literature, literary*
~ de jeunesse	Jugend~	***span.*** *literatura, literario*
littéraire *adj et m f*	I.	***ital.*** *letteratura, letterario,*
	II.	*letterato*
satire *f*		***engl.*** *satire, satirical*
satirique *adj*		***span.*** *sátira, satírico*
avoir l'esprit ~	ein Spötter sein	***ital.*** *satira, satirico*
œuvre *f*	Werk	↔ un œuvre = Gesamt-, Lebenswerk
chef-d'~ [ʃɛdœvr(ə)] *m*	Meisterwerk	• Allez, **mets-toi à l'œuvre**, sinon tu n'auras jamais fini tes devoirs jusqu'à ce qu'on sorte.
se perpétuer dans son ~	in seinem Werk weiterleben	• Les organisateurs allemands **ont tout mis en œuvre pour que** la Coupe du Monde de 2006 se passe sans incident.
se mettre à l'~	sich ans Werk, an die Arbeit machen	• Il y a plein **d'ouvrages/livres consacrés à l'enseignement des langues**.
mettre qc en ~	etw. in die Tat umsetzen, verwirklichen	
mettre tout en ~ pour faire qc	alle Hebel in Bewegung setzen um etw. zu tun	
œuvrer (pour qc/qn) *(rech.)*	wirken tätig sein, sich einsetzen (für etw./jn.)	
ouvrage *m*	Werk, Buch, Schrift	
~ de référence	Nachschlagewerk	
les ~s consacrés à qc	die Werke/Bücher bzgl./über etw.	***span.*** *obra, obrar*
écrire qc	etw. schreiben	• Elles **se sont écrit** de longs messages pendant les vacances.
~ qc à qn	jm. etw. schreiben	• Le mot « littérature » **s'écrit avec** deux « t » en français.
s'~	1. sich schreiben *(Briefe, E-Mail)* 2. sich schreiben, geschrieben werden *(passive Bed.: Name, ...)*	
~ au propre	ins Reine schreiben	
écriture *f*	Schrift	***engl.*** *describe, description, descriptive*
écrivain *m*	Schriftsteller, Dichter	***span.*** *escribir, escritura, escritor, describir, descripción, descriptivo*
écrivailler *(péj)*	einen Stiefel zusammenschreiben	***ital.*** *scrivere, scrittura, scrittore, scribacchino, descrivere, descrizione, descrittivo*
écrivaillon *m*	Schreiberling, Vielschreiber	
écritoire *f*	Schreibzeug	
décrire qc/qn	etw./jn. beschreiben, schildern	
~ qc à qn	jm. etw. beschreiben, schildern	
description *f*	Beschreibung, Schilderung	
faire une ~ détaillée de qc	etw. ausführlich beschreiben	
descriptif, ve *adj*	beschreibend, schildernd	
rime *f* (en –age)	Reim (auf –age)	↔ embrasser
~ embrassée	umarmender Reim	↔ croiser (mots croisés)
~ plate	Paarreim	• Tout ce qu'elle propose est **sans rime ni raison**.
~ croisée	Kreuzreim	• Ce travail **n'a ni rime ni raison**.
sans ~ ni raison	ohne Sinn und Verstand	• Mais **à quoi ça rime** ? / Tout ça **ne rime à rien**.
n'avoir ni ~ ni raison	weder Hand noch Fuß haben	
rimer	sich reimen *(Wörter)*	
~ qc	etw. reimen, in Verse bringen	***engl.*** *rhyme*
x rime avec y	x reimt sich auf y	***span.*** *rima, rimar*
à quoi ça rime ?	was soll das heißen? was hat das für einen Sinn?	***ital.*** *rima, rimare*
rimailler	sich schlecht reimen	
rimailleur *m (péj)*	Reimschmied, Dichterling	
genre *m*	Gattung	***engl.*** *genre* ***span.*** *género* ***ital.*** *genere*

livre *m*	Buch	↔ la livre = Pfund *(Gewicht, Währung)*
~ de poche	Taschenbuch	
feuilleter un ~	ein Buch durchblättern	
		span. *libro* ***ital.*** *libro*
narrateur, trice *m f*	Erzähler	***engl.*** *narrator, narrate, narrative* ***span.*** *narrador, narrativo, narración, narrar* ***ital.*** *narratore, narrativo, narrazione, narrare*
~ à la première personne	Icherzähler	
~ personnel	personaler Erzähler	
~ omniscient	allwissender Erzähler	
narratif, ve *adj*	erzählend	
narration *f*	Erzählung, Bericht	
narrer qc *(rech.)*	(über) etw. erzählen, berichten	
poème *m*	Gedicht	***engl.*** *poem, poet, poetic, poetry, lyric, lyrical* ***span.*** *poema, poeta, poético, poesía, poetizar, lírico* ***ital.*** *poema, poeta, poetico, poesia, poetare, lirico*
réciter un ~	ein Gedicht aufsagen	
poète *m*	Dichter, Poet	
~ maudit	(von der Gesellschaft) verstoßener Dichter	
poétique *adj et f*	I. dichterisch, poetisch II. Poetik	
poésie *f*	Poesie, Lyrik	
poétiser qc	etw. dichterisch ausgestalten, ausschmücken	
lyrique *adj*		
intrigue *f*	1. 2. Handlung, Knoten *(Theater)*	• L'auteur **construit une intrigue passionnante** autour du personnage principal.
~s *f pl*	Machenschaften	
construire une ~	eine ~ spinnen	
intriguer		***engl.*** *intrigue, intriguer* ***span.*** *intriga* ***ital.*** *intrigo, intrigare, intrigante*
intrigant, e *adj et m f*	I. II.	
personne *f*		***engl.*** *person, personality, personal, personalize, personification, personify* ***span.*** *persona, personaje, personalidad, personalizar, personal, personificación, personificar* ***ital.*** *persona, personalità, personalizzare, personale, personificazione, personificare*
les grandes ~s	die Erwachsenen	
personnage *m*	Person, Rolle, Figur *(Theater, Roman)*	
~ principal	Hauptperson, -rolle, -figur	
~ connu	bekannte Persönlichkeit	
~ secondaire	Nebenperson, -rolle, -figur	
personnalité *f*		
personnaliser qc		
personnel, le *adj et m*	I. II.	
personnification *f*		
personnifier qc/qn		
classicisme *m*		***engl.*** *classicism, classic, classical* ***span.*** *clasicismo, clásico* ***ital.*** *classicismo, classico*
classique *adj et m*	I. II.	
lycée *m* ~	humanistisches Gymnasium	

sujet *m*	Thema, Stoff, Gegenstand	• La diversité **des sujets traités par** Goethe est impressionnante. • Le contrôle portera sur **tous les sujets traités en cours** depuis le début de l'année. • À propos des devoirs, j'ai quelque chose à vous dire **à ce sujet**. • Monsieur, est-ce que je pourrais vous parler ? – Oui, c'est à quel sujet ?
~ en or	ein dankbares Thema	
aborder un ~	ein Thema anschneiden, zur Sprache bringen	
les ~s traités	die behandelten Themen	
à ce ~ *adv*	diesbezüglich, darüber	
c'est à quel ~ ?	worum geht es? *(u.a. Telefon)*	
		engl. *subject*
convenances *f pl*	Schicklichkeit, Anstandsregeln	***engl.*** *convention* ***span.*** *convención, conviene, convencional* ***ital.*** *convenienza, conviene, convenzione, conveniente*
respecter les ~s	die Anstandsregeln, Umgangsformen beachten	
il convient de faire qc/que + SUBJ.	es empfiehlt sich, wäre zweckmäßig etw. zu tun	
conventions *f pl*	Konventionen, Regeln, Normen	
convenable *adj*	schicklich, anständig	
convenablement *adv*	angemessen, wie es sich gehört	
si tu t'y prends ~	wenn Du es richtig anstellst	
bienséance *f (rech.)*	Anstand, Wohlanständigkeit	
bienséant, e *adj (rech.)*	schicklich, wohlanständig	
trois unités *f pl*	drei Einheiten	• **La règle des trois unités** = une action unique, développée en un seul jour et en un seul lieu
		engl. *three unities (classical unities)* ***ital.*** *tre unità (unità aristoteliche)*
lieu *m*	Ort	***span.*** *lugar* ***ital.*** *luogo*
exposition *f*		***engl.*** *exposition* ***span.*** *exposición* ***ital.*** *esposizione*
protagoniste *m f*		***engl.*** *protagnoist* ***span.*** *protagonista* ***ital.*** *protagonista*
nœud *m*	Verwicklung, Knoten	• La **crise** entre les deux États **n'est toujours pas dénouée**, il faut s'attendre au pire.
nouer qc	etw. ver-, zusammenknoten *(Haare)*	
dénouement *m*	Ausgang, Lösung	
dénouer qc	etw. lösen, beheben *(Situation, Krise)*	***engl.*** *denouement*
péripétie *f* [peripesi]	entscheidender Wendepunkt, plötzlicher Umschwung	***engl.*** *peripeteia* ***span.*** *peripecia* ***ital.*** *peripezia*
retardement *m*	Retardierung, Verzögerung	↔ retard ↔ tard
alexandrin *m et adj*	I. II.	***engl.*** *alexandrine* ***span.*** *alejandrino* ***ital.*** *alessandrino*

motif *m*		↔ Motivation • Je refuse **les motifs invoqués par** le gouvernement afin de justifier la nécessité de la réforme du système de santé.
~ de suspicion	Verdachtsmoment	
révéler le ~	das ~ enthüllen	
les ~s invoqués	die vorgebrachten (Beweg) Gründe	
les ~ exposés	die dargelegten (Beweg-)Gründe	***engl.*** *motive* ***span.*** *motivo* ***ital.*** *motivo*
acte *m*		***engl.*** *act* ***ital.*** *atto*
pièce *f* en trois ~s	Stück in drei ~	
au deuxième ~	im zweiten ~	
***héros** *m*	Held, Hauptperson	• Le soldat **est mort en héros** pour avoir défendu trois enfants. • Le Vicomte de Valmont est **le héros** et la Marquise de Merteuil **l'héroïne** des « Liaisons dangereuses » de Choderlos de Laclos.
mourir en ~	als, wie ein Held sterben	
héroïne *f*	Heldin, Hauptperson	
héroïque *adj*	Helden-, heroisch	
héroïsme *m*	Heldentum, Heroismus	***engl.*** *hero, heroine, heroic, heroism* ***span.*** *heroe, heroína, heróico, heroísmo* ***ital.*** *eroe, eroina, eroico, eroismo*
récit *m*	Erzählung, Bericht	***engl.*** *recite* ***span.*** *recitar, recitado, recitación*
récitant, e *m f*	Sprecher *(Theater, Kino)*	
récitation *f*	Vortragen *(Gedicht)*	
réciter un poème	ein Gedicht vortragen	
aventure *f*	Abenteuer	***engl.*** *adventure, adventurer, adventurous* ***span.*** *aventura, aventurado, aventurar(se)* ***ital.*** *avventura, avventuroso, avventuriero, avventurarsi*
avoir l'esprit d'~	abenteuerlustig sein	
se lancer dans une ~	sich in ein Abenteuer stürzen	
aventureux, euse *adj*	1. abenteuerlich, -reich 2. abenteuerlustig *(Person)*	
aventurier, ère *m f*	Abenteurer	
s'aventurer à faire qc	wagen, riskieren etw. zu tun	
fictif, ve *adj*		***engl.*** *fictional, fiction* ***span.*** *ficticio* ***ital.*** *fittizio, finzione*
fiction *f*		

imaginaire *adj*	imaginär, erdacht, nur in der Einbildung vorhanden
monde *m* ~	Fantasie-, Scheinwelt
imagination *f*	Einbildung, -kraft, Vorstellungskraft
avoir de l'~	viel Fantasie haben, einfallsreich sein
manquer d'~	keine Fantasie haben, fantasielos sein
sans ~	fantasiearm, -los
plein d'~	fantasievoll, -reich
avoir une ~ débordante	eine blühende Fantasie haben
stimuler l'~	die Fantasie anregen
ça dépasse mon ~	das übersteigt meine Vorstellungskraft
imaginer qc	sich etw. vorstellen (können)
s'~ qc	sich etw. vorstellen (können), ausmalen
~ une histoire	sich eine Geschichte ausdenken
j'imagine !	das kann ich mir gut vorstellen!
imagine-toi !	stell Dir vor!
imaginable *adj*	vorstellbar, denkbar
inimaginable *adj*	unvorstellbar, undenkbar
imaginatif, ve *adj*	fantasievoll, -begabt

↔ une image
- **Tu n'imagines pas** comme c'est difficile de faire ça.
- **J'imagine mal** comment il a fait ça.
- C'est un très bon livre, la fin est juste un peu décevante, **je l'imaginais autrement**.
- Les profs n'arrêtent pas de nous donner des devoirs. J'en ai vraiment marre de l'école. – Oui, **j'imagine** !
- **Imagine-toi**, j'ai rencontré mon ex en ville cet après-midi.
- **Imagine-toi que** tu es le seul homme sur terre...
- Maxime a vraiment abusé. Il m'a fait attendre pendant deux heures, **tu t'imagines / t'imagines** !

engl. *imagination, imagine, imaginable, unimaginable*
span. *imaginario, imaginación, imaginar, inimaginable, imaginable, imaginativo*
ital. *immaginario, immaginazione, immaginare, immaginabile, inimmaginabile*

digression *m*	Exkurs, Abschweifung

action *f*	Handlung
~ secondaire	Nebenhandlung
~ intérieure/extérieure	innere/äußere Handlung
~ linéaire	lineare Handlung
passer à l'~	zur Tat schreiten, handeln
agir	handeln
faire ~ qn	jn. zum Handeln veranlassen, bewegen
il s'agit de qc/qn	es handelt sich, dreht sich um etw./jn.

engl. *action, act*
span. *acción, actuar*
ital. *azione, agire*

objectivité *f*
objectif, ve *adj*

engl. *objectivity, objective*
span. *objetividad, objetivo*
ital. *obiettività, obiettivo*

subjectivité *f*
subjectif, ve *adj*

engl. *subjectivity, subjective*
span. *subjetividad, subjetivo*
ital. *soggettività, soggettivo*

exact, e *adj*
exactitude *f*

engl. *exact, exactitude*
span. *exacto*
ital. *esatto, esattezza*

auteur *m*	Autor

engl. *author*
ital. *autore*

suspense *m* [syspɛns]	Spannung	• L'auteur **crée du suspense** en laissant planer le doute sur les causes du meurtre.
créer du ~	Spannung aufbauen	
le ~ continue	es bleibt (also) spannend	
captivant, e *adj*	spannend, fesselnd *(Buch, Film)*	***engl.*** *suspense, captivate, captivating*
captiver le lecteur	den Leser fesseln	
roman *m*		***ital.*** *romanzo, romanziere, romanzesco*
~ *m* policier	Krimi	
romancier, ère *m f*	~schriftsteller	
romanesque *adj*	Roman-, romanhaft, -artig	
nouvelle *f*		***engl.*** *novella* ***span.*** *novela corta* ***ital.*** *novella*
lire qc	etw. lesen	***span.*** *leer, lector, legible/leíble, legibilidad, lectura* ***ital.*** *leggere, lettore, leggibilità, leggibile, lettura*
~ qc à qn	jm. etw. vorlesen	
~ entièrement	ganz (durch)lesen	
~ en diagonal	quer lesen	
lecteur, -trice *m f*	Leser	
lisibilité *f*	Lesbarkeit, Leserlichkeit	
lisible *adj*	lesbar, leserlich	
écrire lisiblement	leserlich, deutlich schreiben	
lecture *f*	1. Lesen, Durchlesen 2. Lektüre, Lesestoff 3. Lesart, Deutung	
conte *m*	Märchen	***span.*** *cuento*
romantique *adj et m f*	I. II.	***engl.*** *romantic, romance, romanticism* ***span.*** *romántico, romanticismo* ***ital.*** *romantico, romanticismo*
romantisme *m*		
rythme *m*		***engl.*** *rhythm* ***span.*** *ritmo, rítmico* ***ital.*** *ritmo, ritmico*
~ de l'action	Tempo der Handlung	
rythmé, e *adj*		
style *m*	(Sprach-, Schreib-)Stil, Ausdrucksweise	• L'objectif de l'atelier d'écriture consiste à **adopter un style simple et précis** pour exprimer clairement ses idées.
~ soutenu	gehobener Stil	
~ élaboré	geschliffener Stil	
~ familier	familiärer Stil	***engl.*** *style* ***span.*** *estilo* ***ital.*** *stile*
~ sobre	sachlicher, nüchterner Stil	
~ grandiloquent	hochtrabender Stil	
~ condensé	gedrängter, geraffter Stil	
~ ampoulé	geschwollener Stil	
~ limpide	klarer Stil	
adopter un ~ + (ADJ).	einen (ADJ.) Stil pflegen, sich zu eigen machen, annehmen	
figure *f* de ~	Stilfigur, Stilmittel	
métaphore *f*		***engl.*** *metaphor, metaphoric(al)* ***span.*** *metáfora, metafórico* ***ital.*** *metafora, metaforico*
métaphorique *adj*		

comparaison *f*	Vergleich, Gegenüberstellung	***engl.*** *comparison, compare, comparable, comparative* ***span.*** *comparación, comparable, comparar, comparativo* ***ital.*** *comparazione, comparabile, comparare, comparativo*
faire la ~ (avec)	einen Vergleich ziehen, anstellen (mit)	
comparable (à/avec)	vergleichbar (mit)	
ne pas être ~	sich nicht vergleichen lassen	
comparer qc/qn à/avec qc/qn	etw./jn. mit etw./jn. vergleichen	
comparatif *m*	Komparativ *(Grammatik)*	
mettre au ~	steigern *(Grammatik)*	
vers *m*	Vers	***engl.*** *verse, versification* ***span.*** *verso, versificación* ***ital.*** *verso, versificazione*
~ blanc	reimloser Vers	
écrit, e en ~	in Versform	
mettre qc en ~	etw. in Verse bringen	
versification *f*	Versbildung, -bau	
agencement *m*	Reimschema	
quatrain *m*	Vierzeiler	↔ quatre ***engl.*** *quatrain* ***span.*** *cuarteto* ***ital.*** *quartina*
tercet *m*	Dreizeiler, Terzine	↔ tiers/tierce ***engl.*** *tercet* ***span.*** *terceto*
syllabe *f*	Silbe	***engl.*** *syllable* ***span.*** *sílaba* ***ital.*** *sillaba*
octosyllabe *m et adj*	I. Achtsilber II. achtsilbig	
décasyllabe *m et adj*	I. Zehnsilber II. zehnsilbig	
césure *f*	Zäsur	***engl.*** *caesura* ***span.*** *cesura* ***ital.*** *cesura*
ponctuation *f*	Zeichensetzung, Interpunktion	***engl.*** *punctuation* ***span.*** *puntuación* ***ital.*** *punteggiatura*
mettre la ~	die Satzzeichen setzen	
prose *f*		***engl.*** *prose* ***span.*** *prosa* ***ital.*** *prosa*
drame *m*	Drama, Schauspiel	• Oh, ce n'est pas si grave que ça, **tu ne vas pas en faire tout un drame**.
faire tout un ~ de qc	aus etw. ein Drama machen, etw. dramatisieren	
dramatique *adj*	dramatisch, Schauspiel-, Bühnen-	***engl.*** *drama, dramatic, dramatize, dramaturgy, dramaturge, dramatist, dramatization* ***span.*** *drama, dramático, dramatización, dramatizar, dramaturgo, dramaturgia* ***ital.*** *dramma, drammatico, drammatizzazione, drammatizzare, drammaturgo, drammaturgia*
dramatisation *f*		
dramatiser qc		
dramaturge *m*		
dramaturgie *f*		

tragédie *f*		***engl.*** *tragedy, tragic*
tragique *adj*		***span.*** *tragedia, trágico*
tourner au ~	eine tragische Wendung nehmen	***ital.*** *tragedia, tragico*
comédie *f*		***engl.*** *comedy, comedian*
~ musicale	Musical	***span.*** *comedia, comediante*
comédien, ne *m f*		***ital.*** *commedia, commediante*
métrique *f et adj*	I. II.	***engl.*** *metre* ***span.*** *métrica, metro*
mètre *m*	Versmaß, Metrum	***ital.*** *metrica*
journal *m*	Tagebuch	***engl.*** *journal*
tenir un ~	(ein) Tagebuch führen	
conflit *m*		• Il semble que le **conflit** entre la CDU et le SPD ne **soit** toujours pas **résolu.**
résoudre un ~	einen ~ lösen	
conflictuel, le *adj*		***engl.*** *conflict* ***span.*** *conflicto* ***ital.*** *conflitto*
farce *f*	Farce, Schwank, Posse	***engl.*** *farce* ***span.*** *farsa* ***ital.*** *farsa*
interprétation *f*		***engl.*** *interpretation, interpreter, interprete*
interpréter qc		***span.*** *interpretación, interpretar, intérprete*
interprète *m f*		***ital.*** *interpretazione, interpretare, interprete*
ironie *f*		***engl.*** *irony, ironic*
~ mordante	beißende ~	***span.*** *ironía, irónico*
ironique *adj*		***ital.*** *ironia, ironico*
fable *f*	Fabel	***engl.*** *fable* ***span.*** *fábula* ***ital.*** *favola*
morale *f*	Moral *(einer Geschichte)*, Sittenlehre	↔ le moral = Moral *(einer Gruppe)*, geistige, seelische Verfassung, Stimmung
faire la ~ à qn	jm. eine Strafpredigt halten, die Leviten lesen	
moral, e *adj*	moralisch, sittlich	
moraliser	Moral predigen	***engl.*** *morals, morality, moral, moralize*
moralisateur, trice *adj et m*	I. moralisierend II. Moralprediger	***span.*** *moraleja, moral, moralizar, moralista* ***ital.*** *morale, morale, moraleggiare, moraleggiante*
sonnet *m*	Sonnet	***engl.*** *sonnet* ***span.*** *soneto* ***ital.*** *sonetto*
strophe *f*		***span.*** *estrofa* ***ital.*** *strofa*
issue *f*	Ausgang	• **À l'issue de l'**entretien avec le prof, la mère était fâchée contre son fils.
~ fatale	verhängnisvoller Ausgang	
à l'~ de qc *prép (rech.)*	am Ende, Schluss von etw.	

Culture – 3. Chansons/musique française

musique *f*		• Ne m'en parle pas, **je connais la musique**, je sais exactement comment ça va se passer.
~ de chambre	Kammer~	
~ de fond	Hintergrund~	
faire de la ~	~ machen, musizieren	
mettre qc en ~	etw. vertonen	***engl.*** *music, musician, musical, musicology, musicologist*
connaître la ~ *(fam.)*	wissen wie der Hase läuft	***span.*** *música, musical, músico, musicología, musicólogo*
musical, e *adj*		***ital.*** *musica, musicale, musicista, musicologia*
musicien, ne *m f*		
musicologie *f*		
musicologue *m f*		
magnétophone *m*	Kassettenrekorder	***span.*** *magnetófono* ***ital.*** *mangianastri*
baladeur *m*	Walkman	
lecteur *m* **CD**	CD-Player, Discman	***span.*** *lector de discos* ***ital.*** *lettore CD*
~ MP3	MP3-Player	
enregistrement *m*	Aufnahme	***ital.*** *registrazione, registrare*
enregistrer qc	etw. aufnehmen	
disque *m*	Schallplatte	***span.*** *disco* ***ital.*** *disco*
tourne-~ *m*	Schallplattenspieler	
maison *f* de ~s	Plattenlabel, Musikverlag	
33-tours *m*	Langspielplatte	
45-tours *m*	Single	
chaîne *f* **hi-fi**	Stereoanlage	***span.*** *cadena de música*
enceinte *f*	(Lautsprecher-)Box	
casque *m*	Kopfhörer	***span.*** *cascos*
opéra *m*	1. Oper *(Stück)* 2. Opernhaus	***engl.*** *opera* ***span.*** *ópera* ***ital.*** *opera*
orchestre *m*		↔ le dirigeant = Führer, Manager
~ à cordes	Streich~	
chef d'~ *m*	Dirigent	***engl.*** *orchestra, orchestral*
diriger un ~	ein Orchester dirigieren	***span.*** *orquesta, orquestal*
orchestral, e *adj*		***ital.*** *orchestra, orchestrale*
récital *m* *(pluriel : récitals !)*	Konzert	***span.*** *recital*
~ de piano	Klavierkonzert	
compositeur, trice *m f*	Komponist	***engl.*** *composer, compose, composition*
composer qc	etw. komponieren	***span.*** *compositor, composar, composición*
composition *f*	Komposition	***ital.*** *compositore, comporre, composizione*
interprète *m f*		***engl.*** *interpreter, interpret* ***span.*** *intérprete, interpretar* ***ital.*** *interprete, interpretare*
interpréter qc		
paroles *f pl*	Text *(Lied)*	***ital.*** *parole*

radio *f*		• Vous pouvez chercher tous les titres qui **passent à la radio** sur le site Web des **stations de radio**.
station *f* **de ~**	Radiosender, Rundfunkstation	
passer à la ~	im ~ kommen, laufen	
écouter la ~	~ hören	
radiodiffusion *f*	~-, Rundfunkübertragung	
radiodiffuser qc	etw. (im Rundfunk) übertragen	***engl.*** *radio, radio station*
radioguidage *m*	Verkehrsfunk, Verkehrsdurchsagen	***span.*** *radio, radiodifusión, radiodifundir* ***ital.*** *radio, radiodiffusione*
quota *m*	Quote	***span.*** *cuota* ***ital.*** *quota*
ondes *f pl*	Radio, Rundfunk	***span.*** *ondas*
passer sur les ~s	im Radio kommen, übertragen werden	
chanteur, euse *m f*	Sänger	***span.*** *cantante, cantar, canción, canto, cantante* ***ital.*** *cantore, cantare, canzone, canto*
~ ambulant	Straßensänger	
chanter qc	etw. singen	
~ faux/juste	falsch/richtig singen	
chanson *f*	Lied, Song, Chanson	
~ sentimentale	Schnulze	
chant *m*	Singen, Gesang	
chantant, e *adj*	melodisch	
langue *f* ~e	melodische Sprache	
concert *m*		***engl.*** *concert* ***span.*** *concierto* ***ital.*** *concerto*
salle *f* de ~	~halle, ~saal	
aller à un ~	auf ein ~ gehen	
concerto *m*	Konzert *(Komposition)*	***engl.*** *concerto* ***span.*** *concierto* ***ital.*** *concerto*
scander qc	etw. skandieren	***span.*** *escandir*
rythmique *adj*		***engl.*** *rhythm, rythmic* ***span.*** *ritmo, rítmico* ***ital.*** *ritmico, ritmo*
rythme *m*		
groupe *m*	Gruppe, Band	***engl.*** *group* ***span.*** *grupo* ***ital.*** *gruppo*
***hit-parade** *m*		***engl.*** *hit parade*
top 10 *m*		***engl.*** *top ten* ***span.*** *top ten* ***ital.*** *top ten*
dans le ~	unter den, in den ~	
conservatoire *m*	Konservatorium, Musikschule	***engl.*** *conservatoire (BE), conservatory (AE)* ***span.*** *conservatorio* ***ital.*** *conservatorio*

Culture – 3. Chansons/musique française

voix *f*	Stimme	• Je suis malade comme une bête, je **n'ai presque plus de voix**.
~ rauque	raue Stimme	• Ce n'est pas la peine **d'élever la voix**, juste parce que tu es énervée.
~ aiguë	hohe, schrille Stimme	• La population **a élevé la voix contre** la politique fasciste du gouvernement.
~ basse	tiefe Stimme	
ma ~ s'est étranglée	meine Stimme hat versagt	
baisser la ~	die Stimme senken, leiser sprechen	
élever la ~	die Stimme erheben, laut werden	
vocal, e *adj*	Stimm-	
vocalise *f*	Stimmübung	
		engl. *voice, vocal* ***span.*** *voz, vocal, vocalización* ***ital.*** *voce, vocale*
instrument *m*		↔ jouer de + Instrument ; ↔ jouer à + Spiel, Sport
~ à cordes	Streich~	
~ à vent	Blas~	***engl.*** *instrument* ***span.*** *instrumento* ***ital.*** *strumento*
~ de percussion	Schlag~	
jouer d'un ~	ein ~ spielen	
rock *m*		***engl.*** *rock* ***span.*** *rock* ***ital.*** *rock*
pop *m*		***engl.*** *pop* ***span.*** *pop* ***ital.*** *pop*
***hiphop** *m*		***engl.*** *hip hop* ***span.*** *hip hop* ***ital.*** *hip hop*
techno *f*		***engl.*** *techno* ***span.*** *tecno* ***ital.*** *techno*
rap *m*		***engl.*** *rap* ***span.*** *rap* ***ital.*** *rap*
rapper/faire du ~		
rappeur *m*		
jazz *m*		***engl.*** *jazz* ***span.*** *jazz/yaz* ***ital.*** *jazz*
boîte *f (fam.)*	Disco	
aller en ~ *(fam.)*	in die Disco gehen	
son *m*	Ton, Klang	• On n'entend rien, **monte un peu le son de la télé.**
monter le ~	lauter machen, stellen *(Fernseher, Radio)*	
baisser le ~	leiser machen, stellen *(Fernseher, Radio)*	***engl.*** *sound* ***span.*** *sonido* ***ital.*** *suono*
mettre le ~ à fond	voll aufdrehen *(Fernseher, Radio)*	
sonore *adj*	Ton-	
danser	tanzen	***engl.*** *dance, dancer*
~ sur la musique	zur Musik tanzen	
inviter qn à ~	jn. zum Tanzen auffordern	
danse *f*	Tanz	
piste *f* de ~	Tanzfläche	
danseur, euse *m f*	Tänzer	

partition *f*	Notenblatt, Partitur	***span.*** *partitura* ***ital.*** *partitura*
batterie *f* batteur *m*	Schlagzeug Schlagzeuger	↔ die Batterie *(Wecker, Fernbedienung)* = la pile ↔ battre, une bataille
		span. *batería, baterista* ***ital.*** *batteria, batterista*
tube *m (fam.)* vieux ~	Lied, Song, Hit alter Schlager	
chœur *m*	Chor *(Oper, Oratorium)*	***engl.*** *chorus* ***span.*** *coro* ***ital.*** *coro*
chorale *f*	Chor *(Schule, Kirche)*	***engl.*** *choir* ***span.*** *coral* ***ital.*** *corale*
air *m*	Melodie	
accompagner qn ~ qn au piano accompagnement *m*	jn. begleiten jn. auf dem Klavier begleiten Begleitung	***engl.*** *accompany, accompagnist* ***span.*** *acompagñar, acompañamiento* ***ital.*** *accompagnare, accompagnamento*
ouverture *f*	Ouvertüre	↔ ouvrir
		engl. *overture* ***span.*** *obertura* ***ital.*** *ouverture*
ton *m* ~ aigu dire qc d'un/**sur un ~** brusque **si vous le prenez sur ce ~** **changer de ~** ***hausser le ~**	Ton, Tonhöhe *(Stimme, Musik)* hoher, schriller Ton etw. mit barschen, schroffen Ton sagen wenn Sie in diesem Ton mit mir reden einen anderen Ton anschlagen die Stimme heben, energisch werden	• Je n'aime pas du tout qu'on me parle **sur ce ton**. Tu devrais **changer de ton.** • **Si vous le prenez sur ce ton**, ça ne va pas le faire. • L'Europe **hausse le ton** contre l'Iran.
tonalité *f*	Tonart, Klang(-farbe)	***engl.*** *tone, tonality* ***span.*** *tono, tonalidad* ***ital.*** *tono, tonalità*
mesure *f* ~ à trois/quatre temps perdre la ~ marquer/battre la ~	Takt Dreiviertel-/Vierviertelttakt aus dem Takt kommen den Takt schlagen	***engl.*** *measure* ***ital.*** *misura*
gamme *f* faire des ~s	Tonleiter Tonleiter spielen, üben	• La gamme : do – ré – mi – fa – sol – la –si – do
		engl. *gamut*
mineur *m* en si ~	Moll in h-Moll	***engl.*** *minor* ***span.*** *minor* ***ital.*** *minore*
majeur *m* en ré ~	Dur in d-Dur	***engl.*** *major* ***span.*** *mayor* ***ital.*** *maggiore*

Culture – 3. Chansons/musique française

une autre !	Zugabe! *(Ruf des Publikums)*	
scène *f*	Bühne	• Les Strokes **se sont produits sur scène** les samedis 15 et 22 novembre au Zénith.
monter sur ~	auf die Bühne kommen, die Bühne betreten	
quitter la ~	von der Bühne gehen	
se produire sur ~	auftreten	
public *m*	Publikum	***span.*** *público* ***ital.*** *pubblico*
couplet *m*	Strophe	
***huer**	buhen	
~ qn	jn. ausbuhen	
clé/clef *f*	Notenschlüssel	***engl.*** *clef* ***span.*** *clave* ***ital.*** *chiave*
tournée *f*		***engl.*** *tour* ***ital.*** *tournée*
partir en ~	auf ~ gehen	
répétition *f*	Probe	
(~) générale *f*	Generalprobe	
répéter (qc)	proben (etw.)	
reprendre une chanson	einen Song, ein Lied covern	↔ das Cover *(Zeitung, Buch)* = la couverture, la une
reprise *f*	Cover *(Musik)*	
sortie *f*	Herausbringen *(neues Produkt)*	
sortir	herauskommen, auf den Markt kommen *(neues Produkt)*	
~ un nouvel album	ein neues Album herausbringen	

théâtre *m*		***engl.*** *theatre, theatrical*
~ en plein air	Freilicht~, Freilichtbühne	***span.*** *teatro, teatral*
faire du ~	~schauspieler sein	***ital.*** *teatro, teatrale*
quitter le ~	sich von der Bühne zurückziehen	
traîner qn au ~	jn. ins ~ schleifen	
théâtral, e *adj*		
répertoire *m*		***engl.*** *repertoire* ***span.*** *repertorio* ***ital.*** *repertorio*
compagnie *f*	Ensemble	***engl.*** *company* ***span.*** *compañía* ***ital.*** *compagnia*
spectacle *m*	Vorstellung, Schauspiel	***engl.*** *spectacle*
salle *f* de ~	Theater(saal)	***span.*** *espectáculo* ***ital.*** *spettacolo*
spectateur, trice *m f*	Zuschauer	***engl.*** *spectator*
~ de théâtre	Theaterbesucher	***span.*** *espectador* ***ital.*** *spettatore*
applaudir qn/qc		• C'est **sous un tonnerre d'applaudissement** que la troupe a quitté la scène.
~ à tout rompre	stürmisch ~	
être applaudi, e *adj*	Beifall bekommen	
applaudissements *m pl*		
tonnerre *m* **d'~s**	donnernder ~	***engl.*** *applaud, applause* ***span.*** *aplaudir, aplauso* ***ital.*** *applaudire, applauso*
troupe *f* **(de théâtre)**	Theater-, Schauspieltruppe	***engl.*** *troupe* ***ital.*** *troupe*
comédien, ne *m f*		***engl.*** *comedian, comedy, comic*
comédie *f*		***span.*** *comedia, cómico, comediante*
comique *m*		
~ de gestes	Handlungskomik	***ital.*** *commediante, commedia, comico*
~ de mots	Wortkomik	
~ de situation	Situationskomik	
affiche *f*	Plakat, Anschlag	• La pièce « Méphisto » d'après Klaus Mann **tient l'affiche/est à l'affiche** au Théâtre du Soleil jusqu'au 14 décembre.
tenir l'~	lange auf dem Spielplan bleiben	
être à l'~	auf dem Spielplan stehen	
afficher qc	etw. anschlagen, durch Plakat bekannt machen	
affichage *m*	Bekanntgabe durch Plakat, Anschlag	***ital.*** *affisso, affiggere, affissione*
afficheur *m*	Plakatkleber	
affichiste *m f*	Werbegrafiker	
saison *f*	Spielzeit, Theatersaison	***engl.*** *season*
programme *m*	Spielplan	***span.*** *programa*
loge *f*		• Publicité : **Soyez aux premières loges du** match Lyon-Bayern München et suivez-le en VIP.
être aux premières ~s de qc	etw. aus nächster Nähe miterleben, sehen	
		engl. *loge*
parterre *m*	Parkett	↔ das Parterre = le rez-de-chaussée

Culture – 4. Théâtre

balcon *m*	Rang	***span.*** *balcón* ***ital.*** *balconata*
rideau *m*	Vorhang	
lever *m* du ~	Aufgehen des Vorhangs	
lever le ~	den Vorhang auf-, hochziehen	
acte *m*		↔ entre; acte
entracte *m*	Pause *(nur Theater, Oper)*	↔ die (Schul-)pause = la récré(ation) ↔ die Pause *(allgemein)* = la pause • **Pendant l'entracte**, on a trinqué avec du champagne.
		engl. *act* ***span.*** *acto* ***ital.*** *atto*
ouvreuse *f*	Platzanweiserin	↔ ouvrir
acteur, trice *m f*	Schauspieler	***engl.*** *actor* ***span.*** *actor* ***ital.*** *attore*
rôle *m*	Rolle	***engl.*** *role* ***ital.*** *ruolo*
premier ~	Hauptrolle	
second/petit ~	Nebenrolle	
interpréter le ~ de Faust	den Faust darstellen, spielen	
décors *m pl*	Bühnenbild, Kulisse	
décorateur, trice *m f*	Bühnenbildner	
costume *m*		***engl.*** *costume, costumier* ***ital.*** *costume, costumista*
costumé, e *adj*		
se costumer (en)		
costumier, ère *m f*	~bildner	
scène *f*	Bühne	
monter sur ~	auf die Bühne kommen, die Bühne betreten	
quitter la ~	von der Bühne gehen	
première *f*		***engl.*** *premiere* ***ital.*** *prima*
trac *m*	Lampenfieber	
avoir le ~	Lampenfieber haben	
mœurs *f pl*	Sitten, Sittlichkeit	
~ corrompues	verdorbene Sitten	
pièce *f* **(de théâtre)**	(Theater-)stück	***ital.*** *pezzo*
assister à une ~	ein Theaterstück ansehen, beiwohnen	
représenter une ~	ein Theaterstück aufführen	
mise *f* **en scène**	Regie, Inszenierung	→ Kino/Film : réalisateur
metteur *m* en scène	Regisseur *(Theater)*	↔ le régisseur = Regieassistent !
souffleur, euse *m f*		
souffler qc à qn	jm. etw. ein-, vorsagen, zuflüstern	
~ qc à l'oreille de qn	jm. etw. ins Ohr flüstern	
trois coups *m pl*	dreimaliges Klopfen zu Vorstellungsbeginn	

quiproquo *m*	Verwechslung, Quiproquo	***span.*** *quid pro quo*
aparté *m*	beiseite, zur Seite Gesprochenes	↔ à part
		span. *en aparté*

Technologies modernes – 1. Ordinateur

ordinateur *m* (ordi *fam.*)	Computer, PC	• Une étude a montré que plus de 90 % des **ordinateurs sous Windows** ne sont pas à jour. • Mon **mac tourne au ralenti** depuis que j'ai installé un nouveau programme.
(~) portable *m*	Laptop	
démarrer l'~	den PC anmachen	
éteindre l'~	den PC ausmachen	
brancher l'~ (sur la prise)	den PC anstecken (an die Steckdose)	
charger l'~	den PC aufladen *(Akku)*	***span.*** *ordenador*
travailler sur ~	am PC arbeiten	
être assis devant l'~	am PC sitzen	
jouer sur/à l'~	PC spielen	
mon ~ s'est planté	mein PC ist abgestürzt	
écrire qc à l'~	etw. am PC schreiben	
l'~ tourne toute la nuit *(fam.)*	der PC läuft die ganze Nacht	
barre *f* **de menu**	Menüleiste	↔ un état = ein Zustand ↔ une tâche = eine Aufgabe • Comment **mettre un icône dans la barre des tâches** ? – Faites un clic gauche dessus et déplacez-le **dans la barre des tâches** tout en maintenant la touche enfoncée.
~ d'outils	Symbolleiste	
~ d'état	Statusleiste	
~ des tâches	Schnellstartleiste	
~ d'espacement	Leertaste	
		ital. *barra del menu*
espace *m*	Leerzeichen	***engl.*** *space* ***span.*** *espacio* ***ital.*** *spazio*
clavier *m*	Tastatur	
au ~	auf der/mit der Tastatur	
cliquer sur qc	auf etw. klicken, etw. anklicken	• **Double-cliquez sur** le fichier pour l'ouvrir. • Il est possible d'empêcher que vos visiteurs **fassent un clic droit** sur votre site.
double-~ sur qc	auf etw. doppelklicken	
clic *m*	Klick, Klicken	
double-~	Doppelklick	
~ droit/gauche	Rechts-/Linksklick	
		engl. *click* ***span.*** *hacer « clic »* ***ital.*** *cliccare, clic*
mot *m* **de passe**	Passwort	• Pour bien **protéger** votre session Windows **par un mot de passe**, il est recommandé qu'il soit **constitué de chiffres et de lettres**.
changer le ~	das Passwort ändern	
entrer le ~	das Passwort eingeben	
disque *m* **dur**	Festplatte, C:\	***engl.*** *hard disc drive* ***span.*** *disco duro* ***ital.*** *disco rigido*
~ dur externe	externe Festplatte	
sur le ~ dur	auf der Festplatte	
disquette *f*		
lecteur *m* de ~	~laufwerk	

données *f pl*	Daten	• Toutes les **données entrées** peuvent ensuite être traitées **sur ordinateur**. • Beaucoup de consommateurs s'inquiètent des **données recueillies par** Google, parce qu'il n'y a pas de transparence.
~s numériques	digitale Daten	
entrer des ~s dans l'ordinateur	Daten in den PC eingeben	
traiter des ~s	Daten verarbeiten	
recueillir des ~s	Daten sammeln	
stocker des ~s	Daten speichern	
banque/base *f* de ~s	Datenbank/-basis	
créer une banque de ~s	eine Datenbank erstellen	***span.*** *datos*
saisie *f* des ~s	Dateneingabe, -erfassung	***ital.*** *dati*
écran *m*	Bildschirm	• Je n'arrive pas à lire la vidéo **en plein écran/en mode plein écran**. • Il faut s'assurer que **l'écran de veille ne s'active pas** pendant que l'on fait une présentation powerpoint.
~ tactile	Touchscreen	
plein ~	Vollbild	
~ de veille	Bildschirmschoner	
être en veille	im Stand-by-Modus sein	
fichier *m*	Datei	↔ renommer – nom
~ texte	Textdatei	
~ son	Audiodatei	***span.*** *fichero*
~ joint/attaché	angehängte Datei, Dateianhang	
~ protégé en écriture	schreibgeschützte Datei	
créer un ~	eine Datei anlegen/erstellen	
gérer un ~	eine Datei verwalten	
éditer un ~	eine Datei bearbeiten	
renommer un ~	eine Datei umbenennen	
comprimer un ~	eine Datei komprimieren	
récupérer un ~	eine Datei wiederherstellen	
taille *f* du ~	Dateigröße	
dossier *m*	Ordner	• **J'ai parcouru tous les dossiers** sans avoir trouvé le fichier qu'il me faut. • Comment est-ce qu'on **affiche les dossiers cachés** sous Windows XP ?
créer un ~	einen Ordner anlegen	
déplacer un ~	einen Ordner verschieben	
parcourir un ~	einen Ordner durchsuchen	
sauvegarder qc dans un ~	etw. in einem Ordner ablegen	
~s partagés	gemeinsame Dateien	
CD *m*		↔ la vierge = die Jungfrau
~ vierge	Rohling	
graver un ~	eine CD brennen	***engl.*** *CD*
graveur *m* (de ~)	CD-Brenner	***span.*** *CD*
lecteur *m* de ~-ROM	CD-ROM-Laufwerk	***ital.*** *CD*
icône *m*	Icon	***engl.*** *icon* ***span.*** *icono* ***ital.*** *icona*
imprimante *f*	Drucker *(Gerät)*	***span.*** *impresora, imprimir, imprenta*
~ à jet d'encre	Tintenstrahldrucker	
~ laser	Laserdrucker	
configurer l'~	den Drucker einrichten	
l'~ s'est plantée	der Drucker hat sich aufgehängt	
imprimer qc (sur qc)	etw. drucken, aus- (auf etw.)	
imprimerie *f*	Druckerei	
imprimeur, euse *m f*	Drucker *(Person)*	

Technologies modernes – 1. Ordinateur

informatique *f et adj*	I. II.	***engl.*** *informatics* ***span.*** *informática, informático, informatización, informatizar* ***ital.*** *informatica, informatico, informatizzazione, informatizzare*
informaticien, ne *m f*		
informatisation *f*	Umstellung auf EDV	
informatiser qc	etw. auf EDV umstellen	
programme *m*		***engl.*** *programme* ***span.*** *programa* ***ital.*** *programma*
(dés)installer un ~	ein ~ (de)installieren	
quitter un ~	ein ~ beenden	
lancer un ~	ein ~ starten	
logiciel *m*	Software	• J'ai **mis à jour mon logiciel de gravure**.
~ d'application	Benutzersoftware	
~ de connexion	Zugangssoftware	
~ gratuit	Freeware	
installer un ~	eine Software installieren/ aufspielen	
développer des ~s	Software entwickeln	
mettre à jour le ~	die Software aktualisieren, updaten	
mise *f* à jour du ~	Aktualisierung/Update der Software	
mémoire *f*	Speicher	↔ la mémoire = das Gedächtnis ↔ le mémoire = Diplom-, Hausarbeit • Ce nouveau logiciel **consomme/prend beaucoup de mémoire**.
~ morte	Festspeicher, ROM	
~ vive	Arbeitsspeicher, RAM	
deux Mo de ~ libre	zwei MB freier Speicherplatz	***engl.*** *memory* ***span.*** *memoria* ***ital.*** *memoria*
octet *m*	Byte	
kilo-octet *m* (= Ko)	Kilobyte	
mégaoctet *m* (= Mo)	Megabyte, MB	
gigaoctet *m* (= Go ; *giga fam.*)	Gigabyte, GB	
rechercher qc	etw. suchen	• La **recherche avancée** permet d'interroger le catalogue avec des critères plus précis.
~ sur Internet	etw. im Internet suchen	
recherche *f*	Suche	
~ avancée	Detailsuche	
faire une ~ sur Internet	etw. im Internet suchen	***ital.*** *ricercare, ricera*
effectuer une ~	eine Suche durchführen	
~ plein texte	Volltextsuche	
~ rapide	Schnellsuche	
moteur *m* de ~	Suchmaschine	
sauvegarde *f*	1. Sichern, Speichern 2. Sicherheitskopie	***ital.*** *salvare/salvaguardare*
faire une ~ de qc	von etw. eine Sicherheitskopie erstellen	
sauvegarder qc	etw. sichern, speichern	
souris *f*	Maus	
~ sans fil	kabellose Maus	
déplacer la ~	die Maus bewegen	
sélectionner qc avec la ~	etw. mit der Maus markieren	

touche *f* ~ Échappe(ment) ~ Entrée ~ Majuscule appuyer/taper sur (~) entrée **maintenir une ~ enfoncée**	Taste Escapetaste Entertaste Shift-Taste Enter (die Entertaste) drücken eine Taste gedrückt halten	• Pour rajouter un arobase, **maintenez la touche Alt Gr enfoncée** et tapez sur la touche qui possède le symbole @.
traitement *m* **de texte**	Textverarbeitung	***span.*** *tratamiento de textos*
bug *m* [bœg] **/ bogue** *m* **buger/boguer**	(Programmier-)Fehler, Bug einen (Programmier-)Fehler haben	• J'ai un gros problème, **mon ordi bogue** et je ne sais pas pourquoi. ***engl.*** *bug* ***ital.*** *buco*
outil *m*	Tool	
taper qc ~ une adresse saisie *f*	etw. eingeben, (ein-)tippen eine Adresse eingeben Eingeben, Erfassen	
curseur *m*		***engl.*** *cursor* ***span.*** *cursor* ***ital.*** *cursore*
interface *f*	Benutzeroberfläche	***engl.*** *user interface*
flèche *f*	Pfeil	***span.*** *flecha* ***ital.*** *freccia*
système *m* **d'exploitation**	Betriebssystem	
effacer/supprimer qc	etw. löschen	
insertion *f* insérer des images ~ un CD	Einfügen *(Menüleiste Windows)* Bilder einfügen eine CD einlegen	***engl.*** *insertion, insert* ***span.*** *inserción, insertar*
coller qc **faire un copier-~**	etw. einfügen kopieren und einfügen	• Il existe plusieurs méthodes pour **faire un copier-coller d'un texte**.
couper qc	etw. ausschneiden	• Pour **couper du texte**, il faut d'abord le sélectionner.
annuler qc	etw. abbrechen	
mise *f* **en page**	1. (Seiten-)Layout 2. Seite einrichten *(Menüleiste Windows)*	• Comment **faire la mise en page** d'un rapport sous Word 2002 ?
enregistrer qc ~ sous	etw. speichern speichern unter *(Menüleiste Windows)*	
raccourci *m* créer un ~ sur le bureau	Verknüpfung eine Verknüpfung auf dem Desktop erstellen	↔ un raccourci = eine Abkürzung
afficher qc	etw. anzeigen, einblenden	
masquer qc	etw. ausblenden	
graphique *m et adj*	I. II.	***engl.*** *graphics* ***span.*** *gráfico* ***ital.*** *grafico*

Technologies modernes – 1. Ordinateur

bureau *m*	Desktop	
sur le ~	auf dem Desktop	
clé *f* **USB**	USB-Stick	• Vous pouvez maintenant **retirer votre clé USB** en toute sécurité.
retirer la ~	den USB-Stick entfernen	
port *m* USB	USB-Anschluss	
		span. *llave USB* ***ital.*** *chiave USB*
contrôle *m* **/ Ctrl**	Steuerung / Strg	***engl.*** *control*
réseau *m*	Netz(werk)	
défilement *m*	Scrollen	
(faire) défiler qc	etw. scrollen	
défiler vers le bas/le *haut	nach unten/oben scrollen	
ascenseur *m*	Scroll-Balken	

Internet *m*		***engl.*** *Internet, internaut*
naviguer / surfer sur ~	im ~ surfen	***span.*** *internet*
trouver qc sur ~	etw. im ~ finden	***ital.*** *internet*
téléphoner par/sur ~	über ~ telefonieren	
se connecter sur ~	sich ins ~ einloggen	
connexion *f* ~	~verbindung	
adresse *f* ~	~adresse	
site *m* ~	~seite	
internaute *m f*	~benutzer, ~surfer	
Toile *f*	Internet, world wide web	
sur la °~	im Internet	
cybercafé *m*	Internetcafé	***engl.*** *cybercafe* ***span.*** *cibercafé*
accès *m* **(à qc)**	Zugang, Zugriff (auf etw.)	***engl.*** *access*
avoir ~ à qc	auf etw. zugreifen	***span.*** *acceso, acceder*
~ (à) Internet	~zugang	***ital.*** *accesso, accedere*
fournisseur *m* d'~ à Internet	Internetanbieter, Provider	
accéder à un site	auf eine Seite zugreifen, aufrufen	
e-mail *m*		***engl.*** *e-mail*
adresse *f* ~		***span.*** *Email*
relever ses ~s	seine ~ abrufen	***ital.*** *e-mail*
message *m*	Nachricht	***engl.*** *message*
~ électronique	E-Mail	***span.*** *mensage*
envoyer un ~	eine Nachricht schicken	***ital.*** *messaggio*
éditer un ~	eine Nachricht verfassen	
supprimer un ~	eine Nachricht löschen	
recevoir un ~	eine Nachricht empfangen	
afficher un ~	eine Nachricht anzeigen	
messagerie *f* électronique	Mitteilungsdienst, E-Mail-Service	
courrier *m*	Post, Briefsendung	↔ pourri, e = faul, verfault ; mies
~ électronique (= courriel *m*)	E-Mail	↔ courriel → pourriel
~ indésirable	Spam	
pourriel *m* *(fam.)*	Spam	
spam *m*		• Je n'ai pas eu votre message, **il a été considéré comme spam/il est allé dans mes spams.**
filtre *m* ~/anti-~		
		engl. *spam* ***span.*** *spam*
site *m* **Web**	Webseite, Homepage	***engl.*** *website*
créer un ~	eine Webseite erstellen	***ital.*** *sito*
mettre un ~ en ligne	eine Webseite online, ins Netz stellen	
le ~ ne se charge pas	die Webseite lädt nicht	
aller sur/visiter un ~	eine Webseite besuchen	
virus *m*		***engl.*** *virus*
~ informatique	Computer~	***span.*** *virus*
attraper un ~	einen ~ haben, einfangen	***ital.*** *virus*
détecter un ~	einen ~ finden, entdecken	
scanner *m* anti-~	~scanner	
viral, e *adj*		

ver *m*	Wurm	***ital.*** *verme*
webcam *f*		***engl.*** *webcam* ***span.*** *webcam* ***ital.*** *webcam*
wi-fi *m*	W-LAN, drahtloser Internetzugang	***span.*** *wifi*
routeur *m*		***engl.*** *router* ***span.*** *router* ***ital.*** *router*
serveur *m*		***engl.*** *server* ***span.*** *server* ***ital.*** *server*
modem *m*		***engl.*** *modem* ***span.*** *modem* ***ital.*** *modem*
autoroute *f* **de l'information**	Datenautobahn	
navigateur *m*	Browser	
pare-feu *m* **/ firewall** *m*	Firewall	***engl.*** *firewall* ***ital.*** *firewall*
en ligne	online	***engl.*** *online*
hors ligne/ non-connecté, e *adj*	offline	***span.*** *en línea, fuera de línea*
lien *m*	Link	***engl.*** *link*
cliquer sur un ~	auf einen Link klicken	
mettre un ~	einen Link setzen	
créer un ~ vers qc	auf etw. verlinken, einen Link erstellen	
télécharger qc	etw. herunter-, hochladen, down-/uploaden	
téléchargement *m*	Herunter-/Hochladen, Down-/ Uploaden	
page *f* **d'accueil**	Startseite, Homepage	• **Retour à la page d'accueil** (souvent écrit sur les sites Web) ***ital.*** *pagina iniziale*
destinataire *m*	Empfänger	***span.*** *destinatario* ***ital.*** *destinatario*
expéditeur *m*	Absender	
expédier une lettre	einen Brief abschicken, absenden	
expédition *f*	Versand, Post	
chat *m*		***engl.*** *chat*
chatter		***ital.*** *chat, chattare*
boîte *f* **de réception**	Posteingang	
~ d'envoi	Postausgang	
dans la ~ d'envoi	im Postausgang	
pièce *f* **jointe (= P.J.)**	Anhang, Anlage	
qc est en ~	etw. ist angehängt, beigefügt	
joindre qc	etw. anhängen, beifügen	

piratage *m*	Raubkopieren	***engl.*** *pirate copy*
copie *f* pirate	Raubkopie	***span.*** *copia pirata*
pirate *m* (informatique)	Hacker	***ital.*** *pirateria, pirata*
designer *m* **WEB**		
googler qc *(fam.)*		***engl.*** *google* ***span.*** *googlear, guglear, googelear* ***ital.*** *googlare*
FAQ (= foire aux questions) *f*	FAQ	***engl.*** *FAQ* ***ital.*** *FAQ*
newsletter *f* **/ lettre** *f* **d'information**	Newsletter	***engl.*** *newsletter* ***span.*** *newsletter* ***ital.*** *newsletter*
s'abonner/s'inscrire à une ~	einen Newsletter abonnieren, sich bei einem Newsletter anmelden	
se désabonner d'une ~	sich von einem Newsletter abmelden	
fenêtre *f* **pop up**	Pop-up Fenster	***engl.*** *pop-up window* ***ital.*** *pop-up*
bloqueur une ~	ein Pop-up Fenster unterdrücken	
autoriser une ~	ein Pop-up Fenster zulassen	
bloqueur *m* de pop up	Pop-up Blocker	
blog *m*		***engl.*** *blog* ***span.*** *blog* ***ital.*** *blog*
pavé *m* **numérique**	Ziffernblock	
favoris *m pl*	Lesezeichen	
ajouter qc aux ~s	etw. zu den Lesezeichen hinzufügen	
arobase *m*	das @-Symbol	
manette *f* **(de jeu) / joystick** *m*	Joystick	***engl.*** *joystick* ***span.*** *joystick* ***ital.*** *joystick*
forfait *m* **(Internet) illimité**	Flatrate	
menu *m* **déroulant**	Pop-up Menü, Drop-, Pulldownmenü	

Technologies modernes – 3. Télécommunication

Français	Deutsch
téléphone *m*	
~ à cartes	
~ sans fil	schnurloses ~
facture *f* de ~	~rechnung
coup *m* **de ~**	Anruf
avoir qn au ~	1. mit jm. gerade telefonieren 2. jn. telefonisch erreichen
je ne l'ai pas eu	1. ich habe ihn/sie nicht erreicht 2. ich war nicht schnell genug *(wenn es klingelt und man nicht rechtzeitig abhebt)*
brancher le ~ à qn	jm. ~ legen
on vous demande au ~	Sie werden am ~ verlangt
téléphoner à qn	
~ chez qn	bei jm. ~
téléphonique *adj*	
cabine *f* ~	
central *m* ~	
opérateur *m* (~)	(Telefon-)Anbieter
téléphoniste *m f*	
télécommunications *f pl*	

- Les **trois opérateurs** en France : Orange/France Télécom, SFR, Bouygues
- Tu as déjà **payé le téléphone** ?
- **J'ai eu un coup de téléphone de** ta mère, elle arrive ce soir.
- **J'ai eu mon chef au téléphone** ce matin et il veut me voir après le déjeuner.
- Tu as **téléphoné à** Olivier-Sylvain ? – Oui, mais **je ne l'ai pas eu**.
- Ça a sonné, mais j'ai été trop lente, **je ne l'ai pas eu**.

***engl.** telephone, telephonist, telecommunication*
***span.** teléfono,telefonear, telefónico, telefonista, telecomunicación*
***ital.** telefono, telefonare, telefonico, telefonista, telecomunicazione*

Français	Deutsch
numéro *m* **de téléphone**	
~ direct	Durchwahl
composer/faire un ~	eine ~ wählen
faire un faux ~/se tromper de ~	sich verwählen, falsch verbunden sein

- Oh, excusez-moi, **j'ai fait un faux numéro/je me suis trompée de numéro**.

***engl.** telephone number*
***span.** número de teléfono*
***ital.** numero di telefono*

Français	Deutsch
c'est occupé *adj*	es ist belegt *(am Telefon)*

***ital.** occupato*

Français	Deutsch
fixe *m*	Festnetz

***span.** fijo*
***ital.** telefono fisso*

Français	Deutsch
appareil *m*	Apparat
qui est à l'~ ?	Wer ist dran?

***span.** aparado*
***ital.** apparato*

Français	Deutsch
fil *m (fam.)*	(Telefon-)Leitung
coup *m* de ~ *(fam.)*	Anruf
donner/passer un coup de fil à qn *(fam.)*	jn. anrufen, durchklingeln
avoir qn au bout du ~ *(fam.)*	mit jm. telefonieren, jn. an der Strippe haben
recevoir un coup de ~ *(fam.)*	einen Anruf bekommen, erhalten

- **Tu me passes un coup de fil quand** tu es arrivée ?

Français	Deutsch
télécarte *f*	
carte *f* SIM	
carte *f* prépayée	Prepaid-Karte

Français	Deutsch
message *m*	1. Nachricht *(Anrufbeantworter, E-Mail)* 2. SMS
laisser un ~	eine Nachricht hinterlassen
je peux prendre / transmettre un ~ ?	Soll ich ihm/ihr/ihnen was ausrichten?

- Je suis désolée, Doris n'est pas là. **Je peux prendre un message** ?

***engl.** message*
***span.** mensage*
***ital.** messaggio*

Français	Deutsch
correspondant, e *m f*	Gesprächspartner *(nur am Telefon)*

répondeur *m* **(automatique)**	(automatischer) Anrufbeantworter	• Ça sonne, tu **vas répondre** s'il te plaît ? • J'ai déjà essayé trois fois, mais **ça ne répond pas**.
écouter les messages sur son/le ~	den Anrufbeantworter abhören	
répondre (au téléphone)	abheben, ran gehen *(Telefon)*	
~ qc à qn	jm. etw. antworten	
ça ne répond pas	es geht keiner ran	
communication *f*		***engl.*** *communication, communicate, communicative* ***span.*** *comunicación, comunicar, comunicativo* ***ital.*** *comunicazione, comunicare, comunicativo*
~ locale	Ortsgespräch	
communiquer (avec qn)		
communicatif, ve *adj*		
portable *m*	Handy	
~ à clapet	Klapphandy	
~ coulissant	Schiebehandy	
combiné *m*	Hörer	
décrocher le ~	den Hörer abnehmen	
raccrocher le ~	den Hörer auflegen	
capter qc	etw. hereinbekommen, auffangen *(Netz)*	• Tu lui as envoyé un texto ? – Non, **ça ne capte pas**.
ça ne capte pas	kein Netz, keinen Empfang haben	***ital.*** *captare*
texto *m (fam.)*	SMS	
sms *m*		***span.*** *sms, mms* ***ital.*** *sms, mms*
envoyer un ~ à qn	jm. eine ~ schicken	
recevoir un ~	eine ~ bekommen, empfangen	
mms *m*		
sonner	klingeln	***span.*** *sonar, sonido* ***ital.*** *suonare, suoneria*
ça sonne	es klingelt	
sonnerie *f*	Klingelton	
kit *m* **mains(-)libres**	Freisprechanlage	
connexion *f*	Verbindung	***engl.*** *connection* ***span.*** *conexión* ***ital.*** *connessione*
la ~/on a été coupé(e)	die Verbindung wurde unterbrochen	
satellite *m* **de communication**	Nachrichtensatellit	***engl.*** *communications satellite*
appel *m* **(téléphonique)**	(Telefon-)Anruf	
~ sortant	abgehender Anruf	
~ entrant	eingehender Anruf	
~ d'urgence	Notruf	
avoir un ~ sur l'autre ligne	jn. auf der anderen Leitung haben	
recevoir un ~	einen Anruf erhalten	
appeler qn	jn. anrufen	
~ un numéro	eine Nummer anrufen	
~ qn au 06.71.40.40.66	jn. unter der 06.71.40.40.66 anrufen	
merci d'avoir appelé	Danke für Ihren/Deinen Anruf	
rappeler qn	jn. zurückrufen	
rappel *m*	Rückruf	
~ automatique	automatische Wahlwiederholung	

Technologies modernes – 3. Télécommunication

ligne *f* la ~ est occupée	Telefonleitung die Leitung ist besetzt	***engl.*** *(telephone) line* ***span.*** *línea telefónica* ***ital.*** *linea telefonica*
ne quittez pas !	bleiben Sie dran! einen kleinen Moment!	• Je peux parler à votre mari, s'il vous plaît ? – Oui, **ne quittez pas**.
biper qn	jn. anklingeln	
grésiller ça grésille grésillement *m*	rauschen, knistern es rauscht, knistert Rauschen, Knistern	
réseau *m*	Netz	
barre *f*	Netz-, Empfangsbalken *(Display)*	***ital.*** *barra*
annuaire *m* ne pas être/figurer dans l'~ consulter l'~	Telefonbuch nicht im Telefonbuch stehen ins Telefonbuch schauen	
passer qn à qn	jm. jn. geben, jn. mit jm. verbinden	• Attendez, **je vous passe ma femme**. ***engl.*** *pass so on to sb* ***ital.*** *passare*
joindre qn ~ qn sur le portable	jn. (telefonisch) erreichen jn. auf dem Handy erreichen	• Vous pouvez **me joindre au 06.12.34.56.78**.
tonalité *f*	Freizeichen	
dièse *m*	Raute	
boîte *f* **/ messagerie** *f* **vocale** laisser un message à qn sur la ~ écouter les messages sur sa ~	Mailbox jm. auf die Mailbox sprechen seine Mailbox abhören	
c'est de la part de qui ?	Wer ist bitte dran?	• Je voudrais parler à M. X s'il vous plaît. – Oui, **c'est de la part de qui ? – De** Mme Z.
c'est à quel sujet ?	Worum geht's?	• Est-ce que je pourrais parler au directeur s'il vous plaît ? – **C'est à quel sujet** ?
Je suis bien chez M. Tartempion ?	Bin ich hier richtig bei Herrn Soundso?	
c'est lui-même !	Am Apparat! Das bin ich!	• Monsieur Tartempion ? – **C'est lui-même**.
âllo !	Hallo *(nur am Telefon beim Abheben)*	
indicatif *m*	Vorwahl	
préfixe *m*	Auslands-, Ländervorwahl	• Quel est le **préfixe pour** la France ? – C'est le 00 33. ***engl.*** *prefix* ***span.*** *prefijo* ***ital.*** *prefisso internazionale*

abonnement *m*	Vertrag	
faire un ~	einen Vertrag abschließen	
abonné, e *m f*	Vertragsinhaber	
itinérance *f*	Roaming	
***hotline** *f*	Hotline	***engl.*** *hotline* ***ital.*** *hotline*
être sur liste rouge	eine Geheimnummer haben	
batterie *f*	Akku	↔ la batterie = *auch* Autobatterie (da eine Art Akku) ↔ die Batterie = la pile *(Fernbedienung, Discman, Wecker)*
recharger la ~	den Akku aufladen	***engl.*** *battery* ***span.*** *bateria* ***ital.*** *batteria*
forfait *m*	Pauschale, Pauschalbetrag	***ital.*** *forfait*
avoir un ~	einen Tarif haben bei dem man eine Pauschale zahlt *(und je nach Tarif so und so viele Gesprächsminuten/ SMS hat)*	

premièrement/ deuxièmement/... *adv*	erstens, als erstes / zweitens, als zweites	• La voiture électrique présente de nombreux avantages. **Premièrement**, elle ne pollue pas l'environnement. **Deuxièmement**, le moteur ne fait pratiquement pas de bruit...
dans un premier/second/... temps	zunächst, als erstes/anschließend, danach, als zweites	• L'introduction des voitures électriques se fera en plusieurs étapes. **Dans un premiers temps**, elles seront lancées sur le marché à un prix avantageux et donneront droit à une prime d'État. **Dans un second temps**, on espère qu'elles prendront peu à peu la place dominante des voitures à moteur à essence.
d'un côté – de l'autre/ d'une part – d'autre part *adv*	einerseits – andererseits	• **D'un côté/D'une part**, les voitures électriques sont moins polluantes que les voitures à essence. **De l'autre/D'autre part**, elles ne permettent pas d'avancer aussi rapidement que les autres.
tout d'abord *adv*	zuallererst, zunächst	• La voiture électrique présente de nombreux avantages. **Tout d'abord**, elle ne pollue pas l'environnement. De plus ...
de plus *adv*	des Weiteren, ferner	• La voiture électrique présente de nombreux avantages. Tout d'abord, ... **De plus**, l'achat d'une telle voiture offre le droit à une prime d'État.
en outre *adv*	zudem, darüber hinaus, außerdem	• La voiture électrique présente de nombreux avantages. Tout d'abord, ... **En outre**, il n'est pas exclu que les voitures à essence soient complètement interdites. • Ce qu'il m'énerve. Il est toujours en retard. **En outre**, il ne s'excuse même pas.
de surcroît *adv*	zusätzlich, überdies, obendrein	• La voiture électrique présente de nombreux avantages. Tout d'abord, ... **De surcroît**, le moteur ne fait guère de bruit.
qui plus est *adv*	darüber hinaus	• La voiture électrique présente de nombreux avantages. Tout d'abord,... **Qui plus est**, grâce à une batterie particulière, on peut circuler toute une journée.
par ailleurs *adv*	außerdem	• La voiture électrique présente de nombreux avantages. Tout d'abord, ... **Par ailleurs**, son confort ne laisse rien à désirer.

en dehors de qc/à part qc *prép*	von etw. abgesehen	• La voiture électrique présente de nombreux avantages. **En dehors de/à part** son confort qui ne laisse rien à désirer, elle réduit sensiblement la pollution de l'environnement.

cependant *adv*	allerdings, dennoch, jedoch	• Il pleuvait comme pas possible et **cependant** ils ont voulu faire une promenade. • Je ne connais rien au sujet. **Cependant**, je sais que ce qu'il dit n'est pas juste. • La voiture électrique présente de nombreux avantages. **Cependant**, elle ne pourra pas encore remplacer entièrement les voitures à essence.
pourtant *adv*	dennoch, trotzdem	• Il n'a pas eu son bac **et pourtant** il n'est pas bête. • Elle s'est promenée sous la pluie et a attrapé un rhume. Je l'avais **pourtant** prévenue. • La voiture électrique présente de nombreux avantages. La technique n'est **pourtant** pas assez développée pour qu'elle remplace les voitures à essence.
néanmoins *adv*	trotzdem, nichtsdestoweniger	• Il est très malade et a dû se faire opérer. **Néanmoins** je suis optimiste quant à sa guérison. • La voiture électrique ne remplacera pas entièrement la voiture à essence dans les années à venir. **Néanmoins**, il s'agit d'une invention fort prometteuse.
il n'empêche que + IND. *conj*	dennoch, trotzdem	• Se mettre au volant après avoir bu est très dangereux. **Il n'empêche qu**'il y en a qui prennent la voiture pour rentrer chez eux. • La voiture électrique présente de nombreux avantages. **Il n'empêche que** son développement nécessite énormément d'argent.
toutefois *adv*	allerdings, indessen, jedoch	• Elle est partie en vacances. Tu peux **toutefois** essayer de l'appeler sur son portable.
il n'en reste/demeure pas moins que + IND. *conj*	dessen ungeachtet	• La voiture électrique présente de nombreux avantages. **Il n'en reste/demeure pas moins que** des recherches approfondies sont nécessaires pour permettre une production en série.
en revanche *adv*	dagegen, hingegen	• La voiture électrique ne pollue pratiquement pas l'environnement. La voiture à essence, **en revanche**, émet des masses de gaz carbonique.

par contre *adv*	wiederum, hingegen	• Je ne suis pas disponible la semaine prochaine. **Par contre**, on pourrait se voir le week-end.
or *adv*	nun (aber)	• Souvent, les femmes ne travaillent pas en Allemagne. **Or**, le taux d'activité des femmes a considérablement augmenté depuis les années soixante-dix. • Il semble que de nombreux jeunes soient au chômage. **Or**, tous ceux de ma promo ont trouvé un travail. • Tous les hommes sont mortels. **Or** Socrate est un homme, donc Socrate est mortel.
certes *adv*	gewiss, sicher, zwar	• Tu viendras chez moi la semaine prochaine ? – **Certes**, mais je ne sais pas encore quel jour. • Je ne veux **certes** pas me séparer de mon ami, **mais** il va falloir qu'il fasse un effort.
contrairement à qc/qn ~ à ce que + IND *prép*	im Gegensatz zu etw./jm. im Gegensatz zu	• **Contrairement à** elle, je ne mens pas à mes parents. • **Contrairement à ce qu**'elle avait prédit, nous sommes arrivés à l'heure. • **Contrairement à** la voiture électrique, la voiture à essence pollue gravement l'environnement.
à l'inverse de qc/qn *prép*	ganz anders als etw./jn.	• La bière, **à l'inverse du vin**, est très chère en France. • **À l'inverse de** ce que disent les politiciens, la France traverse une crise économique profonde.
à la différence de qc/qn *prép*	anders als etw./jn.	• **À la différence de** la crise économique de 1929, les hommes politiques ont essayé de réagir immédiatement. • **À la différence de** nombreux pays européens, la France n'est pas bonne en foot.
en dépit de qc *prép*	trotz einer Sache	• **En dépit de** la mort de sa femme, il est parti en vacances.
à condition que + SUBJ. *conj* à ~ de faire qc	unter der Bedingung, Voraussetzung, dass	• Tu peux sortir avec tes amis ce soir, **à condition que** tu sois sage. • J'adore aller au cinéma **à condition de** ne pas y être toute seule.
à moins que + SUBJ. *conj*	es sei denn, dass	• On sort demain **à moins que** je (ne) sois toujours malade.

pour autant que + SUBJ. *conj*	sofern, insoweit als	• Je monte à Paris le week-end **pour autant que** les billets de train ne soient pas trop chers.

parce que *conj*	weil	• Pourquoi n'envisagez-vous pas d'embaucher du personnel prochainement ? – Il ne nous est pas possible de recruter, au moins pour l'instant, **parce que** nous n'avons pas assez de travail. • Comment rompre avec son ami ? – Je lui dirais les choses clairement **parce que** sinon cela devient vraiment compliqué.
puisque *conj*	weil, da ja	• Le recrutement du personnel ne permettrait-il pas de relancer votre entreprise ? – Ceci n'est pas logique. Nous ne pouvons embaucher personne, **puisque** la relance économique n'est pas là, ni le travail. • J'ai voulu passer te voir, mais **puisque** tu ne te sens pas bien aujourd'hui, j'y ai renoncé. • Je suis passé chez Clairevie la voir, mais elle n'était pas là. – Mais oui, **puisque** je te le dis, elle est partie en vacances.
comme *conj (Satzanfang)*	da, weil	• Envisagez-vous d'embaucher du personnel prochainement ? – **Comme** nous n'avons pas assez de travail, il ne nous est malheureusement pas possible de recruter pour l'instant. • Comment rompre avec son ami ? – **Comme** je n'aime pas trop les conflits, je partirais sans rien dire.
car *conj*	denn	• Envisagez-vous d'embaucher du personnel prochainement ? – Pour l'instant, je ne compte recruter personne, **car** nous n'avons pas assez de travail. • Les syndicats réclament une augmentation de salaire, **car** cela permettrait de relancer la consommation. • Comment rompre avec son ami ? – Je disparaîtrais sans rien lui dire, **car** comme cela on évite les discussions.

à cause de qc/qn *prép*	wegen etw./jm.	↔ negative Wirkung • Les négocations entre les organisations patronales et syndicales ont été suspendues **à cause du** refus du gouvernement de modifier le projet de réforme engagé. • **À cause de toi**, je n'ai pas eu mon année.
grâce à qc/qn *prép*	wegen, dank etw./jm.	↔ positive Wirkung • **Grâce à** la bonne volonté des organisations patronales et syndicales, les négociations ont abouti à un accord. • **Grâce à toi**, j'ai eu mon année.
en raison de qc *prép*	wegen, auf Grund einer Sache	• **En raison d**'un accident de voiture, l'autoroute A6 reste bloquée jusqu'à ce soir.
par conséquent *adv*	folglich, infolgedessen	• On ne sait rien de précis sur les circonstances de l'attentat. **Par conséquent**, il convient d'approfondir l'enquête avant de prendre des mesures.
c'est-à-dire *conj*	das heißt	• Les hommes émettent trop de gaz carbonique, **c'est-à-dire que** nous sommes responsables du réchauffement climatique. • Les énergies renouvelables, **c'est-à-dire** l'éolien, le solaire et l'hydraulique, constituent des sources intarissables.
de ce fait *adv*	deswegen, aus diesem Grund	• Le réchauffement climatique menace la Terre. **De ce fait**, il est temps d'agir.
c'est pourquoi *adv*	daher, deshalb	• Nicolas Sarkozy a récolté la majorité des suffrages au deuxième tour. **C'est pourquoi** il a été nommé Président de la République.
étant donné + N ; + que V *conj*	da, wegen	• **Étant donné** le mariage de son frère, il a pris trois jours de congé. • **Étant donné que** je suis malade, je ne peux pas sortir ce soir.
en d'autres termes *adv*	in anderen Worten	• L'équipe de foot n'était pas en forme aujourd'hui. **En d'autres termes**, elle n'a pas fait une belle performance.

c'est la raison pour laquelle	daher, aus diesem Grund	• Je viens d'avoir 65 ans. **C'est la raison pour laquelle** je partirai à la retraite le mois prochain. • Je viens d'avoir 65 ans et ma femme veut passer plus de temps avec moi. **Ce sont les raisons pour lesquelles** je partirai à la retraite le mois prochain.
aussi + INVERSION *conj*	deshalb, folglich	• On ne sait rien de précis sur les circonstances de l'attentat. **Aussi est-il** préférable, avant de prendre des mesures précipitées, d'approfondir l'enquête.

en ce qui concerne qc/qn *prép*	was etw./jn. betrifft	• **En ce qui concerne** la politique de l'enseignement du gouvernement, je suis absolument hostile au projet de réforme. • **En ce qui concernent** les impôts, il faudrait les baisser pour relancer l'économie. • **En ce qui me concerne**, je ne suis pas très motivée pour sortir ce soir.
au fait *adv*	übrigens, was ich noch sagen wollte	• **Au fait,** ça te dirait qu'on aille boire un verre après l'école ?
quant à qc/qn/à faire qc *prép*	was etw./jn. angeht, anbelangt	• **Quant à son projet**, je suis plutôt sceptique. • **Quant à faire** un tour en Allemagne, je suis carrément partant.
en effet / effectivement *adv*	in der Tat, tatsächlich, nämlich	• Fumer nuit à la santé. **En effet/ Effectivement**, plusieurs milliers de personnes meurent d'un cancer du poumon tous les ans.
il en va/est de même pour qc/ qn *prép*	das gleiche gilt für, genauso verhält es sich mit etw./jm.	• Fumer nuit à la santé. **Il en va/est de même pour** l'abus d'alcool.
quoi qu'il en soit *adv*	wie dem auch sei	• Le condamné a fait appel. **Quoi qu'il en soit**, il a violé la loi.

pour résumer/en résumé *adv*	zusammenfassend	• La voiture électrique présente de nombreux avantages... **Pour résumer/en résumé**, il s'agit d'une invention prometteuse.
en un mot *adv*	in einem Wort, kurzum	• Tu n'as pas fait tes devoirs, tu n'as pas rangé ta chambre et tu ne m'as pas aidée pour le ménage et là, tu me demandes si tu peux sortir ce soir ? **En un mot**, c'est non.
dans l'ensemble *adv*	insgesamt, im Ganzen	• La voiture électrique présente de nombreux avantages... **Dans l'ensemble**, la voiture électrique prendra petit à petit la place de la voiture à essence.
en somme *adv*	alles in allem	• Elle a eu peur de l'opération, mais, **en somme**, tout s'est très bien passé.
il s'en déduit/il en résulte que + IND. *conj*	hieraus geht hervor, folgt, dass	• L'invention de la voiture électrique est un pas prometteur pour l'avenir. **Il s'en déduit/Il en résulte que** nous n'avons pas encore perdu la lutte contre le réchauffement climatique.
en conclusion *adv*	abschließend	• **En conclusion**, il ne me reste plus qu'à dire que l'invention de la voiture électrique est un jalon de référence (Meilenstein) dans l'histoire de l'automobile.
en fin de compte/tout compte fait *adv*	letzten Endes, zu guter Letzt	• J'ai voulu aller au cinéma, mais, **en fin de compte/tout compte fait**, je suis restée chez moi. • La voiture électrique présente de nombreux avantages... **En fin de compte/Tout compte fait**, cette technologie finira par s'imposer.

à jeun *7.6*
AbiBac *6.1*
abolir *3.2*
abolition *3.2*
abondance *4.3*
abondant, e *4.3*
abonder *4.3*
abonné, e *7.2, 9.3*
abonnement *7.2, 9.3*
absolutisme *3.1*
absolutiste *3.1*
abstention *1.4*
abstentionnisme *1.4*
abstentionniste *1.4*
accéder *9.2*
accéléré *8.1*
accès *9.2*
accident *2.3*
accompagner *8.3*
accroissement *6.2*
accroître *6.2*
accueil *7.10*
accueillir *7.10*
accusateur, trice *7.4*
accusation *7.4*
accusé, e *7.4*
accuser *7.4*
achat *5.4*
achetable *5.4*
acheter *5.4*
acheteur, euse *5.4*
acide *4.1*
acidité *4.1*
acidulé, e *4.1*
acquittement *7.4*
acquitter *7.4*
acte *8.2, 8.4*
acteur, trice *8.1, 8.4*
action *4.3, 8.2*
actualisation *7.2*
actualiser *7.2*
actualité *7.2*
actuel, le *7.2*
adhérent, e *1.3, 5.3, 6.2*
adhérer *1.3, 5.3, 6.2*
adhesion *1.3, 5.3, 6.2*
administratif, ve *1.5, 3.3*
administration *1.5, 3.3*
adolescence *7.9*
adolescent, e *7.9*
adulte *7.9*
adversaire *7.7*
adverse *7.7*
aéroport *2.3*
affaiblir *3.1*
affaiblissement *3.1*
affamé, e *4.1*
affamer *4.1*
affichage *8.4*
affiche *8.4*
afficher *8.4, 9.1*
afficheur *8.4*
affichiste *8.4*
affilé, e *1.3*
affiliation *1.3*
africain, e *6.3, 7.10*
Africain, e *6.3, 7.10*
Afrique *6.3, 7.10*
âge *7.9*
âgé, e *7.9*
agencement *8.2*
agglomération *1.5*
aggravation *4.1*
aggraver *4.1*
agir *4.3, 8.2*
agresser *7.4*
agression *7.4*
agricole *2.2*
agriculteur, trice *2.2*
agriculture *2.2*
aide *3.4, 6.3, 8.1*
aider *3.4, 6.3*
aile *1.3, 7.7*
ailier *7.7*
air *8.3*
alcool *7.3*
alcoolique *7.3*
alcoolisme *7.3*
alcoolo *7.3*
alcootest *7.3*
alerte *4.1*
alerter *4.1*
alexandrin *8.2*
Algérie *6.3*
algérien, ne *6.3*
Algérien, ne *6.3*
aliment *4.1*
alimentaire *4.1*
alimentation *4.1*
alimenter *4.1*
aller *2.3*
allergie *4.2*
allergique *4.2*
allergologue *4.2*
aller-retour *2.3*
alliance *3.3*
alliés *3.3, 3.4*
allocataire *7.5*
allocation *7.5*
alpin, e *7.7*
alpinisme *7.7*
alpiniste *7.7*
Alsace *3.3*
alsacien, ne *3.3*
Alsacien, ne *3.3*
altérer *4.3*
altermondialiste *5.4*
ambassade *1.1*
ambassadeur *1.1*
amélioration *5.3*
améliorer *4.3, 5.3*
amende *7.4*
ami, e *6.1*
amical, e *6.1*
amicalement *6.1*
amitié *6.1*
animateur, trice *7.2*
animer *7.2*
annexer *3.3*
annexion *3.3*
annonce *5.2, 7.2*
annonceur *7.2*
annuaire *9.3*
annuler *9.1*
anonymat *2.2*
anonyme *2.2*
ANPE *5.2*
antenne *7.2*
antibiotique *7.11*
antisèche *7.1*
aparté *8.4*
appareil *9.3*
appauvri, e *7.5*
appauvrir *7.5*
appauvrissement *7.5*
appel *9.3*
appeler *9.3*
applaudir *8.4*
applaudissements *8.4*
apprendre *7.1*
apprenti, e *7.1*
apprentissage *7.1*
aquarium *4.1*
aquatique *4.1*
arbitre *7.7*
arbitrer *7.7*
archevêché *7.6*
archevêque *7.6*
aristocrate *3.1*
aristocratie *3.1*
aristocratique *3.1*
arme *1.2, 3.3*
armée *1.2*
armer *1.2*
armistice *3.4*
armurier *1.2*
arobase *9.2*
arrestation *7.4*
arrêt *2.3*
arrêter *2.3, 7.4*
arrondissement *1.5*
art *8.1*
ARTE *6.1*
article *7.2*
artiste *8.1*
artistique *8.1*
Ascension *7.6*
asile *7.10*
asocial, e *7.5*
assaillant *3.2*
assaillir *3.2*
assainir *2.2*
assainissement *2.2*
assassin *7.4*
assassinat *7.4*
assassiner *7.4*
assaut *3.2*
assèchement *2.1*
assécher *2.1*
Assedic *5.2*
Assemblée nationale *1.1*
Assomption *7.6*
assurance *7.11*
assuré, e *7.11*
asthmatique *4.2*
asthme *4.2*
athlète *7.7*
athlétique *7.7*
athlétisme *7.7*
attaquant, e *7.7*
attaque *7.4, 7.7*
attaquer *7.4, 7.7*
auberge *7.8*
audience *7.2*
audience *7.4*
audimat *7.2*
auditeur, trice *7.2*
augmenter *5.3*
austral, e *2.1*
auteur *8.2*
autonome *1.5*
autonomie *1.5*
autoroute *2.3*
autoroutier, ère *2.3*
avènement *3.1*
aventure *7.8, 8.2*
aventureux, euse *7.8, 8.2*
aventurier, ère *7.8, 8.2*
aveu *7.4*
avion *2.3*
avocat, e *7.4*
avouer *7.4*
azote *4.1*
azoté, e *4.1*
B.T.S. *7.1*
baccalauréat *7.1*
bachelier, ère *7.1*
bachelor *7.1*
badminton *7.7*
bagages *7.8*
bahut *7.1*
baignade *7.8*
baigneur, euse *7.8*
baignoire *7.8*
bain *7.8*
baladeur *8.3*
balcon *8.4*
balle *7.7*
ballon *7.7*
ballotage *1.4*
bande-annonce *8.1*
banlieue *2.2, 7.5*
banlieusard, e *2.2, 7.5*
baptême *7.6*
baptisé, e *7.6*
baptiser *7.6*
barrage *4.1*
barre *9.3*
barre de menu *9.1*
basket *7.7*
basket-ball *7.7*
bataille *3.3*
batailler *3.3*
bateilleur, euse *3.3*
batterie *8.3, 9.3*
bavard, e *7.1*
bavarder *7.1*
bénéfice *5.4*
bénéficiaire *5.4*
bête noire *7.7*
beur, ette *7.10*
beuverie *7.3*
bible *7.6*
biblique *7.6*
bicyclette *7.7*
bidonville *2.2*
bienséance *8.2*
bienséant, e *8.2*

Chresto Lernen was nützlich ist

bilan *5.4*
bilingue *6.3*
billet *2.3*
billetterie *2.3*
binge drinking *7.3*
biocarburant *4.2*
biodégradable *4.3*
biosphère *4.1*
biper *9.3*
blanchir *7.4*
blanchissement *7.4*
blessé, e *3.3*
blesser *3.3*
blessure *3.3*
blog *9.2*
boire *7.3*
boire la tasse *7.7*
bois *4.1*
boisé, e *4.1*
boisement *4.1*
boiser *4.1*
boisson *7.3*
boîte *8.3*
bombe aérosol *4.1*
bouchon *2.3, 4.2*
bouleversement *3.2*
bouleverser *3.2*
boulot *5.1*
Bourse *5.4*
bourse *7.1*
boursicotage *5.4*
boursicoter *5.4*
boursier, ère *5.4, 7.1*
braquage *7.4*
braquer *7.4*
braqueur, euse *7.4*
brevet *7.1*
bronche *7.11*
bronchite *7.11*
bruit *8.1*
bruitage *8.1*
bruiteur *8.1*
brûlant, e *4.1*
brûlé, e *4.1*
brûler *4.1*
brûlure *4.1*
bruyant, e *8.1*
budget *1.1*
budgétaire *1.1*
bug *9.1*
bulletin *7.1*
bureau *5.1, 9.1*
bus *2.3*
but *7.7*
buvable *7.3*
buvette *7.3*
buveur, euse *7.3*
C.V. *5.2*
cadrage *8.1*
cadre *5.1*
cadrer *8.1*
cadreur *8.1*
cafard *7.1*
cafarder *7.1*
calcul *7.1*
calculable *7.1*
calculer *7.1*
calculette *7.1*
calé, e *7.3*
calomineux, euse *7.2*
calomnie *7.2*
calomnier *7.2*
cambriolage *7.4*
cambrioler *7.4*
cambrioleur, euse *7.4*
caméra *8.1*
caméraman *8.1*
camion *2.3, 4.2*
camionnette *2.3, 4.2*
camionneur *2.3, 4.2*
camp *3.4*
campagnard, e *1.5, 2.2*
campagne *1.5, 2.2, 3.3*
campeur, euse *7.8*
camping *7.8*
canal *4.1*
canalisation *4.1*
canaliser *4.1*
cancer *7.11*
cancéreux, euse *7.11*
cancérigène *7.11*
cancérologie *7.11*
cancérologue *7.11*
cancre *7.1*
candidat, e *1.4, 5.2*
candidature *1.4, 5.2*
canton *1.5*
cantonal, e *1.5*
CAP *7.1*
capital *5.4*
capitale *1.5*
capitalisable *5.4*
capitalisation *5.4*
capitaliser *5.4*
capitalisme *5.4*
capitaliste *5.4*
capter *7.2, 9.3*
captivant, e *8.2*
captiver *8.2*
carburant *4.2*
carburateur *4.2*
carcéral, e *3.2, 7.4*
cardiaque *7.11*
carie *7.11*
carnet *2.3*
carrefour *2.3*
carrière *5.1*
carriérisme *5.1*
carriériste *5.1*
cartable *7.1*
carton *7.7*
cascadeur *8.1*
casque *8.3*
casser *7.4*
casseur *7.4*
catalyseur *4.3*
catastrophe *4.1*
catastrophé, e *4.1*
catastropher *4.1*
catastrophique *4.1*
catéchisme *7.6*
catéchiste *7.6*
catholicisme *3.1, 7.6*
catholique *3.1, 7.6*
cause *3.2*
causer *3.2*
CD *9.1*
CECA *6.2*
CEE *6.2*
ceinture *2.3*
célibat *7.6*
célibataire *7.6*
cendre *7.3*
cendrier *7.3*
centralisation *1.5*
centralisé, e *1.5*
centraliser *1.5*
centre *1.3, 7.7*
centrer *7.7*
centriste *1.3*
cessation d'activité progressive *5.2*
césure *8.2*
chaîne *7.2*
chaîne de télévision *6.1*
chaîne hi-fi *8.3*
chaleur *4.1*
champ de vision *8.1*
champion, ne *7.7*
championnat *7.7*
chancelier, ère *1.4*
chancellerie *1.4*
chanson *8.3*
chant *8.3*
chantage *7.4*
chantant *8.3*
chanter *8.3*
chanteur, euse *8.3*
chantier *2.3*
charbon *4.1*
charbonnier, ère *4.1*
chasse *7.7*
chasser *7.7*
chasseur *7.7*
chat *9.2*
chatter *9.2*
chaud, e *4.1*
chauffage *4.1*
chauffer *4.1*
chef d'État *1.2*
chef-lieu *1.5*
chemin *2.3*
cheminot *2.3*
chiffre d'affaire *5.4*
chimie *4.1, 7.1*
chimique *4.1, 7.1*
chimiste *4.1, 7.1*
chirurgical, e *7.11*
chirurgie *7.11*
chirurgien, ne *7.11*
chœur *8.3*
chômage *3.3, 5.2*
chômer *5.2*
chômeur, euse *3.3, 5.2*
chrétien, ne *7.6*
chrétienté *7.6*
Christ *7.6*
christianisation *7.6*
christianiser *7.6*
christianisme *7.6*
chronique *7.2*
cigarette *7.3*
cinéaste *8.1*
cinéma *8.1*
cinémathèque *8.1*
cinématographique *8.1*
cinéphile *8.1*
circonstances *7.4*
circulation *2.3, 4.2*
circuler *2.3, 4.2*
citadin, e *2.2, 4.2*
cité *2.2, 4.2*
citoyen, ne *1.1, 7.10*
citoyenneté *1.1, 7.10*
clandestin, e *7.5, 7.10*
clandestinité *7.5, 7.10*
classe *7.1*
classe préparatoire *7.1*
classicisme *8.2*
classique *8.2*
clavier *9.1*
clé USB *9.1*
clé/clef *8.3*
clean *7.3*
clerc *3.2*
clergé *3.2*
clérical, e *3.2*
clic *9.1*
client, e *5.4*
clientèle *5.4*
climat *4.1*
climatique *4.1*
clinique *7.11*
cliquer *9.1*
clochard, e *7.5*
clochardisation *7.5*
clope *7.3*
coalition *1.4*
cocaïne *7.3*
cocooning *7.8*
cœur *7.11*
cogérer *5.3*
cogestion *5.3*
cohabitation *1.4*
cohabiter *1.4*
collaborateur, trice *3.4*
collaboration *3.4*
collaborer *3.4*
colle *7.1*
collectivité *6.3*
collège *7.1*
collégien, ne *7.1*
coller *7.1, 9.1*
colline *2.1*
colon *3.3*
colonial, e *3.3*
colonialisme *3.3*
colonialiste *3.3*
colonie *3.3, 6.3*
colonisateur, trice *3.3*
colonisation *3.3*
coloniser *3.3*
colonne *7.2*
combat *3.4*
combatif, ve *3.4*
combativité *3.4*
combattant, e *3.4*
combattre *3.4*

combiné *9.3*
combustible *4.1*
comédie *8.2, 8.4*
comédien, ne *8.2, 8.4*
comique *8.4*
commandement *7.6*
commerçant, e *5.4*
commerce *5.4*
commercer *5.4*
commercial, e *5.4*
commercialisation *5.4*
commercialiser *5.4*
commission *1.1*
commun, e *6.3*
communal, e *1.5*
communauté *6.3*
commune *1.5*
communicatif, ve *6.3, 9.3*
communication *6.3, 9.3*
communier *7.6*
communion *7.6*
communiqué *7.2*
communiquer *6.3, 9.3*
communisme *1.1*
communiste *1.1*
compagnie *2.3, 8.4*
comparable *8.2*
comparaison *8.2*
comparatif *8.2*
comparer *8.2*
compétitif, ve *5.4, 7.7*
compétition *5.4, 7.7*
compétitivité *5.4, 7.7*
composer *8.3*
compositeur, trice *8.3*
compostition *8.3*
compromis *6.2*
concert *8.3*
concerto *8.3*
concours *7.1*
concurrence *5.4*
concurrencer *5.4*
concurrent, e *5.4*
concurrentiel, le *5.4*
condamnable *3.2, 7.4*
condamnation *3.2, 7.4*
condamné, e *3.2, 7.4*
condamner *3.2, 7.4*
conducteur, -trice *2.3*
conduire qc *2.3*
conduite *2.3*
confédéral, e *6.2*
confédération *6.2*
conféderer *6.2*
confesser *7.6*
confesseur *7.6*
confession *7.6*
confessionnal *7.6*
conflictuel, le *8.2*
conflit *5.3, 8.2*
conjoncture *5.4*
conjoncturel, le *5.4*
conjoncturiste *5.4*
conjugal, e *7.6*
connexion *9.3*
conscience *4.3*
consciencieux, euse *4.3*
conscient, e *4.3*
conseil *1.4*
Conseil européen *6.2*
conseiller *1.4*
conseiller municipal *1.4*
conservateur, trice *1.3*
conservatisme *1.3*
conservatoire *8.3*
consigne *2.3*
consommateur, trice *7.3*
consommation *7.3*
consommer *7.3*
constitution *1.1, 3.2*
constitutionnel, le *1.1, 3.2*
contagieux, euse *7.11*
contagion *7.11*
contamination *4.1*
contaminer *4.1*
conte *8.2*
contenir *7.2*
contenu *7.2*
continent *6.3*
continental, e *6.3*
contractants *5.1*
contractuel, le *5.1*
contraignant, e *3.2*
contraindre *3.2*
contraint, e
contrainte *3.2*
contrat *5.1*
contravention *7.4*
contre *7.7*
contrepoids *1.3*
contrôle *7.1*
contrôle Ctrl *9.1*
convenable *8.2*
convenablement *8.2*
convenances *8.2*
conventions *8.2*
coopérant, e *6.3*
coopérateur, trice *6.3*
coopératif, ve *6.3*
coopération *6.3*
coopérer *6.3*
copie *7.1*
copie pirate *9.2*
copieur, euse *7.1*
corale *8.3*
Coran *7.6*
corner *7.7*
correspondance *2.3*
correspondant *9.3*
costume *8.4*
costumé, e *8.4*
costumier, ère *8.4*
côte *2.1*
cotisant, e *7.9*
cotisation *5.2, 7.9*
cotiser *7.9*
coucher *2.3*
couche-tard *2.3*
couche-tôt *2.3*
couchette *2.3*
coupable *3.3, 7.4*
Coupe du Monde *7.7*
couper *9.1*
coup-franc *7.7*
couple *6.1*
couplet *8.3*
cour *3.1, 6.2, 7.4*
courant *1.3*
courrier *9.2*
cours *7.1*
court-métrage *8.1*
coutume *7.10*
couvent *7.6*
couverture *7.2, 7.7*
couvrir *7.7*
covoiturage *4.2*
crack *7.3*
crève *7.11*
crever *2.3*
crime *7.4*
criminalité *7.4*
criminel, le *7.4*
criminologie *7.4*
criminologue *7.4*
crise *7.5*
critique *7.2*
critiquer *7.2*
croire *7.6*
croissance *5.4, 6.2*
croissant *6.2*
croître *6.2*
croyance *7.6*
croyant, e *7.6*
CRS *7.4*
culpabilisation *3.3, 7.4*
culpabiliser *3.3, 7.4*
culpabilité *3.3, 7.4*
culte *7.6*
culture *7.10, 8.1*
culturel, le *7.10, 8.1*
curable *7.11*
cure *7.11*
curé *7.6*
curseur *9.1*
cybercafé *9.2*
cycle *7.1*
cyclisme *7.7*
cycliste *7.7*
cynégétique *7.7*
d'extrême gauche/droite *1.3*
d'outre-mer *6.3*
danser *8.3*
danseur, euse *8.3*
dealer *7.3*
débâcle *3.4*
déballage *4.1*
déballer *4.1*
débarquement *3.4*
débarquer *3.4*
débat *1.1*
débatteur *1.1*
débattre *1.1*
déboisement *4.1*
déboiser *4.1*
débouchés *5.2*
décentralisation *1.5*
décentralisé, e *1.5*
décentraliser *1.5*
décharge *4.1*
déchets *4.1*
déchetterie *4.1*
déclaration *3.2*
déclarer qc *3.2*
déclenchement *3.3*
déclencher *3.3*
déclin *3.1*
décliner *3.1*
décodeur *7.2*
décolonisation *6.3*
décoloniser *6.3*
décontracté, e *7.8*
décontraction *7.8*
décors *8.4*
décret *1.1*
décréter *1.1*
décrire *8.2*
défaire *3.3*
défaite *3.3*
défavorisé, e *7.5*
défendre *1.2, 7.4, 7.7*
défense *1.2, 7.4, 7.7*
défenseur, euse *7.7*
défensif, ve *1.2*
défensive *1.2*
défi *4.3*
déficit *5.4, 6.2*
déficitaire *5.4, 6.2*
défier *4.3*
défilement *9.1*
défiler *9.1*
déforestation *4.1*
déforester *4.1*
degré *2.1*
délai de préavis *5.2*
délinquance *7.4*
délinquant, e *7.4*
délit *7.4*
délocalisation *5.4*
délocaliser *5.4*
demande *1.1, 5.4*
demandé, e *5.4*
démarches *4.3*
déménagement *2.2*
déménager *2.2*
déménageur *2.2*
démission *1.4*
démissionner *1.4*
démissionnaire *1.4*
démocrate *1.1, 3.2*
démocratie *1.1, 3.2*
démocratique *1.1, 3.2*
démographe *7.9*
démographie *7.9*
démographique *7.9*
dénatalité *7.9*
dénoncer *7.2*
dénonciation *7.2*
dénouement *8.2*
dénouer *8.2*
dense *2.1*
densité *2.1*
dent *7.11*
dentaire *7.11*
dentier *7.11*
dentifrice *7.11*

dentiste *7.11*
dépannage *2.3*
dépanner *2.3*
dépanneuse *2.3*
départ *7.10*
département *2.1, 6.3*
départemental, e *2.1*
dépendance *1.5, 3.1*
dépendant, e *1.5, 3.1*
dépendre *1.5, 3.1*
dépense *5.4*
dépenser *5.4*
dépensier, ère *5.4*
dépeuplement *2.2*
déportation *3.4*
déporter *3.4*
dépourvu, e *7.5*
député, e *1.4*
dermatologie *7.11*
dermatologue *7.11*
désabonnement *7.2*
désastre *3.3*
désastreux, euse *3.3*
descendance *3.1*
descendant, e *3.1*
descendre *3.1, 7.7*
descente *7.7*
descriptif, ve *8.2*
description *8.2*
déséquilibre *1.5*
déséquilibrer *1.5*
désert, e *2.2*
déserter *2.2*
désertification *2.2*
désignation *1.4*
désigner un ministre *1.4*
designer WEB *9.2*
désintoxication *7.3*
désintoxiquer *7.3*
desservir *2.3*
dessin *7.1, 8.1*
dessinateur, trice *7.1, 8.1*
dessiner *7.1, 8.1*
dessoûler *7.3*
destinataire *9.2*
destination *2.3, 7.8*
déstructeur, trice *4.1*
déstructible *4.1*
déstructif, ve *4.1*
destruction *4.1*
détendu, e *7.8*
détenir *7.4*
détente *7.8*
détention *7.4*
détenu, e *7.4*
détérioration *4.1*
détériorer *4.1*
détritus *4.1*
dévaliser *7.4*
dévastateur, trice *4.1*
dévastation *4.1*
dévaster *4.1*
développement *4.3*
développer *4.3*
développeur *4.3*
déviation *2.3*
dévier la circulation *2.3*
devoirs *7.1*
diable *7.6*
diabolique *7.6*
diaboliser *7.6*
dictateur *1.1*
dictatorial, e *1.1*
dictature *1.1*
dièse *9.3*
diesel *4.2*
Dieu *7.6*
diffuser *6.1, 7.2*
diffusion *6.1, 7.2*
digression *8.2*
diminuer *4.3*
diminution *4.3*
diplôme *7.1*
directeur, trice *5.1, 7.1*
direction *5.1*
directoire *5.1*
directorat *7.1*
diriger *5.1*
disciplinaire *7.1*
discipline *7.1*
discipliné, e *7.1*
discipliner *7.1*
discours *1.1*
discrimination *7.10*
discriminatoire *7.10*
discriminer *7.10*
disposition *5.3*
disque *8.3*
disque dur *9.1*
disquette *9.1*
dissolution *1.2*
dissoudre *1.2*
divers, e *2.1, 6.3*
diversifié, e *2.1, 6.3*
diversifier *2.1, 6.3*
diversion *8.1*
diversité *2.1, 6.3*
divertir *7.2, 8.1*
divertissant, e *7.2, 8.1*
divertissement *7.2, 8.1*
divin, e *7.6*
divinisation *7.6*
diviniser *7.6*
divinité *7.6*
diviser *1.5, 3.4*
division *1.5, 3.4*
divorce *7.6*
divorcé, e *7.6*
divorcer *7.6*
doctrinaire *7.6*
doctrinal, e *7.6*
doctrine *7.6*
documentaire *7.2*
doigt *7.1*
données *9.1*
dosage *7.3*
dose *7.3*
doser *7.3*
dossier *9.1*
douane *6.2*
douanier, ère *6.2*
doublage *8.1*
doubler *8.1*
doublure *8.1*
douleur *7.11*
douloureux, euse *7.11*
dramatique *8.2*
dramatisation *8.2*
dramatiser *8.2*
dramaturge *8.2*
dramaturgie *8.2*
drame *8.2*
drogue *7.3*
drogué, e *7.3*
droit *1.1, 3.2*
dur, e *2.1*
durée hebdomadaire du travail *5.1*
dureté *2.1*
eau *4.1, 4.3*
eau-de-vie *7.3*
écart de température *2.1*
ecclésiastique *7.6*
échange *6.1*
échanger *6.1*
échappement *4.2*
échauffement *7.7*
échec *3.3*
échelle *7.10*
éclairage *8.1*
éclairagiste *8.1*
éclairer *8.1*
école *7.1*
École polytechnique *7.1*
écolier, ère *7.1*
écolo *4.1*
écologie *4.1*
écologique *4.1*
écologisme *4.1*
écologiste *4.1*
économe *5.4*
économie *5.4*
économique *5.4*
économiste *5.4*
écran *7.2, 8.1, 9.1*
écrire *8.2*
écritoire *8.2*
écriture *8.2*
écrivailler *8.2*
écrivaillon *8.2*
écrivain *8.2*
éditer *7.2*
éditeur, trice *7.2*
édition *7.2*
éditorial *7.2*
éducable *7.1*
éducateur, trice *7.1*
éducatif, ve *7.1*
éducation *7.1*
éduquer *7.1*
effet *7.11, 8.1*
effet de serre *4.1*
égal, e *3.2*
également *3.2*
égaler *3.2*
égalisation *7.7*
égaliser *7.7*
égalité *3.2, 7.7*
église *7.6*
égout *4.1*
égoutier *4.1*
eintraîneur, euse *7.7*
élargir *6.2*
élargissement à l'Est *6.2*
électeur, trice *1.4*
élection *1.4*
électoral, e *1.4*
électorat conservateur *1.4*
élève *7.1*
élire *1.4*
élu, e *1.4*
e-mail *9.2*
emballage *4.1*
emballer *4.1*
embauche *5.2*
embaucher *5.2*
embouchure *2.1*
embouteillage *2.3*
éméché, e *7.3*
émetteur *4.1, 4.2, 7.2*
émettre *4.1, 4.2, 7.2*
émeute *3.2*
émeutier *3.2*
émigrant, e *7.10*
émigration *7.10*
émigré, e *7.10*
émigrer *7.10*
émission *4.1, 4.2, 7.2*
emménagement *2.2*
emménager *2.2*
empereur *3.3*
empire *3.3*
emploi *5.2, 5.3*
emploi du temps *7.1*
employé, e *5.2, 5.3*
employer *5.2, 5.3*
employeur, euse *5.2, 5.3*
empoisonnement *4.1*
empoisonner *4.1*
emprisonnement *3.2, 7.4*
emprisonner *3.2, 7.4*
en ligne *9.2*
en plongée *8.1*
ENA *7.1*
enceinte *8.3*
enfer *7.6*
engagement *7.7*
enlèvement *7.4*
enlever *7.4*
ennemi, e *6.1*
ennui *7.8*
ennuyer *7.8*
ennuyeux, euse *7.8*
enquête *7.4*
enquêter *7.4*
enquêteur, euse *7.4*
enregistrement *8.3*
enregistrer *8.3, 9.1*
enrhumé, e *7.11*
enrichir *6.3*
enrichissement *6.3*
ENS *7.1*
enseignant, e *7.1*
enseignement *7.1*
enseigner *7.1*

ensoleillé, e 4.3
ensoleillement 4.3
entente 6.1
enterrement 7.6
enterrer 7.6
entraînement 7.7
entraîner 7.7
entrée 6.2, 7.10
entrepreneur, euse 5.1, 5.3
entreprise 5.1, 5.3
entrer 7.10
entretien 5.1
envahir 3.4
envahissement 3.4
envahisseur 3.4
environnement 4.1
environnemental, e 4.1
envoyé spécial 7.2
éolien, ne 4.3
éolienne 4.3
épouse 7.6
épreuve 7.1
épuration 4.1
épurer 4.1
équilibre 1.5
equilibrer 1.5
équipe 7.7
équipement 7.8
équiper 7.8
érosif, ve 4.1
érosion 4.1
escroc 7.4
escroquerie 7.4
escroqueur 7.4
espace 6.3, 9.1
espace Schengen 6.2
essence 4.2
esseulé, e 7.7
essor 2.1, 5.4
essor démographique 2.1
est 2.1
État 1.1
état 3.2
États confédérés 6.2
étranger 7.10
étranger, ère 7.10
études 7.1
étudiant, e 7.1
euro 6.2
Europe 1.3, 6.2
européaniser 6.2
européanisme 6.2
Européen, ne 1.3, 6.2
européen, ne 1.3, 6.2
euroscepticisme 6.2
eurosceptique 6.2
évêché 7.6
évêque 7.6
exact, e 8.2
exactitude 8.2
examen 7.1
examinateur, trice 7.1
examiner 7.1
excursion 7.8
excursionniste 7.8
exécuter 3.2
exécution 3.2
exode 2.2
expansif, ve 5.4
expansion 5.4, 6.3
expansionnisme 5.4
expansionniste 5.4
expatriation 7.10
expédier 9.2
expéditeur 9.2
expédition 9.2
export 6.1
exportation 6.1
exporter 6.1
exposition 8.2
expressément 3.1
expressif, ve 3.1
expression 3.1
expressivité 3.1
exprimable 3.1
exprimer 3.1
expulsé, e 7.10
expulser 7.10
expulsion 7.10
exterminateur, trice 3.4
extermination 3.4
exterminer 3.4
extrême gauche/droite 1.3
extrémisme de droite 1.3
extrémiste gauche/droite 1.3
fable 8.2
faculté 7.1
faible 3.1
faiblesse 3.1
faillite 5.4
faim 4.1
fainéant, e 7.8
fainéanter 7.8
fainéantise 7.8
faire chanter 7.4
faire du cinéma 7.7
faire-part 7.2
faits divers 7.2
falaise 2.1
familial, e 7.10
famille 7.10
famine 4.1
FAQ 9.2
farce 8.2
fascisme 1.1
fasciste 1.1
faune 4.1
faute 7.7
favori, te 7.7
favoris 9.2
fayot 7.1
fayoter 7.1
fédéralisme 1.3
fédéraliste 1.3
fédération 1.3
fenêtre pop up 9.2
féodal, e 3.1
féodalité 3.1
ferme 2.2
ferroviaire 2.3
feu 2.3
fiançailles 7.6
fiancé, e 7.6
fichier 9.1
fictif, ve 8.2
fiction 8.2
figurant, e 8.1
figuration 8.1
fil 9.3
filière 6.1
film 8.1
filmage 8.1
filmer 8.1
filmographie 8.1
finale 7.7
financement 7.9
financer 7.9
finances 7.9
financier, ère 7.9
fisc 3.2
fiscal, e 3.2
fiscalisation 3.2
fiscaliser 3.2
fixe 9.3
flèche 9.1
fleuve 2.1
flop 8.1
flore 4.1
foi 7.6
fonction 1.4
fonction publique 5.1
fonctionnaire 5.1
fonctionnarisation 5.1
fonctionnariser 5.1
fondateur, trice 5.4
fondation 5.4, 6.1
fondé, e 6.1
fonder 5.4, 6.1
fondre 4.1
fondu, e 4.1
fonte 4.1
football 7.7
footballeur, euse 7.7
forces de l'ordre 7.4
forestier, ère 4.1
forêt 4.1
forfait 9.2, 9.3
formateur, trice 5.2
formation 5.2
forme 7.7
former 5.2
foulard 7.6
fournir 5.4
fournisseur 5.4
fourniture 5.4
frais 5.4
français, e 6.3
France 6.3
franco 6.3
Franconien, ne 6.3
franconien, ne 6.3
francophile 6.3
francophobe 6.3
francophone 6.3
francophonie 6.3
Francophonie 6.3
fraternel, le 3.2
fraternisation 3.2
fraterniser 3.2
fraternité 3.2
fraude 7.4
frauder 7.4
fraudeur, euse 7.4
frauduleux, euse 7.4
frère 3.2
frérot 3.2
frontalier, ère 2.1, 6.2
frontière 2.1, 6.2
fugitif, ve 2.2
fuir devant 2.2
fuite 2.2
fumée 7.3, 7.11
fumer 7.3, 7.11
fumeur, euse 7.3, 7.11
fumoir 7.3, 7.11
fuseau horaire 2.1
gagner 5.1
gamme 8.3
garde
garde à vue 7.4
Garde des Sceaux 1.1
garer 2.3
gasoil 4.2
gaspillage 4.1
gaspiller 4.1
gaspilleur, euse 4.1
gauchisme 1.3
gauchiste 1.3
gaulliste 1.3
gaz carbonique 4.1
gendarme 1.2, 7.4
gendarmerie 1.2, 7.4
généraliste 7.11
générique 8.1
genre 8.2
géographe 7.1
géographie 7.1
géographique 7.1
gérant 5.3
gérer 5.3
gestion 5.3
gestionnaire 5.3
ghetto 7.10
ghettoïsation 7.10
ghettoïser 7.10
gîte 7.8
glace 4.1
glacé, e 4.1
glaciaire 4.1
glaciation 4.1
glacier 4.1
glander 7.8
glandeur, euse 7.8
glandouiller 7.8
googler 9.2
gorgée 7.3
gorges 2.1
gouvernement 1.4
gouvernemental, e 1.4
gouverner qc 1.4
graphique 9.1
grave 4.1
gravité 4.1

grésillement *9.3*
grésiller *9.3*
grève *5.3*
grippe *7.11*
groupe *1.3, 8.3*
groupuscule *1.3*
guérir *7.11*
guérison *7.11*
guérissable *7.11*
guérisseur *7.11*
guerre *3.1, 3.3, 3.4, 6.1, 7.10*
guichet *2.3*
guichetier, ère *2.3*
gymnase *7.7*
gymnaste *7.7*
gymnastique *7.7*
gynécologie *7.11*
gynécologue *7.11*
handball *7.7*
harcèlement moral *5.1*
haschisch *7.3*
hebdomadaire *7.2*
hébérgement *7.8*
hébérger *7.8*
hébraïque *7.6*
hébreu *7.6*
hémicycle *1.1*
herbe *4.1, 7.3*
herbicide *4.1*
herbivore *4.1*
héroïne *7.3, 8.2*
héroïque *8.2*
héroïsme *8.2*
héros *8.2*
heure *2.3, 5.1*
heure de grande écoute *7.2*
heure de libre *7.1*
heure de pointe *4.2*
hexagonal, e *2.1*
hexagone *2.1*
hiphop *8.3*
histoire *7.1*
historien, ne *7.1*
historique *7.1*
hit-parade *8.3*
HLM *7.5*
hold-up *7.4*
hôpital *7.11*
horaire *2.3, 5.1*
hors-jeu *7.7*
hospitalier, ère *7.11*
hospitalisation *7.11*
hospitaliser *7.11*
hostile *3.3*
hostilité *3.3*
hôtel *7.8*
hôtelier, ère *7.8*
hôtellerie *7.8*
hotline *9.3*
huer *8.3*
huguenot, e *3.1*
humiliant, e *6.1*
humiliation *6.1*
humilier *6.1*
humilité, e *6.1*
hydraulique *4.3*
icône *9.1*
identifiable *6.3, 7.10*
identifier *6.3, 7.10*
identique *6.3, 7.10*
identité *6.3, 7.10*
île *2.1*
illisible *7.1*
imaginable *8.2*
imaginaire *8.2*
imaginatif, ve *8.2*
imagination *8.2*
imaginer *8.2*
immigrant, e *7.10*
immigration *7.10*
immigré,e *7.10*
immigrer *7.10*
immunisé, e *7.11*
immunité *7.11*
immunologie *7.11*
impact *4.2*
impeccable *7.6*
impératrice *3.3*
impérial, e *3.3*
import *6.1*
importation *6.1*
importer *6.1*
imposer *6.3*
impôt *3.2*
imprimante *9.1*
imprimer *9.1*
imprimerie *9.1*
imprimeur, euse *9.1*
incurable *7.11*
indemnisable *5.2*
indemniser *5.2*
indemnité *5.2*
indépendance *1.5, 3.1, 5.1*
indépendant, e *3.1*
indicatif *8.1*
indolore *7.11*
industrialisation *4.1, 5.4*
industrialiser *4.1, 5.4*
industrie *4.1, 5.4*
industriel, le *4.1, 5.4*
inexprimable *3.1*
infecter *7.11*
infectieux, euse *7.11*
infection *7.11*
infernal, e *7.6*
infirmier, ère *7.11*
informaticien, ne *9.1*
informatique *9.1*
informatisation *9.1*
informatiser *9.1*
infraction *7.4*
inimaginable *8.2*
inimitié *6.1*
inondation *4.1*
inondé, e *4.1*
inonder *4.1*
inopérable *7.11*
insecte *4.1*
insecticide *4.1*
insectivore *4.1*
insérer *9.1*
insertion *9.1*
instabilité *3.3*
instable *3.3*
instituteur, trice *7.1*
institution *6.2*
institutionnalisation *6.2*
institutionnaliser *6.2*
instiutionnel, le *6.2*
instrument *8.3*
insulaire *2.1*
intégration *7.10*
intégrisme *7.6*
intégriste *7.6*
interdépendant, e *1.5*
intérêts *5.3*
interface *9.1*
intérim *5.1*
intérimaire *5.1*
internaute *9.2*
Internet *9.2*
interprétation *8.2*
interprète *8.2, 8.3*
interpréter *8.2*
interrogation *7.1*
interrogatoire *7.4*
interroger *7.1, 7.4*
intervenir *4.3*
intervention *4.3*
intrigant, e *8.2*
intrigue *8.2*
intriguer *8.2*
invasion *3.4*
investir *5.4*
investissement *5.4*
investisseur *5.4*
ironie *8.2*
ironique *8.2*
irradier *4.1*
irrespirable *4.2*
irresponsabilité *4.2*
irresponsable *4.2*
isoloir *1.4*
issue *8.2*
itinérance *9.3*
IUT *7.1*
ivre *7.3*
ivresse *7.3*
ivrogne *7.3*
jambe *7.7*
jazz *8.3*
jeu *7.7*
jeûne *7.6*
jeûner *7.6*
joindre *9.2*
joint *7.3*
jouer *7.7*
jouets *7.7*
joueur, euse *7.7*
journal *7.2, 8.2*
journalisme *7.2*
journaliste *7.2*
journalistique *7.2*
judaïque *7.6*
judaïsme *7.6*
judéo-chrétien, ne *7.6*
juge *7.4*
jugement *7.4*
juger *7.4*
Juif, ve *3.4, 7.6*
juif, ve *3.4, 7.6*
jumelage *6.1*
juré, e *7.4*
jurer *7.4*
juridique *7.4*
jury *7.4*
justice *7.4*
justiciable *7.4*
justicier, ère *7.4*
kilomètre carré *2.1*
lac *2.1*
laïc, laïque *3.3, 7.1, 7.6*
laïcisation *3.3, 7.1, 7.6*
laïciser *3.3, 7.1, 7.6*
laïcisme *3.3, 7.1, 7.6*
laïcité *3.3, 7.1, 7.6*
land *1.5*
langage *6.3*
langagier, ère *6.3*
langue *6.3, 7.1*
lecteur *8.3*
lecteur, trice *7.1, 7.2, 8.2*
lecture *7.1, 8.2*
légal, e *1.1, 7.4*
légaliser *7.4*
légalité *1.1, 7.4*
législation *1.1*
législature *1.4*
lettre *5.2*
liaison *2.3*
libéralisation *5.4*
libéraliser *5.4*
libéralisme *5.4*
libérateur, trice *3.2*
libération *3.2, 3.4*
libérer *1.1, 3.2*
liberté *1.1, 3.2*
liberté de circulation *6.2*
libre *1.1, 3.2*
libre-échange *5.4, 6.2*
libre-échangiste *5.4*
licenciement *5.2*
licencier *5.2*
lien *9.2*
lieu *8.2*
ligne *2.3, 9.3*
limitation *4.3*
limite *4.3*
limité, e *4.3*
limiter *4.3*
lire *7.1, 7.2, 8.2*
lisibilité *8.2*
lisible *7.1, 8.2*
littéraire *8.2*
littérature *8.2*
livrable *5.4*
livraison *5.4*
livre *7.1, 8.2*
livrer *5.4*
livreur *5.4*
lobby *5.3*
locuteur, trice *6.3*
loge *8.4*
logement *7.5*
loger *7.5*

logeur, euse *7.5*
logiciel *9.1*
loi *1.1, 7.4*
loisirs *7.8*
Lorraine *3.3*
ludique *7.7*
lutte *3.3, 5.3*
lutter *3.3, 5.3*
lutteur, euse *3.3, 5.3*
lycée *7.1*
lycéen, ne *7.1*
lyrique *8.2*
magazine *7.2*
Maghreb *6.3, 7.10*
maghrébin, e *6.3, 7.10*
Maghrébin, e *6.3, 7.10*
magnétophone *8.3*
magnétoscope *7.2*
main *7.7*
main-d'œuvre *7.10*
maintien *7.7*
maire *1.4*
mairie *1.4*
maître chanteur *7.4*
maître, esse *5.1*
majeur *8.3*
majoritaire *1.4*
majorité *1.4*
mal *7.11*
malade *7.11*
maladie *7.11*
maladif, ve *7.11*
management *5.1*
manager *5.1*
Manche *2.1*
manche *2.1*
mandat *1.4*
mandat d'arrêt *7.4*
manette *9.2*
manifestant, e *5.3*
manifestation *5.3*
manifester *5.3*
manœuvre *5.1*
manque *7.3*
marchand, e *5.4*
marchandage *5.4*
marchander *5.4*
marchandise *5.4*
marché *5.4*
marché commun européen *6.2*
marée noire *4.1*
marge *7.5, 7.10*
marginal, e *7.5, 7.10*
marginaliser *7.5, 7.10*
marginalité *7.5, 7.10*
mari *7.6*
mariage *7.6*
marié, e *7.6*
marier *7.6*
marin, e *7.8*
Maroc *7.10*
Marocain, e *7.10*
marocain, e *7.10*
masquer *9.1*
massif *2.1*
master *7.1*
match *7.7*
mathématicien, ne *7.1*
mathématique *7.1*
mathématiques *7.1*
matheux, euse *7.1*
matière *7.1*
Mecque *7.6*
médecin *7.11*
médecine *7.11*
médias *7.2*
médiatique *7.2*
médiatiser *7.2*
médical, e *7.11*
médicament *7.11*
médicamenteux, euse *7.11*
Méditerranée *2.1*
méditerranéen, ne *2.1*
méfaits *4.2*
méfiance *6.1*
méfiant, e *6.1*
membre *6.2*
mémoire *9.1*
menaçant, e *4.2*
menace *4.2*
menacé, e *4.2*
menacer *4.2*
mendiant, e *7.5*
mendier *7.5*
mener *7.7*
mensualité *7.2*
mensuel *7.2*
menu déroulant *9.2*
mer *7.8*
Méridional, e *2.1*
méridional, e *2.1*
message *9.2, 9.3*
messagerie *9.2*
messe *7.6*
mesure *4.3, 8.3*
métaphore *8.2*
métaphorique *8.2*
métier *5.1*
mètre *8.2*
métrique *8.2*
métro *2.3*
métropole *1.5, 2.2*
métropolitain, e *1.5*
meurtre *3.3, 7.4*
meurtrier, ère *3.3, 7.4*
Midi *2.1*
milieu *7.7, 7.10*
militant, e *1.3*
militer *1.3*
mineur *8.3*
ministère *1.1*
ministériel, le *1.1*
ministre *1.1*
minoritaire *1.4, 7.10*
minorité *1.4, 7.10*
mise en scène *8.4*
misérable *3.2, 7.5*
misère *3.2, 7.5*
miséreux *3.2, 7.5*
mixage *8.1*
mixer *8.1*
mms *9.3*
mobilisation *5.3*
modem *9.2*
modération *1.3*
modéré, e *1.3*
modérer *1.3*
mœurs *8.4*
moine *7.6*
mois *7.2*
monarchie *3.1*
monarque *3.1*
monastère *7.6*
monastique *7.6*
monde *6.3*
mondial, e *6.3*
mondialisation *5.4, 6.3*
mondialiser *5.4*
mondialiste *5.4*
monétaire *6.2*
monnaie *6.2*
monolingue *6.3*
monopole *5.4*
monopolisation *5.4*
monopoliser *5.4*
monopoliste *5.4*
monothéisme *7.6*
monothéiste *7.6*
mont *7.8*
montage *8.1*
montagnard, e *2.1, 7.8*
montagne *2.1, 7.8*
montagneux, euse *2.1*
montée *7.7*
monticule *7.8*
moral, e *8.2*
morale *8.2*
moralisateur, trice *8.2*
moraliser *8.2*
mort *7.5, 7.11*
mort, e *7.5, 7.11*
mortalité *7.5, 7.11*
mortel, le *7.5, 7.11*
mosquée *7.6*
mot de passe *9.1*
moteur *6.2*
motif *8.2*
motion *1.1*
mourir *7.5, 7.11*
moyen de transport *2.3*
Moyen-Âge *3.1*
moyenâgeux, euse *3.1*
moyenne *2.1, 7.1*
multilingue *6.3*
mur *6.1, 7.7*
muraille *6.1*
mural, e *6.1*
murer *6.1*
muret *6.1*
musical, e *8.3*
musicien, ne *8.3*
musicologie *8.3*
musicologue *8.3*
musqiue *8.3*
musulman, e *7.6*
mutuelle *7.11*
nager *7.7*
nageur, euse *7.7*
naissance *2.1, 3.3, 7.9*
naître *2.1, 7.9*
nappe phréatique *4.1*
narine *7.11*
narrateur, trice *8.2*
narratif, ve *8.2*
narration *8.2*
narrer *8.2*
nasal, e *7.11*
nasillard, e *7.11*
nasillement *7.11*
nasiller *7.11*
natal, e *2.1, 7.9*
nataliste *2.1, 7.9*
natalité *2.1, 7.9*
natation *7.7*
natif, ve *2.1*
national-socialisme *3.4, 6.1*
national-socialiste *3.4, 6.1*
naturalisation *7.10*
naturaliser *7.10*
navette *2.3*
navigateur *9.2*
nazi, e *3.4, 6.1*
nazisme *3.4, 6.1*
négociateur, trice *5.3*
négociation *5.3*
négocier *5.3*
newsletter *9.2*
nez *7.11*
noble *3.2*
noblesse *3.2*
noce *7.6*
noces *7.6*
nocif, ve *4.1*
nocivité *4.1*
nœud *8.2*
nommer qn qc *1.2*
nord *2.1*
Normand, e *3.4*
normand, e *3.4*
Normandie *3.4*
note *7.1*
nouer *8.2*
nouveau promu *7.7*
nouvelle *7.2, 8.2*
nouvelle recrue *7.7*
nucléaire *4.1*
nuire *4.1*
nuisance *4.1*
nuisible *4.1*
numéro de télephone *9.3*
nuptial, e *7.6*
nuptialité *7.6*
O.G.M. *4.1*
objectif, ve *7.2, 8.2*
objectivité *7.2, 8.2*
occidental, e *2.1*
occupant, e *3.4*
occupation *3.4*
occupé, e *3.4*
occuper *3.4*
octet *9.1*
œuvre *8.2*
œuvrer *8.2*

OFAJ *6.1*
offrant *5.4*
offre *5.4*
offreur *5.4*
offrir *5.4*
OIF *6.3*
ondes *7.2, 8.3*
ONU *6.3*
opéra *8.3*
opérable *7.11*
opération *7.11*
opératoire *7.11*
opérer *7.11*
ophtalmologie *7.11*
ophtalmologiste *7.11*
opposant,e *1.3*
opposé,e *1.3*
opposition *1.3*
option *7.1*
orchestral, e *8.3*
orchestre *8.3*
ordinateur *9.1*
ordonnance *7.11*
ordure *4.1*
oriental, e *2.1*
originaire *7.10*
origine *7.10*
orthodontiste *7.11*
Oscar *8.1*
otage *7.4*
oto-rhino-laryngologie *7.11*
oto-rhino-laryngologiste *7.11*
ouest *2.1*
outil *9.1*
ouverture *8.3*
ouvrage *8.2*
ouvreuse *8.4*
ouvrier, ère *5.1*
ozone *4.1*
ozoné, e *4.1*
pacifier *3.1*
pacifique *3.1*
pacifisme *3.1*
pacifiste *3.1*
page d'accueil *9.2*
paisible *3.1*
paix *3.1*
panne *2.3*
panneau *2.3*
papal, e *3.3, 7.6*
papauté *3.3, 7.6*
pape *3.3, 7.6*
Pâques *7.6*
paraître *7.2*
paralyer *1.5*
paralysé, e *1.5*
paralysie *1.5*
parapente *7.7*
parapentiste *7.7*
parapluie *2.1*
parking *2.3*
parlement *1.1*
parlementaire *1.1*
parler *6.3*
parleur *6.3*
paroisse *7.6*
paroissial, e *7.6*
paroissien, ne *7.6*
paroles *8.3*
partenaire *6.2*
partenaire sociaux *5.3*
partenariat *6.2*
parterre *8.4*
parti *1.3*
particules fines *4.2*
partir *7.10*
partition *8.3*
parution *7.2*
pascal, e *7.6*
passager, ère *2.3*
passé *6.3*
passe *7.7*
passeport *7.8*
passoire *7.7*
pasteur *7.6*
pastille écologique *4.2*
pâté de maisons *2.2*
patient, e *7.11*
patrie *3.4, 7.10*
patriote *3.4, 7.10*
patriotique *3.4, 7.10*
patriotisme *3.4, 7.10*
patron, ne *5.1, 5.3*
patronal, e *5.1, 5.3*
patronat *5.1*
pauvre *7.5*
pauvreté *7.5*
pavé numérique *9.2*
pays *2.1, 6.3*
pays organisateur *7.7*
paysage *2.1*
paysager, ère *2.1*
paysagiste *2.1*
PDG *5.1*
péage *2.3*
peccable *7.6*
péché *7.6*
pêche *7.7*
pécher *7.6*
pêcher *7.7*
pêcherie *7.7*
pécheur, eresse *7.6*
pêcheur, euse *7.7*
pédiatre *7.11*
pédiatrie *7.11*
peine *7.4*
pèlerin *7.6*
pèlerinage *7.6*
pénal, e *7.4*
pénalisation *7.4*
pénaliser *7.4*
pénalité *7.4*
penalty *7.7*
pension *7.9*
Pentecôte *7.6*
période d'essai *5.1*
péripétie *8.2*
périphérie *2.2*
périphérique *2.2*
permanence *7.1*
perquisition *7.4*
persécuter *7.10*
persécuteur *7.10*
persécution *7.10*
personnage *8.2*
personnaliser *8.2*
personnalité *8.2*
personne *8.2*
personne en situation irréguliére *7.10*
personnel *5.2, 5.3*
personnel, le *8.2*
personnification *8.2*
personnifier *8.2*
pesticide *4.1*
pétanque *7.7*
pétard *7.3*
petite/grande couronne *2.2*
pétrole *4.1*
pétrolier, ère *4.1*
peu/très peuplé, e *2.1*
peuplade *2.1*
peuple *2.1, 3.2*
peuplement *2.1*
peupler *2.1*
philosophe *3.1*
philosophie *3.1*
philosophique *3.1*
physicien, ne *7.1*
physique *7.1*
picoler *7.3*
picoleur, euse *7.3*
pièce *8.4*
pièce jointe *9.2*
piété *7.6*
piéton, ne *2.2*
piétonnier, ière *2.2*
pieux, euse *7.6*
pion, ne *7.1*
piqûre *7.11*
piratage *9.2*
pirate *9.2*
piscine *7.7*
piste cyclable *2.3, 7.7*
plage *2.1*
plain, e *2.1*
plaine *2.1*
plan *8.1*
planète *4.3*
plateau *2.1, 8.1*
pleuvoir *2.1*
pleuvoter *2.1*
pluie *2.1*
pluvial, e *2.1*
pluvieux, euse *2.1*
pneu *2.3*
pneumonie *7.11*
poème *8.2*
poésie *8.2*
poète *8.2*
poétique *8.2*
poétiser *8.2*
poids *1.3*
point cardinal *2.1*
poison *4.1*
police *7.4*
policier, ère *7.4*
politicien *1.2, 6.2*
politique *1.2, 6.2*
polluant, e *4.1, 4.2*
polluer *4.1, 4.2*
pollueuer *4.1, 4.2*
pollution *4.1, 4.2*
Pologne *3.4*
Polonais, e *3.4*
polonais, e *3.4*
polytechnicien, ne *7.1*
polythéisme *7.6*
polythéiste *7.6*
pommade *7.11*
pompe *4.2, 7.1*
pomper *7.1*
pompiste *4.2*
ponctualité *2.3*
ponctuation *8.2*
ponctuel, le *2.3*
pont *2.3*
pop *8.3*
populace *2.1*
populaire *2.1, 3.2*
population *2.1, 3.3*
portable *9.3*
portefeuille *1.1*
porte-parole *7.2*
poste *5.1, 5.2*
poubelle *4.3*
poumon *7.11*
pourboire *7.3*
pourcentage *2.1*
poursuite *3.2*
poursuivre *3.2*
pouvoir *1.1, 3.1, 3.2*
praticien *7.11*
pratiquant, e *7.6*
précaire *5.3, 7.5*
précarité *5.3, 7.5*
précéder *3.1*
prêcher *7.6*
prêchi-prêcha *7.6*
précipitations *2.1*
prédécesseur *1.4, 3.1*
prédicateur, trice *7.6*
préjugé *7.10*
Premier ministre *1.2*
premier/deuxième tour *1.4*
première *8.4*
premiers secours *7.11*
préretraite *5.2, 7.9*
préretraité, e *5.2, 7.9*
prérogative *1.1*
présentateur, trice *7.2*
présenter *7.2*
préservation *4.3*
préserver *4.3*
président *1.2*
présidentiel, le *1.2*
presqu'île *2.1*
presse *7.2*
prêtre *7.6*
prêtrise *7.6*
preuve *7.4*
prévenir *7.3*
préventif, ve *7.3, 7.11*
prévention *7.3, 7.11*

prévenu, e 7.4
prier 7.6
prière 7.6
prime 5.1
prime-time 7.2
prince 3.1
princesse 3.1
princier, ère 3.1
principal, e 7.1
principauté 3.1
prise de vue 8.1
prison 3.2, 7.4
prisonnier, ère 3.2, 7.4
privatisation 5.4
privatiser 5.4
privilège 3.2
privilégié, e 3.2
privilégier 3.2
privilégiés 3.2
procédure 7.4
procès 7.4
procès-verbal 2.3
procureur 7.4
producteur, trice 5.4
productif, ve 5.4
production 5.4
productivité 5.4
produire 5.4
produit 5.4
professeur 7.1
profession 5.1
professionnel, le 5.1
professorat 7.1
profit 5.4
profitable 5.4
profiteur, euse 5.4
programme 7.2, 8.4, 9.1
progrès 7.1
progresser 7.1
projecteur 8.1
projection 8.1
projectionniste 8.1
projeter 8.1
prolongation 7.7
promotion 6.3
promouvoir 6.3
prose 8.2
prospère 5.4
prospérer 5.4
prospérité 5.4
protagoniste 8.2
protecteur, trice 4.3
protection 4.3
protéger 4.3
protestant, e 7.6
protestantisme 7.6
Protocole de Kyoto 4.3
prouver 7.4
provenance 7.10
province 1.5, 2.1
provincial, e 1.5, 2.1
proviseur 7.1
prune 2.3
public 7.2, 8.3
public, que 1.1
publication 7.2
publicitaire 7.2, 8.1
publicité 7.2, 8.1
publier 7.2
puissance 1.2
puissant, e 1.2
pulmonaire 7.11
puni, e 7.4
punir 7.4
punissable 7.4
punitif, ve 7.4
punition 7.4
pur, e 4.1
purification 4.1
purifier 4.1
qualification 5.1, 5.2
qualifié, e 5.1, 5.2
qualifier 5.2
qualité de vie 4.3
quartier 2.2
Quart-Monde 6.3, 7.5
quatrain 8.2
quatre-quatre 4.2
Québec 6.3
québécois, e 6.3
Québécois, e 6.3
question 7.1
questionnaire 7.1
questionner 7.1
questionneur, euse 7.1
quinquennat 1.2
quiproquo 8.4
quota 7.2, 8.3
quotidien 7.2
R.E.R. 2.3
rabbin 7.6
raccourci 9.1
racial, e 7.10
racine 6.3
racisme 7.10
raciste 7.10
radiation 4.1
radical, e 1.3
radicalisme 1.3
radio 7.2, 8.3
radioactif, ive 4.1
radioactivité 4.1
radiodiffuser 8.3
radiodiffusion 8.3
radioguidage 8.3
ralenti 8.1
randonnée 7.7
randonneur, euse 7.7
rang 8.1
rap 8.3
rappel 9.3
rappeler 9.3
rapports 6.1
rappport de force 6.1
rapprochement 6.1
rapprocher 6.1
rassemblement 1.3
rassembler 1.3
rationalisation 5.4
rationaliser 5.4
rattachement 6.1
rattacher 6.1
ravisseur, euse 7.4
rayonnement 6.3
rayonner 6.3
RDA 6.1
réalisateur, trice 8.1
réalisation 8.1
réaliser 8.1
reality-show 7.2
reboisement
reboiser 4.1
réception 7.2
récession 5.4
réchauffement 4.1
recherche 9.1
rechercher 9.1
récidiver 7.4
récidivisme 7.4
récidiviste 7.4
récidivité 7.4
récit 8.2
récital 8.3
récitant, e 8.2
récitation 8.2
réciter 8.2
récolte 3.2
récolter 3.2
réconciliation 6.1
reconstruction 3.3
reconstruire 3.3
reconversion 5.2
record 7.7
récréation 7.1
recrutement 5.2
recruter 5.2
recruteur 5.2
récupérable 4.3
récupérateur 4.3
récupération 4.3
récupérer 4.3
recyclable 4.3
recyclage 4.3, 5.2
recycler 4.3
rédacteur, trice 7.2
rédaction 7.2
rédactionnel, le 7.2
redevance 7.2
rediffuser 7.2
rediffusion 7.2
rédiger 7.2
référendum 1.2, 1.4
réforme 1.1
Réforme 3.1, 7.6
réformé, e 1.1
réformer 1.1
réformiste 1.1
refuge 7.10
réfugié, e 7.10
régime 1.1
région 1.5, 2.1
régional, e 1.5, 2.1
régionalisation 1.5
régionalisé, e 1.5
régionaliser 1.5
règne 3.1
régner 3.1
régresser 5.4
régressif, ve 5.4
régression 5.4
régularisation 7.10
reine 3.1
réinsérer 7.4
réinsertion 7.4
relations 6.3
relaxation 7.8
relaxé, e 7.8
relégation 7.7
religieux, euse 7.6
religion 7.6
religiosité 7.6
remboursement 7.11
rembourser 7.11
remède 7.11
remédier 7.11
remplaçant 7.7
remplaçant, e 7.1
remplacement 7.1, 7.7
remplacer 7.1, 7.7
rémunérateur, trice 5.1
rémunération 5.1
rémunérer 5.1
rencontre 6.1
rencontrer 6.1
rengaine 8.3
renommé, e 8.1
renommée 8.1
renouvelable 4.3
rentabiliser 5.4
rentabilité 5.4
rentable 5.4
rentrée 7.1
réparations 3.3
répartir 1.5
répartition 1.5
répertoire 8.4
répétition 8.3
répondeur 9.3
répondre 9.3
réponse négative 5.2
reportage 7.2
repos 7.8
reposant, e 7.8
reposé, e 7.8
reprendre 8.3
représentant, e 5.3
représentation 5.3
représenter 5.3
répression 7.4
républicain, e 1.1
république 1.1
réseau 3.4, 9.1, 9.3
réservation 7.8
réserve 4.3
réserver 7.8
résistance 3.4
résistant, e 3.4
résolution 6.2
résoudre 6.2
respiration 4.2
respiratoire 4.2
respirer 4.2
responsabiliser 4.2
responsabilité 4.2
responsable 4.2
resquillage 2.3
resquiller 2.3
resquilleur 2.3

ressentiment *6.1*
ressortissant, e *7.10*
ressources *4.3*
ressources humaines *5.1*
restauration *3.3*
restaurer *3.3*
restructuration *5.4*
restructurer *5.4*
retard *2.3*
retardataire *2.3*
retardement *8.2*
retarder *2.3*
retour *2.3*
retraite *5.2, 7.9*
retraité, e *5.2, 7.9*
retraitement *4.3*
retraiter *4.3*
retransmettre *7.2*
retransmission *7.2*
rétroprojecteur *8.1*
réuni, e *6.1*
réunification *6.1*
réunifier *6.1*
réunion *5.1*
réunion de parents d'élèves *7.1*
revanche *3.3*
revendicateur, trice *5.3, 6.1*
revendicatif, ve *5.3*
revendication *5.3, 6.1*
revendiquer *5.3, 6.1*
revenu *5.1, 5.2*
révolte *3.1*
révolution *3.1*
revue *7.2*
RFA *6.1*
rhénan, e *6.1*
Rhin *6.1*
rhume *7.11*
rideau *8.4*
rimailler *8.2*
rimailleur *8.2*
rime *8.2*
rimer *8.2*
rite *7.6*
rituel, le *7.6*
rival, e *6.1*
rivaliser *6.1*
rivalité *6.1*
rivière *2.1*
rocade *2.3*
rock *8.3*
roi *3.1*
rôle *8.1, 8.4*
roman *8.2*
romancier, ère *8.2*
romanesque *8.2*
romantique *8.2*
romantisme *8.2*
rond-point *2.3*
roue *2.3*
rougeole *7.11*
rouler *2.3*
route *2.3*
routeur *9.2*
routier, ère *2.3*
royal, e *3.1*
royaliste *3.1*
royaume *3.1*
royauté *3.1*
rubéole *7.11*
rubrique *7.2*
rugby *7.7*
rugbyman *7.7*
ruine *3.2*
ruiné, e *3.2*
ruiner *3.2*
ruineux, euse *3.2*
rural *2.2*
ruraux *2.2*
rythme *8.2, 8.3*
rythmé, e *8.2*
rythmique *8.3*
S.D.F. *7.5*
s'abonner *7.2*
s'abstenir *1.4*
s'acculturer *7.10*
s'agglomérer *1.5*
s'alcooliser *7.3*
s'allier *3.3*
s'assurer *7.11*
s'aventurer *8.2*
s'échauffer *7.7*
s'enfuir *2.2*
s'engager *7.7*
s'enivrer *7.3*
s'entraider *3.4, 6.3*
s'époumoner *7.11*
s'expatrier *7.10*
s'intégrer *7.10*
s'opposer *1.3*
sabbat *7.6*
sabrer *7.1*
sac *7.8*
sacquer *7.1*
sacre *3.1*
sacré, e *3.1*
sacrer *3.1*
saigner *7.11*
sain, e *7.3, 7.11*
saint, e *7.6*
sainteté *7.6*
saison *7.8, 8.4*
salaire *5.1, 5.3*
salarial, e *5.1, 5.3*
salariat *5.1, 5.3*
salarié, e *5.1, 5.3*
sanction *7.4*
sanctionner *7.4*
sang *7.11*
sanguin, e *7.11*
sans-abri *7.5*
sans-papiers *7.10*
santé *7.3, 7.11*
satire *8.2*
satirique *8.2*
sauvegarde *4.3, 9.1*
sauvegarder *4.3, 9.1*
sauver *4.3*
sauver l'honneur *7.7*
sauvetage *4.3*
sauveur *4.3*
scander *8.3*
scarlatine *7.11*
scénario *8.1*
scénariste *8.1*
scène *8.3, 8.4*
science *7.1*
scientifique *7.1*
scolaire *7.1*
scolarisable *7.1*
scolarisation *7.1*
scolariser *7.1*
scolarité *7.1*
score *1.4, 7.7*
scrutateur, trice *1.4*
scrutin *1.4*
se baigner *7.8*
se caler *7.3*
se coaliser *1.4*
se costumer *8.4*
se décontracter *7.8*
se démarquer *7.7*
se dépeupler *2.2*
se désabonner *7.2*
se détendre *7.8*
se droguer *7.3*
se fiancer *7.6*
se jeter dans *2.1*
se méfier *6.1*
se mobiliser *5.3*
se réconcilier *6.1*
se reconvertir *5.2*
se recycler *5.2*
se réfugier *7.10*
se relaxer *7.8*
se reposer *7.8*
se solidariser *5.3*
se syndiquer *5.3*
se vider *2.2*
séance *1.1, 8.1*
sec, sèche *2.1, 4.1*
sécher *2.1*
sécheresse *2.1, 4.1*
secte *7.6*
secteur *5.4*
section *7.1*
sécurier *5.3*
sécurisant, e *5.3*
sécurité *5.3*
Sécurité sociale *7.9, 7.11*
seigneur *3.1*
seigneurie *3.1*
séjour *7.8, 7.10*
séjourner *7.8, 7.10*
semaine *7.2*
Sénat *1.1*
Sénateur, trice *1.1*
séparation *3.3*
séparé, e *3.3*
séparément *3.3*
séparer *3.3*
septentrional, e *2.1*
série *7.2*
seringue *7.3*
serment *7.4*
sermon *7.6*
sermonneur *7.6*
séropositif, ve *7.11*
serveur *9.2*
session *1.1*
seuil *1.4, 4.1*
sida *7.11*
sidéen, ne *7.11*
siècle *3.1*
siège *1.4*
siège social *5.4*
siéger *1.4*
sifflement *7.7*
siffler *7.7*
sifflet *7.7*
site *7.8*
site Web *9.2*
ski *7.7, 7.8*
skiable *7.7, 7.8*
skieur, euse *7.7, 7.8*
sms *9.3*
SNCF *2.3*
snowboard *7.7*
Socété des Nations *3.3*
social, e *7.5, 7.10*
socialisme *1.1*
socialiste *1.1*
sociétaire *5.4*
société *5.4, 7.5, 7.10*
soigner *7.11*
solaire *4.3*
soleil *4.3*
solidaire *5.3*
solidarité *5.3*
sommet *2.1, 6.3*
son *7.2, 8.1, 8.3*
sondage *1.4*
sonder *1.4*
sondeur, euse *1.4*
sonner *9.3*
sonnerie *9.3*
sonnet *8.2*
sonore *7.2, 8.1, 8.3*
sortie *7.2, 8.1, 8.3*
sortir *7.2, 8.3*
souffler *7.1, 8.4*
souffleur, euse *8.4*
souffrance *7.5, 7.11*
souffreteux, euse *7.11*
souffrir *7.5, 7.11*
soûl, e *7.3*
soûlard, e *7.3*
soûler *7.3*
soûlerie *7.3*
souris *9.1*
sous-titre *8.1*
souveraineté *6.2*
spam *9.2*
speaker *7.2*
spectacle *8.4*
spectateur, trice *8.4*
sport *7.7*
sportif, ve *7.7*
sportivité *7.7*
stabilisation *6.2*
stabiliser *6.2*
stabilité *6.2*
stable *6.2*
stage *5.2*
stagiaire *5.2*
stagnation *5.4*

stagner *5.4*
station *2.3, 7.8*
stationnement *2.3*
station-service *2.3*
statut *6.3*
stockage *4.1*
stocker *4.1*
stone *7.3*
strophe *8.2*
stupéfiant *7.3*
style *8.2*
subdiviser *1.5*
subdivision *1.5*
subjectif, ve *8.2*
subjectivité *8.2*
subvention *5.4, 8.1*
subventionner *5.4, 8.1*
succéder *1.4, 3.1*
succès *8.1*
successeur *1.4, 3.1*
succession *1.4, 3.1*
sud *2.1*
suffrage *1.4*
suffragette *1.4*
Suisse *6.3*
suisse *6.3*
suite *3.2*
suivant, e *3.2*
suivre *3.2*
sujet *7.2, 8.2*
superficie *2.1*
superficiel, le *2.1*
supérieur, e *5.1*
supplément *7.2*
supporter *7.7*
sûr, e *5.3*
surface de réparation *7.7*
surpeuplé, e *2.2*
surpopulation *2.2*
surveillance *7.1*
surveillant, e *7.1*
surveiller *7.1*
survie *7.5*
survivant, e *7.5*
survivre *7.5*
survoler *2.3*
suspect, e *7.4*
suspense *8.2*
syllabe *8.2*
sylvestre *4.1*
sylviculture *4.1*
syndical, e *5.3*
syndicalisation *5.3*
syndicalisme *5.3*
syndicat *5.3*
syndicat d'initiative *7.8*
syndiqué, e *5.3*
T.G.V. *2.3*
tabac *7.3*
tabagie *7.3*
tabagisme *7.3*
tableau *7.1*
tacle *7.7*
tacler *7.7*
taper *9.1*
tarif *2.3, 8.1*
tarifaire *2.3, 8.1*
taule *7.1*
taux *7.2*
taxi *2.3*
techno *8.3*
télécarte *9.3*
téléchargement *9.2*
télécharger *9.2*
télécommande *7.2*
télécommunications *9.3*
télédébat *7.2*
téléphérique *7.8*
téléphone *9.3*
téléphoner *9.3*
téléphonique *9.3*
téléphoniste *9.3*
télésiège *7.8*
téléspectateur, trice *7.2*
télévisé, e *7.2*
téléviseur *7.2*
télévision *7.2*
témoignage *7.4*
témoigner *7.4*
témoin *7.4*
tempéré, e *2.1*
tempérer *2.1*
temple *7.6*
templier *7.6*
temps *7.7*
tennis *7.7*
tension *7.11*
tente *7.8*
tercet *8.2*
terminale *7.1*
terminus *2.3*
territoire *2.1, 6.3*
territorial, e *2.1*
tête *7.7*
texte *9.3*
théâtral, e *8.4*
théâtre *8.4*
Tiers- Monde *6.3*
tiers-mondiste *6.3*
tir *7.7*
tirage *7.2*
tirer *7.7*
titre *7.2, 7.7*
titulaire d'une fonction *1.4*
Toile *9.2*
tôle *7.1*
ton *8.3*
tonalité *8.3, 9.3*
touche *7.7, 9.1*
tour de scrutin *1.4*
tourisme *7.8*
touriste *7.8*
touristique *7.8*
tournage *8.1*
tournée *8.3*
tourner *8.1*
tourner mal *7.4*
tournoi *7.7*
tour-opérateur *7.8*
Toussaint *7.6*
tousser *7.11*
toussotement *7.11*
toussoter *7.11*
tout le monde *6.3*
toux *7.11*
toxicomane *7.3*
toxicomanie *7.3*
toxique *4.1*
trac *8.4*
tradition *7.10*
traditionalisme *7.10*
traditionaliste *7.10*
traditionnel, le *7.10*
trafic *2.3, 4.2, 7.3*
trafiquant, e *7.3*
trafiquer *7.3*
tragédie *8.2*
tragique *8.2*
train *2.3*
traité *3.3, 6.1*
Traité de Rome *6.2*
traitement *7.11, 9.1*
traiter *7.11*
trajet *4.2*
tram *2.3*
tranquillisant *7.3*
transistor *7.2*
transmettre *7.11*
transmissible *7.11*
transmission *7.11*
transport en commun *2.3*
travail *5.1, 5.3, 7.10*
travailler *5.1, 7.10*
travailleur, euse *5.1, 7.10*
travelling *8.1*
tri *4.3*
tribunal *7.4*
trier *4.3*
trimestre *7.1*
trois-huit *5.1*
trou d'air *5.4*
troubles *7.11*
troupe *3.4, 8.4*
trousse *7.1*
trucage *8.1*
truquage des élections *1.4*
truqué, e *8.1*
truquer *1.4, 8.1*
truqueur *1.4*
truquiste *8.1*
tube *8.3*
tué, e *3.3*
tuer *3.3*
tuerie *3.3*
tueur *3.3*
tumeur *7.11*
Tunisie *7.10*
Tunisien, ne *7.10*
tunisien, ne *7.10*
turc, turque *6.2*
Turc, Turque *6.2*
Turquie *6.2*
TV 5 Monde *6.3*
unanime *1.4*
unanimité *1.4*
une *7.2*
une-deux *7.7*
uni, e *6.1*
unification *6.1*
unifier un pays *6.1*
uniforme *1.5*
uniformisation *1.5*
uniformiser qc *1.5*
universitaire *7.1*
université *6.1, 7.1*
urbain, e *2.1, 2.2*
urbanisation *2.1*
urbanisé, e *2.1*
urbaniser *2.1*
urbanisme *2.1*
urgence *4.3*
urgent, e *4.3*
urne *1.4*
usage *6.3*
usager *6.3*
usine *5.1*
usiner *5.1*
usinier, ère *5.1*
vacances *7.8*
vacancier, ère *7.8*
vaccin *7.11*
vaccination *7.11*
vacciner *7.11*
vaincre *3.3, 7.7*
vaincu, e *3.3, 7.7*
vainqueur *3.3, 3.4, 7.7*
valise *7.8*
vallée *2.1*
vallon *2.1*
vallonné, e *2.1*
varicelle *7.11*
vedettariat *8.1*
vedette *8.1*
véhicule *2.3, 4.2*
vélo *2.3, 7.7*
vendable *5.4*
vendeur, euse *5.4*
vendre *5.4*
vengeance *3.4*
venger *3.4*
vengeur *3.4*
vent *4.3*
vente *5.4*
ver *9.2*
verdict *7.4*
vers *8.2*
versification *8.2*
version *8.1*
veto *1.1*
victime *3.4, 7.10*
victoire *3.3, 7.7*
victorieux, euse *3.3, 7.7*
vie *7.5, 7.9*
vieillard *7.9*
vieille *7.9*
vieillerie *7.9*
vieillir *7.9*
vieillisse *7.9*
vieillissement *7.9*
vieillot, te *7.9*
vieux *7.9*
village *2.2*
villageois, e *2.2*
ville *2.2*

viol *7.4*
violateur *7.4*
violation *7.4*
violence *7.4*
violent, e *7.4*
violer *7.4*
violeur *7.4*
viral, e *9.2*
virus *9.2*
visa *6.2, 7.8*
visite *7.8*
visiter *7.8*
visiteur, euse *7.8*
vital, e *7.9*
vitalité *7.9*
vite *4.2*
vitesse *2.3, 4.2*
vivre *7.5, 7.9*
vocal, e *8.3*
vocalise *8.3*
voie *2.3*
voile *7.6, 7.7*
voilé, e *7.6*
voilier *7.7*
voiture *2.3, 4.2*
voix *1.4, 8.3*
vol *2.3, 7.4*
volant *2.3*
volcan *2.1*
volcanique *2.1*
volcanologie *2.1*
volcanologue *2.1*
voler *2.3, 7.4*
voleur, euse *7.4*
vollonnement *2.1*
votants *1.4*
vote *1.4*
voter *1.4*
voyage *2.3, 7.8*
voyager *2.3, 7.8*
voyageur, euse *2.3, 7.8*
voyagiste *2.3, 7.8*
wagon *2.3*
Wallon, ne *6.3*
wallon, ne *6.3*
Wallonie *6.3*
webcam *9.2*
wi-fi *9.2*
xénophobe *1.3, 7.10*
xénophobie *1.3, 7.10*
zapper *7.2*
zapping *7.2*
ZEP *7.1*
zone écologique *4.2*
zone industrielle *2.2*
zoom *8.1*
zoomer *8.1*